新世纪乡村医生培训教材

# 卫生法规

（供乡村医生培训用）

主　编　张琳琳　刘岩
副主编　王新功　孙晓杰　王　璀
　　　　宁艳红　苏　华　王本东
编　委　（以姓氏笔画为序）
　　　　王　璀　王本东　王新功
　　　　宁艳红　刘　岩　孙晓杰
　　　　苏　华　张琳琳

中国中医药出版社
·北　京·

**图书在版编目（CIP）数据**

卫生法规/张琳琳，刘岩主编．—北京：中国中医药出版社，2010.8
新世纪乡村医生培训教材
ISBN 978－7－5132－0046－2

Ⅰ.①卫…　Ⅱ.①张…　②刘…　Ⅲ.①医药卫生管理－法规－中国－乡村医生－教材　Ⅳ.①D922.16

中国版本图书馆 CIP 数据核字（2010）第 122165 号

中国中医药出版社出版
北京市朝阳区北三环东路 28 号易亨大厦 16 层
邮政编码　100013
传真　010 64405750
北京泽明印刷厂印刷
各地新华书店经销
*
开本 787×1092　1/16　印张 15　　字数 356 千字
2010 年 8 月第 1 版　2010 年 8 月第 1 次印刷
书　号　ISBN 978－7－5132－0046－2
*
定价　19.00 元
网址　www.cptcm.com

如有印装质量问题请与本社出版部调换

**社长热线　010 64405720**
**读者服务部电话　010 64065415　010 84042153**
**书店网址**　csln.net/qksd/

乡村医生中医学专业培训教材

# 编审委员会

# 前　言

为了贯彻落实《中共中央、国务院关于进一步加强农村卫生工作的决定》和卫生部、教育部等五部委《关于加强农村卫生人才和队伍建设的意见》、国家中医药管理局《关于农村中医药人才培养和队伍建设的实施意见》等文件精神，各省、自治区相继开展了乡村医生中医学专业的培训工作，以满足广大的农村基层和城镇社区对实用性技能型中医药人才的迫切需求。能否培养出高素质的实用性技能型中医药人才，教材的选用是关键因素之一，为此，我们组织编写了乡村医生培训教材。

教材编写的指导思想与目标：以科学发展观为指导思想，以农村基层和城镇社区的在职、在岗中医药人员教育培训为重点，提高乡村医生中医药基本理论、基本知识和基本技能水平，突出实用性，侧重中医药临床能力的培养，提高其实际工作能力，使乡村医生通过接受中医药知识与技能培训，掌握基本知识，提高整体素质和服务水平，为农村基层和城镇社区培养出综合素质较高、技能水平过硬的实用性中医药人才。

教材编写的原则和基本要求：①教材科学定位：以培养高素质的乡村医生、提高乡村医生学历层次和业务水平为出发点，降低理论深度上的要求，建立实用技能体系。②突出中医药特色：教材在内容选取和编写上，要保持中医药特色，贯穿以能力培养为主线的思想，理论知识要宽泛，实践技能要突出，实践课要占到50%的比例。③教学体系合理：重视知识体系和能力体系的统一，重视理论和实践的结合，要充分体现乡村医生在学习中的主体性，教材编写要有利于学生学习。④实行主编负责制：由主编组建各教材编委会，并提出主导意见和编写大纲，经编委会充分讨论修改、完善后执行。由主编落实各参编人员的编写任务。各参编人员根据讨论通过的编写原则、要求，负责分工编写，在规定时间内完成参编部分的稿件。最后由主编统稿、定稿，交付出版社。

编写科目：编写的科目主要分为中医与西医两大类，具体包括：中医基础学、中药学、方剂学、人体解剖学、生理学、药理学、诊断学基础、中医内科学、内科学、中医外科学、中医妇科学、中医儿科学、心身医学、卫生法规、卫生防疫概论、常见急症处理、古典医著选、针灸推拿学、常用护理技术、中草药基础知识等共20门课程。

由于乡村医生培训教材是我国第一套针对乡村医生中医学专业的系统而全面的系列教材，涉及面较广，是一项全新而复杂的系统工作，从教材的选定到内容的确定，我们做了大量的探索性的工作。即使如此，本套教材也难免有不足甚至是疏漏之处，敬请各教学单位、各位教学人员在使用过程中发现问题时，多提宝贵意见，以便我们及时改进，使教材的质量不断提高，真正地为“培养出综合素质较高、技能水平过硬的实用性中医药人才”而编写出高质量的培训教材。

乡村医生培训教材编审委员会

2009年12月

# 编写说明

《卫生法规》是一门法律学科课程，它运用一般的法学理论和方法阐释卫生法律法规的立法宗旨和现实社会意义，研究与卫生法律相关的社会现象及其发展规律，是生物学、医学、卫生学、药物学等自然科学与法学相互结合、渗透而形成的一门新兴的边缘交叉学科。卫生法规是涵盖一切调整人体生命健康权益保障法律规范的总和，是我国社会主义法制体系的重要组成部分。

随着我国经济的发展和人民生活水平的提高，卫生法规越来越受到社会的关注，在医学教育课程体系中，《卫生法规》已成为中医学、医学、护理学等医学专业学生的必修课程，也是国家执业医师资格考试的必考科目之一。

本教材定位于乡村医生学历教育培训教材，以介绍最新的常用的卫生法律法规为基本内容。结合乡村医生执业岗位要求，重点介绍医疗机构管理、医疗事故处理、卫生技术人员管理、药品管理、传染病防治、突发公共卫生事件应急处理，并对医疗器械监督管理、中医药管理、食品安全、保健品、化妆品、生活饮用水、公共场所、学校卫生管理、医疗保障、母婴保健、计划生育、献血、红十字会等法律法规内容进行全面系统的介绍。

由于卫生法规的内容与医疗卫生实践密切相关，是指导和规范医疗卫生工作者执业行为的法定标尺，因此本教材在内容编排上力求充分体现课程与执业岗位的密切结合，体现教材的实用性。一是突出学习重点，重点章节做重点介绍。二是注意结合使用对象，及时跟踪收集最新卫生法律法规，如将《乡村医生从业管理条例》、新医改方案对乡村医生的支持扶持政策等内容纳入教材，并进行详细介绍。三是兼顾乡村医生自学为主的学习形式，全面介绍常用卫生法律法规基本内容，使教材兼具工具书、参考书的实用价值。

本教材不仅可作为乡村医生学历、非学历教育中医类专业教材，也可作为高、中等职业院校医学及医学相关类专业教材，亦可供广大医药工作者学习和参考，成为一本实用的参考书和工具书。根据乡村医生培训教学大纲编写内容，本教材安排教学36～54学时，各院校使用过程中，在达到教学大纲要求的前提下，可采取重点讲授和学生自学相结合方式组织教学。

教材编写组成员在借鉴吸收其他相关教材基础上，集思广益，精益求精，大胆创新，力求编写出特色鲜明、符合教学对象特点和时代要求的教材。参与教材编写的有：王璀（第一章卫生法概述、第二章卫生法的实施、第三章卫生法律责任与救济）、王本东（第四章医疗机构管理法律制度、第十章中医药管理法律制度）、王新功（第五章卫生技术人员管理法律制度）、宁艳红（第六章医疗事故处理法律制度、第十六章医学科学发展引发的法律问题）、刘岩（第八章医疗器械监督管理法律制度、第九章健康相关产品管理法律制度、第十三章母婴保健法律制度）、孙晓杰（第十四章献血法律制度、第十五章公民生命健康权益保护法律制度）、苏华（第十一章传染病防治法律制度、第十二章公共卫生监管法律制度）、张琳琳（第四章医疗机构管理法律制度、第五章卫生技术人员管理法律制度、第七章药品管理法律制度、第八章医疗器械监督管理法律制度、第九章健康相关产品管理法律制度、第十章中医药管理法律制度、第十四章献血法律制度、第十五章公民生命健康权益保护法律制度）。

本教材在编写过程中，得到山东中医药高等专科学校及各位编委所在单位领导的关心和支持，在此表示衷心感谢。

卫生法学在我国尚处于发展中，在其所在的法律体系中并未独立成为一门学科，我们可借鉴、参考的材料非常有限。由于时间仓促，编写水平不足，纰漏之处在所难免。望广大师生和医药工作者批评指正，提出宝贵意见。

《卫生法规》编委会

2010年6月

# 目　录

# 第一章 卫生法概述

中国是世界上最早运用法律手段管理医药卫生的国家之一，早在《周礼》中就有“礼不娶同姓”的记载，反映了当时的优生优育理念。西周时代，我国就建立了最早的医药管理制度，包括病历书写和死亡报告、医生年终考核等制度。在封建社会的法典中，从《秦律》到《大清律》，也都建立了相应的医药卫生制度。

随着社会的发展，制度的进步，科技的更新，医学和法学的发展也推动着卫生法的产生与发展。“中华民国”时期，我国的卫生法进入专门化时期，中央政府颁布了大量卫生法规，内容涉及卫生行政、医、药、食品、卫生防疫、公共卫生、卫生教育等诸多领域。二次世界大战后，卫生立法受到了各国的重视，各国宪法中都增加了保障公民身体健康权利的内容。中华人民共和国成立后，人民成为国家的主人，以保护公民生命健康权为基本原则的卫生立法进入了一个新的历史时期。经过几十年的努力，目前，我国已经基本形成比较完善的、适应人民健康需求的卫生法律法规体系。

## 第一节　卫生法的含义

随着“依法治国”方略的实施，一系列卫生法律、法规、规章及其他规范性文件的发布和实施，以及人们法治理念的加强，规范卫生行政机关的行政行为、促进医务人员依法行医、保护行政相对人和广大患者的合法权益，已成为卫生法理念和实务界的重要课题。

### 一、卫生

医学史研究认为，“卫生”是个医学名词。卫，卫护、维护；生，生命、生机；“卫生”即指卫护人的生命，维护人的健康。在中国传统文化语境中，“卫生”有“养生”、“医药、医疗”、“保命”、“济世救民”等涵义。晋代李颐在《庄子集解》中把“卫生”理解为“防卫其生，令合其道也”。《中国医学大辞典》里也将“卫生”解释为“防卫其生命也”，说明中国传统文化中卫生一直就有“保卫生命，维护身体健康”之义。

在现代，“卫生”有广义和狭义两种用法。狭义的卫生指一种“清洁”状态，广义的卫生则是指为了维护人体健康、预防疾病、改善和创造合乎生理要求的生产环境和生活环境所进行的一切个人和社会活动的总和。

### 二、卫生法

卫生法是我国社会主义法律体系的重要组成部分，是随着医学和法学的发展而形成并逐步完善的。卫生法是调整在卫生活动过程中形成的各种社会关系的法律规范的总称。

### （一）卫生法调整的对象

卫生法调整的对象是在卫生活动过程中形成的各种社会关系，我们称之为卫生社会关系。在调整方法上，卫生法采用纵向的行政手段调整卫生行政管理活动中产生的社会关系，又采用横向的契约手段调整卫生服务活动中产生的社会关系。我们将前者称之为卫生行政关系，把后者称之为卫生民事关系。卫生法调整的对象从法律性质上即可以分为卫生行政关系和卫生民事关系。

这种分类的意义在于：卫生行政关系是在卫生行政管理活动中产生的，卫生行政部门和行政相对人作为卫生行政关系的双方，其主体地位是不平等的，是管理与被管理的关系，如卫生局的卫生执法大队对餐饮单位进行卫生监督；卫生民事关系是在卫生服务活动中产生的社会关系，其主体的法律地位是平等的，如医患关系。卫生行政关系与卫生民事关系相辅相成，有效的卫生行政关系是良好的卫生民事关系的基础，良好的卫生民事关系是有效的卫生行政关系的结果。需要注意的是，在卫生法中，行政性应当更具有主导性。

### （二）卫生法是法律规范的总和

目前我国没有专门的卫生法，我国的卫生法是由宪法、法律、行政性法规等一系列调整卫生社会关系的法律规范构成的一个相对完整的体系。卫生法的这一体系特征，是由其自身的特殊性所决定的。在卫生领域，卫生法调整的范围广泛、内容繁杂、突发事件多、涉及部门广，对很多突发疾病的认识还需要一定的时间，使卫生法难以在目前对所有卫生问题作出统一的规定，制定一部统一的法典。

卫生法律规范分为两部分，一部分是专门制定的卫生法律、行政法规和规章等规范性文件，另一部分是散在其他方面的法律、行政法规、规章等规范性文件中。

## 第二节　卫生法的特征与基本原则

卫生法作为我国法律体系的重要组成部分，具有法律规范的共同特征与基本原则，但卫生法作为与人民生命健康密切相关的法律规范，与其他法律规范相比，也有其自身特有的特征和基本原则。

### 一、卫生法的特征

### （一）调整对象的综合性

卫生法的调整对象几乎涉及个人和社会生活的各个领域。卫生法调整在卫生活动过程中形成的各种社会关系，既调整纵向的卫生行政关系，又调整横向的卫生民事关系。从医疗机构管理、卫生技术人员管理、药品管理、医疗器械监督管理、中医药管理，到食品安全、保健品、化妆品、生活饮用水、公共场所、学校卫生管理、医疗保障、母婴保健、计划生育，以及传染病防治、突发公共卫生事件应急处理、献血、红十字会及医疗事故处理等，从劳动、生活条件的卫生保障到社会保健事业的整体发展，从疾病的预防到治疗和控制，关系着社会中的每一个人，关系到每个人的每一天，生老病死都密切相关。

### （二）调整方法的多样性

在调整方法上，卫生法采用纵向的行政手段调整卫生行政管理活动中产生的卫生行政关系，又采用横向的契约手段调整卫生服务活动中产生的卫生民事关系。在卫生行政关系中，既包括国家对卫生行政机关及其工作人员权力的限制中形成的制约与被制约的关系，也包括卫生行政机关对相对人的监督和管理过程中形成的管理与被管理的关系；在卫生民事关系中，主要包括卫生机构和人员在提供卫生服务时与接受服务的当事人之间产生的平等的民事关系。卫生法调整手段是立体的、全方位的，具有多样性。对接受服务的当事人的民事权利在卫生法的行政法规中予以确认和保护，体现了国家对人民生命健康权利的重视和保障，对侵犯人民生命健康权利的行为不仅要承担一定的民事责任，还可能要承担相应的行政责任，严重的还要追究刑事责任。

### （三）法律规范内容的技术性

卫生法的产生与发展与医学的发展密切相关，是随着医学和法学的发展逐步形成的，是法学与医学相结合的产物。可以说，卫生法是医学技术发展到一定阶段的经验总结，具有很强的技术性，它对医学的调整离不开医学科学目前的发展阶段。一方面，医学技术的进步能够推动卫生法的完善，对卫生法提出许多新的课题和难题。另一方面，卫生法的有效实施又会使医学技术行为更加规范，从而推动人类医疗卫生保健事业的文明进步。

## 二、卫生法的基本原则

卫生法的目的和任务是维护公民的生命健康权益，促进医药卫生事业的发展。卫生法的基本原则是保护公民生命健康权。

生命健康权是最基本的人权，是其他一切人权的基础，也是法律所要保护的主要对象。卫生法对各种与生命健康相关行为进行调整，其目的就是直接保护公民的生命健康权利。这一原则要求无论是在卫生立法活动、卫生执法活动还是卫生服务过程中都必须以保护公民的生命健康权为最高和最根本的目的，一切与人体生命健康有关的活动都必须遵从这一原则。

第一，在卫生立法活动中，立法机关应当把保护生命健康权作为立法目的并将其体现在卫生法律规范之中。一般来说，在公民的生命健康权和其他公民基本权利发生冲突时，以保护生命健康权为最高原则。

第二，在卫生执法活动中，卫生行政机关要以公民健康权利保护作为最高宗旨。所有卫生执法活动，都要根据法律规定的内容和程序进行。在行使自由裁量权的时候，更要以保护公民的生命健康权为出发点，凡是与此原则相违背的，均不得为之。同时对直接或者间接危害公民生命健康权的行为，卫生行政机关必须坚决依法打击。

第三，在卫生服务活动中，提供服务者要严格守法，尊重科学，把保护公民生命健康权利放在首位。所有的医疗机构、企事业单位和个人，都不得为了追求经济的利益而置公民生命健康权利不顾，凡是在科学上没有经过充分论证的技术、产品，一般情况下都不能直接应用于人体。由于卫生服务机构的原因造成公民生命健康权利损害的，提供服务者应当承担相应的法律责任。

保护公民生命健康权是卫生法的基本原则。在这个基本原则之下，还要坚持国家卫生监督、全社会参与、预防为主、中西医协调发展等原则，这些都是党和国家对卫生工作的指导思想，是我国的卫生工作方针。对实现维护公民的生命健康权利，促进医药卫生事业发展，都具有十分重要的意义和作用。

## 第三节　卫生法的渊源与效力

法的渊源，也称“法源”，或“法律渊源”，是指那些具有法的效力作用和意义的法的外在表现形式。因此，法的渊源也叫法的形式，它们有各种不同的层次和范畴。其中主要有：宪法、法律、行政法规和部门规章、军事法规和军事规章、地方性法规和政府规章、民族自治地方的自治条例和单行条例、特别行政区基本法和法律、经济特区的单行经济法规、经济特区法规和规章、国际条约及国际惯例等。

### 一、宪法

宪法是国家的根本大法，是当代中国最重要的法的渊源。它由最高国家权力机关——全国人民代表大会制定、通过和修改。宪法作为卫生法法源，其包含的卫生法条主要有：

第 21 条，国家发展医疗卫生事业，发展现代医药和我国传统医药，鼓励和支持农村集体经济组织、国家企事业组织和街道组织建立各种医疗卫生设施，开展群众性的卫生活动，保护人民健康。

第 25 条，国家推行计划生育，使人口的增长同经济和社会发展计划相适应。

第 45 条，中华人民共和国公民在年老、疾病或者丧失劳动能力的情况下，有从国家和社会获得物质帮助的权利。国家发展为公民享受这些权利所需要的社会保险、社会救济和医疗卫生事业。

### 二、法律

法律是我国仅次于宪法的主要法的渊源。它是由全国人民代表大会和全国人大常委会制定颁布。根据宪法规定，法律分为基本法律和基本法律以外的法律。基本法律由全国人民代表大会制定和修改，内容涉及国家和社会生活某一方面的最基本问题，如刑法。基本法律以外的法律由全国人大常委会制定和修改，内容涉及“除应当由全国人民代表大会制定的法律以外的其他法律”。

目前我国还没有全国人民代表大会制定的卫生基本法律，主要是由全国人大常委会制定的卫生非基本法律，如食品安全法（2009 年 6 月）、药品管理法（1984 年 9 月 20 日通过，2001 年 2 月 28 日修订，自 2001 年 12 月 1 日起施行）、传染病防治法（1989 年 2 月通过，2004 年 8 月修订，自 2004 年 12 月 1 日起施行）、国境卫生检疫法（1987 年 5 月）、红十字会法（1993 年 10 月）、母婴保健法（1995 年 6 月）、献血法（1998 年 10 月）、执业医师法（1999 年 5 月）、职业病防治法（2002 年 5 月）、人口与计划生育法（2002 年 9 月）、安全生产法（2002 年 11 月），等。

## 三、行政法规和部门规章

行政法规是指国家最高行政机关即国务院根据宪法和法律制定的一种规范性文件，其法律地位和法律效力仅次于宪法和法律。国务院作为最高国家行政机关，为了履行其最高行政管理职责，经常也发布一些带有规范性内容和性质的决定和命令，这些带有规范性内容和性质的决定和命令，也属于法的渊源。

国务院所属各部、各委员会，有权根据法律和国务院的行政法规、决定、命令，在本部门的权限内，制定规章，称之为“部门规章”。它们的法律地位和法律效力低于宪法、法律和行政法规。

我国目前主要卫生行政法规有：食品安全法实施条例（2009 年 7 月，第 557 号国务院令）、乳品质量安全监督管理条例（2008 年 10 月，第 536 号国务院令）、护士条例（2008 年 5 月，第 517 号国务院令）、人体器官移植条例（2007 年 5 月，第 491 号国务院令）、血吸虫病防治条例（2006 年 5 月，第 463 号国务院令）、艾滋病防治条例（2006 年 3 月，国务院第 457 号令），等。

我国目前主要的卫生行政规章有：人间传染的病原微生物菌（毒）种保藏机构管理办法（2009 年 10 月，第 68 号卫生部令）、食品安全企业标准备案办法（卫政法发〔2009〕54 号）、医疗器械广告审查办法（2009 年 5 月，卫生部、国家工商行政管理总局、国家食品药品监督管理局令第 65 号）、新生儿疾病筛查管理办法（2009 年 6 月，第 64 号卫生部令）、预防接种异常反应鉴定办法（2008 年 12 月，第 60 号卫生部令）、护士执业注册管理办法（2008 年 5 月，第 59 号卫生部令）、单采血浆站管理办法（2008 年 3 月，第 58 号卫生部令）、放射工作人员职业健康管理办法（2006 年 3 月，第 55 号卫生部令）、突发公共卫生事件与传染病疫情监测信息报告管理办法（2006 年 8 月，第 37 号卫生部令）、医疗广告管理办法（卫生部第 26 号令）、卫生监督执法过错责任追究办法（试行）（2006 年 12 月）、卫生执法考核评议办法（2006 年 12 月）、处方管理办法（2007 年 5 月，卫生部第 53 号令），等。

我国的卫生行政法规还有：学校卫生工作条例（1990. 6. 4）、中药品种保护条例（1992. 10. 14），医疗机构管理条例（1994. 2. 26）、食盐加碘消除碘缺乏危害管理条例（1994. 8. 23）、红十字标志使用办法（1996. 1. 29）、血液制品管理条例（1996. 12. 30）、流动人口计划生育工作管理办法（1998. 9. 22）、国内交通卫生检疫条例（1998. 11. 28）、医疗器械监督管理条例（2000. 1. 4）、母婴保健法实施办法（2001. 6. 20）、计划生育技术服务管理条例（2001. 6. 13）、医疗事故处理条例（2002. 4. 4）、使用有毒物品作业场所劳动保护条例（2002. 5. 12）、药品管理法实施条例（2002. 8. 4）、中医药条例（2003. 4. 7）、突发公共卫生事件应急条例（2003. 5. 9）、医疗废物管理条例（2003. 6. 16）、乡村医生从业管理条例（2003. 8. 5）、病原微生物实验室生物安全管理条例（2004. 11. 12）等。

我国的卫生部门规章还有：性病防治管理办法（1991. 8. 12）、结核病防治管理办法（1991. 9. 12）、卫生监督员管理办法（1992. 5. 11）、核设施放射卫生防护管理规定（1992. 10. 31）、医疗机构管理条例实施细则（1994. 8. 29）、核事故医学应急管理规定（1994. 10. 8）、灾害事故医疗救援工作管理办法（1995. 4. 27）、预防性健康检查管理办法（1995. 6. 2）、保健食品管理办法（1996. 3. 15）、生活饮用水卫生监督管理办法

(1996.7.9)、学生集体用餐卫生监督办法（1996.8.27)、食品卫生行政处罚办法(1997.3.15)、食品卫生监督程序（1997.3.15)、放射工作人员健康管理规定(1997.6.5)、卫生行政处罚程序（1997.6.19)、血站管理办法（暂行）(1998.9.21)、卫生部行政复议与行政应诉管理办法（1999.12.29)、人类辅助生殖技术管理办法(2001.2.20)、人类精子库管理办法（2001.2.20)、放射事故管理规定（2001.8.26)、放射工作卫生防护管理办法（2001.10.23)、放射防护器材与含放射性产品卫生管理办法(2001.10.23)、医疗美容服务管理办法（2002.1.22)、国家职业卫生标准管理办法(2002.3.28)、职业病危害项目申报管理办法（2002.3.28)、建设项目职业病危害分类管理办法（2002.3.28)、职业健康监护管理办法（2002.3.28)、职业病诊断与鉴定管理办法(2002.3.28)、职业病危害事故调查处理办法（2002.3.28)、食品添加剂卫生管理办法(2002.3.28)、消毒管理办法（2002.3.28)、转基因食品卫生管理办法（2002.4.8)、职业卫生技术服务机构管理办法（2002.7.31)、医疗事故分级标准（试行）(2002.7.31)、产前诊断技术管理办法（2002.12.13)、医疗卫生机构医疗废物管理办法（2003.10.15)、突发公共卫生事件与传染病疫情监测信息报告管理办法（2003.11.7)、突发公共卫生事件交通应急规定（2004.3.4)、药品不良反应报告和监测管理办法（2004.3.4)、医疗废物管理行政处罚办法（2004.5.2)、卫生行政许可管理办法（2004.11.17)、大型医用设备配置与使用管理办法（2004.12.31)、关于卫生监督体系建设的若干规定（2005.1.5)、关于疾病预防控制体系建设的若干规定（2005.1.5)、医疗机构传染病预检分诊管理办法(2005.2.28)，等。

## 四、地方性法规和政府规章

省、自治区、直辖市的人民代表大会和它们的常务委员会，在不与宪法、法律、行政法规相抵触的前提下，可以制定地方性法规，报全国人民代表大会常务委员会备案。省、自治区人民政府所在地的市和经国务院批准的较大市的人民代表大会和常务委员会根据本市的具体情况和实际需要，在不与宪法、法律、行政法规和本省、自治区的地方性法规相抵触的前提下，可以制定地方性法规，报省、自治区的人民代表大会常务委员会批准后施行，并由省、自治区人民代表大会常务委员会报全国人民代表大会常务委员会和国务院备案。

省、自治区、直辖市人民政府以及省、自治区人民政府所在地的市和经国务院批准的较大市的人民政府，可以根据法律和国务院的行政法规，制定规章，称之为“政府规章”。效力低于宪法、法律、行政法规和地方性法规，也不得同国务院各部委等制定的“部门规章”相抵触。

## 五、民族自治地方的自治条例和单行条例

民族自治地方的人民代表大会有权依照当地民族的政治、经济和文化的特点，制定自治条例和单行条例。自治区的自治条例和单行条例，报全国人民代表大会常务委员会批准后生效。自治州、自治县的自治条例和单行条例，报省或者自治区的人民代表大会常务委员会批准后生效，并报全国人民代表大会常务委员会备案。

## 六、国际条约

卫生国际条约可以由全国人大常委会决定同外国缔结，或者由国务院按职权范围同外国缔结。卫生国际条约虽然不属于我国国内法范围，但一旦生效，除我国声明保留的条款外，对我国具有约束力。

# 第二章 卫生法的实施

卫生法的实施是指卫生法在实际生活中被实际施行的情况。是将卫生立法中制定的权利（权力）义务（职责）转化为现实的权利（权力）义务（职责），是卫生法运行的重要环节。包括卫生法的遵守、卫生法的执行、卫生法的适用和卫生法的监督。

## 第一节 卫生法的遵守

卫生法的遵守是卫生法实施最重要的基本要求，也是卫生法实施最普遍的基本方式，是法治的基本内容和要求。

### 一、卫生法遵守的概念

法的遵守，通常称“守法”，是指各国家机关、社会组织（政党、团体等）和公民个人严格依照法律规定去从事各种事务和行为的活动。卫生法的遵守，是指一切国家机关、武装力量、政党、社会团体、企事业组织和公民都必须恪守卫生法的规定，严格依法办事。

### 二、卫生法遵守的主体

卫生法遵守的主体，既包括一切国家机关、社会组织和全体公民，也包括在中国领域内活动的国际组织、外国组织、外国公民和无国籍人。

首先，作为执政党的共产党带头遵守卫生法，是一切卫生法遵守的前提和基础，是其它各政党、组织遵守卫生法的保证。

其次，是各国家机关遵守卫生法。社会主义的国家机关是由人民通过人民代表大会选举、产生出来的代表人民行使权力、执行国家职能的，其法律性质及其在国家生活中所居有的重要的政治和法律地位，决定了各国家机关遵守卫生法在卫生法的实施中的重要作用。其它组织如武装力量、社会团体、企事业组织等的守法都和国家机关守法一样，具有重要意义。

再次，中华人民共和国公民都是卫生法遵守的主体，这是我国社会主义卫生法遵守主体中最普遍、最广泛的主体。公民守法，是现代法治社会的普遍要求，也是我国依法治国，建设社会主义法治国家的基本要求。

此外，在中国领域内活动的国际组织、外国组织、外国公民和无国籍人，也是卫生法遵守的主体。根据我国有关法律规定和国际法及国际惯例，外国组织、外国人和无国籍人也必须遵守我国法律，在我国法律允许的范围内从事各种活动。这既是维护我国主权和利益的体现，也是国际法和国际惯例中的通例。

### 三、卫生法遵守的客体

卫生法遵守的客体范围非常广泛，包括了卫生法的所有渊源。具体来说，主要包括宪法，卫生法律，卫生行政法规和规章，地方性卫生法规和地方规章，自治区的卫生自治条例和单行条例，特别行政区的卫生法，我国参与缔结或加入的国际卫生条约、协定等。在卫生法适用过程中，有关国家机关依法做出的具有法律效力的决定书，如人民法院的判决书、调解书、卫生行政处罚决定书，卫生行政部门的卫生许可证等非规范性文件，也是卫生法遵守的范围。

### 四、卫生法遵守的内容

卫生法遵守的内容包括权利（权力）和义务（职责）两个方面。既要求卫生法遵守的主体依法承担和履行卫生法规定的义务和职责，也包含卫生法遵守的主体依法享有权利和行使权力。

此外，卫生法的遵守要求各主体依照法律规定从事各种事务需要一定的前提和条件，这些前提和条件主要有：良法的存在，守法主体良好的法律意识，良好的法律环境。

## 第二节　卫生法的执行

卫生法的执行是卫生法实施的重要内容，是国家行政权行使的组成部分。

### 一、卫生法执行的概念

法的执行，简称“执法”，是指国家行政机关及其公职人员依照法定职权和程序，贯彻、执行法律的活动。法的执行有广义和狭义之分，广义的执法是指一切执行法律的活动，包括国家行政机关、司法机关及其公职人员依照法定职权和程序，执行贯彻法律的活动。狭义的执法，仅指国家行政机关及其公职人员依照法定职权和程序，贯彻、执行法律的活动，也称之为“行政执法”。

卫生执法，即是指后者狭义的执法，是指国家卫生行政机关、法律法规授权的组织依照法定职权和程序，贯彻、执行卫生法律的活动。司法机关及其公职人员依照法定职权和程序贯彻、执行法律的活动，称之为“法的适用”，即“司法”。

### 二、卫生执法主体

卫生执法主体，是指依法享有国家卫生执法权力，以自己的名义施行卫生执法活动并独立承担由此引起的法律责任的组织。根据我国宪法和法律的有关规定，我国卫生执法的主体主要有以下几类。

#### （一）各级人民政府

国务院是我国最高国家权力机关的执行机关，是最高国家行政机关。凡涉及全国性的行政管理的一切重大问题，均有权决定。地方各级人民政府是地方各级国家权力机关的执行机关，负有执行宪法、法律、行政法规及地方性法规，管理本地区内行政事务，包括卫生行政事务的重要职能。

### （二）各级人民政府中享有卫生执法权的下属行政部门

哪些行政部门可以成为卫生执法主体，取决于有关组织法和具体行政法律的规定。这些卫生执法主体按照法律的规定，在自己的职权范围内行使执法权力。根据这些卫生执法主体所监管对象的不同，可以将它们分为卫生行政机关、食品药品监督管理机关、出入境检验检疫机关、计划生育管理机关、环境保护行政机关等。

**1. 卫生行政机关** 卫生行政机关是依据宪法和行政组织法而设立的履行卫生行政职能的国家行政组织，是最主要的卫生执法主体。包括国务院卫生行政主管部门，即卫生部，省、自治区、直辖市卫生厅（局），地（市）卫生局，县（县级市、区、旗）卫生局等。

2000 年起，根据卫生部《关于卫生监督体制改革的意见》，各卫生行政部门组建卫生监督机构。卫生监督机构是在同级卫生行政部门辖区内，依照国家卫生法律法规行使卫生监督的执行机构，专职承担具体的卫生执法任务。

**2. 食品药品监督管理机关** 国家食品药品监督管理机构和地方各级食品药品监督管理局是综合监督食品、保健品安全和主管药品监督的机构。负责对药品、包括医疗器械的研究、生产、流通、使用进行行政监督和技术监督，对药品、保健品等进行审批，对药品、食品、保健品的安全管理进行综合监督、组织协调等。

**3. 出入境检验检疫机关** 出入境检验检疫机关是设立在中华人民共和国国际通航的港口、机场以及陆地边境和国界江河的口岸的国境卫生检疫机关。出入境检验检疫机关根据《国境卫生检疫法》的规定，依法实施传染病检疫、检测和卫生监督。

**4. 人口与计划生育管理机关** 国家人口与计划生育委员会和地方各级人民政府设立的人口与计划生育委员会，是人口与计划生育管理机关，负责和对人口和计划生育工作进行领导、指导、监督，依法执行人口与计划生育法律法规和政策，对违反人口和计划生育法律法规行为进行行政处罚。

**5. 环境保护行政机关** 国家环境保护部和地方各级环境保护部门是负责环境保护的行政机关，也承担卫生执法的任务，如对医疗废物、放射性器械、污染物等进行行政管理。

**6. 爱国卫生管理机关** 爱国卫生管理机关即国家和县以上人民政府设立的爱国卫生运动委员会。

**7. 其他部门的卫生执法机关** 如质量监督部门、工商部门、农业部门、生产安全监督管理部门承担的相应的卫生执法职能。

### （三）法律法规授权具有管理社会公共事务职能的组织

法律法规授权的组织就是依具体法律法规授权而行使特定行政职能的非国家机关组织。

首先，法律法规授权的组织是指非国家机关的组织，它们不具有国家机关的地位，只有在行使法律法规授予的卫生执法职能时，才能享有国家行政权力和承担行政法律责任。其次，法律法规授权的组织行使的是特定的卫生执法的职能，限于相应法律法规明确规定的某项具体职能，而非一般性的行政执法职能。

在现代社会，法律法规授权国家行政机关以外的组织行使卫生执法职能有其必然性，有些职能由社会组织行使比行政机关行使更接近行政相对人，对相应领域的情况更熟悉。某些国有企事业单位和其他社会组织，其所行使的职能，除了本身的生产经营或社会事务，又具有一定的行政性质，如医生协会颁发或吊销其成员的执业执照等行为，故法律法规通常将这些职能授予相应的组织。

此外，国家行政机关可能委托依法成立的管理公共事务的事业组织行使卫生执法的权力。值得注意的是，行政机关委托的组织不同于法律法规授权的组织，行政机关委托的组织不是卫生执法的主体。卫生执法的主体能够以自己的名义实施卫生执法活动并独立承担由此产生的法律责任，而被委托组织在行使卫生行政职能时，只能以委托机关的名义行使，行使职权过程中所产生的法律责任也由委托行政机关承担。

## 三、卫生执法行为

卫生执法行为，是指卫生执法主体在其法定权限范围内对行政相对人实施的法律行为。

按行政相对人是否特定为标准，行政行为可以分为抽象行政行为和具体行政行为。抽象行政行为是指行政主体针对不特定行政相对人所作的行政行为，如卫生部根据法律法规的规定，发布命令、决定和指示的行为。具体行政行为是指行政主体针对特定行政相对人，运用卫生法律规范处理具体卫生行政案件所作的行政行为。

通常情况下，我们所说的卫生执法行为是具体卫生行政行为。主要包括以下几类。

### （一）卫生行政许可

是卫生行政部门根据公民、法人或者其他组织的申请，按照卫生法律、法规、规章和卫生标准、规范进行审查，准予其从事与卫生管理有关的特定活动的行为。如医疗机构执业许可、药品生产经营许可、食品生产经营卫生许可等。

### （二）卫生监督检查

卫生监督机构在同级卫生行政部门辖区内专职承担具体的卫生监督检查任务。根据《关于卫生监督体系建设的若干规定》的规定，卫生监督的主要职责是：依法监督管理食品、化妆品、消毒产品、生活饮用水及涉及饮用水卫生安全产品；依法监督管理公共场所、职业、放射、学校卫生等工作；依法监督传染病防治工作；依法监督医疗机构和采供血机构及其执业人员的执业活动，整顿和规范医疗服务市场，打击非法行医和非法采供血行为；承担法律法规规定的其他职责。

根据《卫生监督员管理办法》的规定，卫生监督员是指依照法律、法规聘任的在法定监督范围内进行卫生监督的食品卫生监督员、传染病管理监督员、药品监督员、公共场所卫生监督员、化妆品卫生监督员、放射防护监督员、学校卫生监督员等不同类别监督员。

### （三）卫生行政强制措施

是卫生执法主体有确凿的证据证明特定人或物已经危害或可能危害社会公共健康而对其依法采取即时性强制措施的行政执法行为。卫生行政强制措施是卫生法律法规授予卫生执法主体的特别职权。

根据《全国卫生监督机构工作规范》的规定，行政强制措施种类包括：①责令改正；②强制洗消处理；③对甲类传染病病人和病源携带者，乙类传染病的艾滋病病人，炭疽中的肺炭疽病人，由公安部门协助治疗单位采取强制隔离治疗措施；④对疑似甲类传染病病人强制医学观察；⑤责令公告收回；⑥封存、查封；⑦其他法律法规规定的强制措施。

实施行政强制措施要求：①实施行政强制措施时，必须已取得确凿的证据；②应按规定向被检查人出具强制措施的书面通知，并送达被执行人；③书面通知中必须载明实施强制措施的理由和依据、所采取的措施及当事人的权利和义务；④按规定需报上级卫生行政部门或同级人民政府批准的，必须经批准后方能实施，但限制人身自由的行政处罚权只能由公安机关行使；⑤卫生监督机构实施强制措施后，应在有关法律、法规、规章规定的期限内，作出解除强制措施或进一步处理的决定。

（四）卫生行政处罚

是指行政主体依法定职权和程序对违反卫生行政法律法规的行政相对人给予行政制裁的行政行为。行政处罚是以对违法行为人的惩戒为目的，而不是以实现义务为目的。这一点将它与以促使义务人履行义务为目的的行政强制执行区别开来。

**1. 卫生行政处罚的主管机构** 卫生监督机构负责卫生行政处罚案件的受理、立案、调查取证、合议，提出处罚意见。

**2. 卫生行政处罚的原则** ①卫生行政机关实施行政处罚必须以事实为依据，与违法行为的事实、性质、情节以及社会危害程度相当。②坚持公正、公开原则。③对违法行为给予行政处罚的规定必须公布；未经公布的，不得作为行政处罚的依据。④坚持处罚与教育相结合。

**3. 卫生行政处罚的管辖** ①区（县）以上卫生监督机构负责查处辖区内的违反卫生法律、法规、规章的案件。②上级卫生监督机构可将自己管辖的案件移交下级卫生监督机构处理；也可根据下级卫生监督机构的请求处理下级卫生监督机构管辖的案件。③两个以上区（县）卫生监督机构，在管辖发生争议时，报请其共同的上级卫生监督机构指定管辖。④卫生监督机构发现查处的案件不属于自己管辖，应当及时书面移送给有管辖权的卫生监督机构。受移送的卫生监督机构应当将案件查处结果函告移送的卫生监督机构。受移送地的卫生监督机构如果认为移送不当，应当报请其上级卫生监督机构指定管辖，不得再自行移送。⑤上级卫生监督机构在接到有关解决管辖争议或者报请移送管辖的请示后，应当在十日内作出具体管辖决定。

**4. 卫生行政处罚的程序**

（1）受理：卫生监督机构对下列案件应当及时受理并做好记录：在卫生监督管理中发现的；卫生检验机构检测报告的；社会举报的；上级卫生监督机构交办或下级卫生监督机构报请的；有关部门移送的。

（2）立案：卫生监督机构受理的案件符合下列条件的，应当在七日内立案：有明确的违法行为人或者危害后果；有来源可靠的事实依据；属于卫生行政处罚的范围；属于本机构管辖。

卫生监督机构对决定立案的应当制作立案报告，经批准，确定立案日期和两名以上卫生执法人员为承办人。承办人有下列情形之一的，应当自行回避：是本案当事人的近亲属；与本案有利害关系；其他可能影响案件公正处理的。当事人有权申请承办人回避，回避申请由受理的卫生行政机关负责人决定。

（3）调查取证：调查取证要求监督员在对违法行为进行调查时，应遵循公正、客观、合法、全面的原则；监督员在调查取证过程中，应注意收集与案件有关的正、反两方面的证据；书证、物证、视听材料、证人证言、当事人陈述、鉴定结论、勘验笔录等经监督员审查或调查属实，可作为行政处罚的证据。所取证据之间应有一定的关联性。调查终结后，承办人员应当制作案件调查终结报告。其内容应当包括案由、案情、违法事实、争议要点、违反法律、法规或规章的具体款项等。

（4）行政处罚事先告知：卫生监督机构在合议后，认为要给予行政处罚的，应当制作《行政处罚事先告知书》，告知当事人行政处罚认定的事实、理由、处罚种类及其依据，以及当事人依法享有的权利。事先告知可以书面形式告知，也可以口头形式告知。若以口头形式告知的，应当留有文字记录，并由当事人在文字记录上签名或盖章。卫生监督机构拟作出责令停产停业、吊销许可证或者较大数额的罚款（具体额度由省级人大常委会或人民政府确定）的，应当制作《行政处罚听证告知书》。

（5）陈述申辩：陈述申辩是被处罚人对卫生行政机关将要作出的行政处罚提出其不同观点或意见的一种途径。当事人委托陈述申辩人的，受委托的陈述申辩人应当出具当事人的委托书。陈述申辩时，监督机构必须充分听取当事人的陈述和申辩，并制作《陈述申辩笔录》。当事人提出新的理由或事实、证据的，应当进行复核。经复核后，当事人提出的事实、理由或者证据成立的，应当采纳，并经重新合议后，书面告知当事人。卫生监督机构不得因当事人申辩而加重处罚。

（6）处罚决定：证据确凿、情节严重的违法行为，承办人应依据卫生法律、法规规章的规定起草行政处罚决定书文稿，报卫生行政负责人审批。卫生行政部门批准后，卫生监督机构应当制作《卫生行政处罚决定书》。因违反不同法律法规或违反同一法律法规的不同条款须分别给予罚款的行政处罚时，应分别裁量、合并处罚。同一《卫生行政处罚决定书》中可能涉及的不同法律法规，如不同法律法规的诉讼期限不同时，应分别告知。卫生监督机构应当自立案之日起三个月内作出行政处罚决定。因特殊原因，需要延长时间的，应当报请上一级卫生行政部门批准。

查实违法行为时，应当立即责令当事人改正或限期改正违法行为。责令改正应使用责令改正通知书，但对情节轻微的违法行为，可当场责令当事人改正违法行为，并在现场检查笔录、询问笔录中注明改正要求。

（7）送达：《卫生行政处罚决定书》应当由承办人在宣告后当场交付当事人签收，受送达人应当在送达回执上记明收到日期并签名或盖章。当事人不在场的，卫生监督机构应当在七日内依照《民事诉讼法》的有关的规定，将《卫生行政处罚决定书》送达当事人。受送达人拒绝签收的，承办人应当邀请有关基层组织或者所在单位人员到场说明情况，注明拒绝签收的理由和日期，由承办人和见证人签名（盖章），将《卫生行政处罚决定书》留在被处罚单位或者个人处，即视为送达。直接送达有困难的，可以委托就近的卫生监督机构代送或者用挂号邮寄送达，回执注明的收件日期即为送达日期。受送达人下落不明，或者依据其他方法无法送达的，以公告方式送达。自发出公告之日起，经过六十日，即视为送达。

（8）执行：卫生行政处罚决定做出后，当事人应当在处罚决定书规定的期限内予以履行。当事人申请行政复议或者提起行政诉讼的，行政处罚不停止执行，但行政复议或行政诉讼期间裁定停止执行的除外。对于罚款的行政处罚，应当按照罚缴分离的原则，除按规定当场收缴的罚款外，作出行政处罚的卫生行政部门及卫生监督员不得自行收缴罚款。当事人在法定期限内不申请行政复议或者不提起行政诉讼又不履行的，卫生监督机构应当申请人民法院强制执行。

## 第三节 卫生法的适用和法律监督

### 一、卫生法的适用

#### （一）卫生法适用的概念

法的适用，通常简称“司法”，是法的实施的重要方式之一。卫生法的适用指国家司法机关依据法定职权和程序，具体应用法律处理卫生案件的专门活动。

#### （二）卫生法适用的主体

在我国，司法机关包括审判机关和检察机关。审判权由人民法院行使，检察权由人民检察院行使。因此，人民法院和人民检察院是我国法的适用的主体，也即是卫生司法的主体。公安机关属于国家行政机关，不是卫生司法的主体。

#### （三）卫生法适用的特征

**1. 职权法定** 卫生司法权只能由国家司法机关中具有司法权的审判人员和检察人员行使。

**2. 程序法定** 程序性是卫生法的适用的最重要、最显著的特点之一。为了保证司法公平、公正、公开，审理案件必须依照诉讼程序进行。我国目前三大程序法为民事诉讼法、行政诉讼法和刑事诉讼法。

**3. 裁决权威** 卫生法的适用以国家强制力作为后盾，以国家的名义运用法律于案件，因此，司法机关依照法定职权和程序作出的裁决任何个人和组织不得擅自修改和违抗。

### 二、卫生法律监督

#### （一）卫生法律监督的概念

卫生法律监督是指一切国家机关、社会组织和公民对卫生执法主体的行政执法活动的合法性依法进行的监察和督促。

#### （二）卫生法律监督的主体

卫生法律监督的主体主要有以下三类：

**1. 国家机关** 国家机关监督以国家名义进行，权限和范围由宪法和法律规定，具有法律强制力，是一种刚性监督。

国家机关的监督包括国家权力机关、行政机关和司法机关的监督。各级人民代表大会对卫生执法行为的监督方式主要有听取和审议工作报告、质询和询问、罢免和撤职等。行政机关的监督是指卫生行政机关内部上级对下级的监督，监督方式主要有考核、审批等。司法机关的监督是指人民法院和人民检察院对卫生行政机关及工作人员职务行为的合法性进行的监督。

**2. 社会组织**　一般包括政党、社会团体、群众组织和企事业单位等。社会组织监督虽然不具有法律上的直接效力，但是整个法律监督体系中最具广泛性和代表性的力量。社会组织的监督可以通过法定渠道传输到国家机关的法律监督中去，间接产生法律效力和法律强制力。

**3. 人民群众**　现代法治社会奉行人民主权的宪政原则，每一个公民都是政治权力的主体和国家的主人。人民群众监督是当前监督体系中最普遍的力量，虽然也不具有直接的法律效力，但法律提供了渠道将人民群众的监督传输到国家机关的法律监督中去并产生法律效力和法律强制力。

# 第三章 卫生法律责任与救济

卫生社会关系经卫生法调整形成卫生法律关系，产生相应的权利和义务，如果当事人损害卫生法上的义务关系便可能会承担卫生法律责任这一不利的法律后果。为避免行政执法行为侵犯相对人的合法权益，法律规定了权利的救济制度。

## 第一节 卫生法律关系

法律关系是法律在调整人们行为的过程中形成的权利义务关系。卫生社会关系是卫生法律关系的前提，当一个卫生社会关系被卫生法所调整后即形成卫生法律关系。

### 一、卫生法律关系的概念和特征

卫生法律关系是指由卫生法所调整的具有卫生权利义务内容的社会关系。

卫生法律关系除了具备一般法律关系的共同特性外，还具有其自身的特征。

卫生法律关系的纵横交错性。卫生法不仅采用纵向的行政手段调整卫生行政管理活动，产生卫生行政关系；又采用横向的契约手段调整卫生服务活动，产生卫生民事关系 。这两种关系相互交织，构成一个保障公民身体健康的有机整体。

卫生法律关系主体的特殊性。卫生法调整对象的特殊性，决定了卫生法律关系主体的特殊性。在纵向的卫生法律关系中，通常有一方是卫生执法主体，在横向的卫生法律关系中，通常有一方是医疗卫生服务机构或个人。卫生法律关系是一种普遍存在的法律关系，执法主体、其他国家机关、企业事业单位、社会团体，以及公民个人之间都有可能发生卫生法律关系。

### 二、卫生法律关系的要素

法律关系是由主体、客体、权利与义务三个要素构成的。任何一个卫生法律关系都包括这三个要素。

#### （一）卫生法律关系的主体

卫生法律关系的主体，是指参加卫生法律关系、享有卫生权利和承担卫生义务的自然人、法人和其它组织。依照卫生法的规定，卫生法律关系的主体包括国家机关、企事业单位、社会团体和公民。

#### （二）卫生法律关系的内容

卫生法律关系的内容，是指卫生法律关系主体依法享有的卫生权利和承担的卫生义务。

卫生权利是卫生法律关系中的权利主体依照卫生法规定，根据自己的意愿实现自己某种利益的可能性。权利主体有权在卫生法规定的范围内，根据自己的意愿为一定行为或者不为一定行为；权利主体有权在卫生法规定的范围内，要求义务主体为一定行为或者不为一定行为；权利主体有权在自己的卫生权利遭受侵害或者义务主体不履行卫生义务时，请求人民法院给予法律保护。

卫生义务是卫生法律关系中的义务主体依照卫生法规定，为了满足权利主体某种利益而为一定行为或者不为一定行为的必要性。

### （三）卫生法律关系的客体

卫生法律关系的客体，是指卫生法律关系主体的权利和义务所指向的对象。卫生法律关系的客体包括人的生命健康利益、行为、物和智力成果等。

人的生命健康利益是人身利益的一部分，包括人的生命、身体、生理功能等。

行为是指卫生法律关系中权利主体行使权利和义务主体履行义务的活动，如申请许可、卫生审批、医疗服务等。

物是指现实存在的，能够为别人所支配、利用，具有一定价值和使用价值的物质财富，如食品、药品、化妆品、医疗器械等。

智力成果是指人们脑力劳动所创造的成果，属于精神财富，如学术著作、专利、发明等。智力成果可以转换成一定形式的物质财富。

# 第二节　卫生法律责任

卫生法律责任是国家行政权力对行为人违反卫生法行为的否定性制裁，而卫生行政救济则是对这种公权力滥用的控制和补救。

## 一、卫生法律责任的概念

卫生法律责任，是指卫生法主体由于损害卫生法上的义务关系而产生的对于相关主体所应当承担的法定强制的不利后果。

卫生法律责任是由卫生法明确规定的，具有国家强制性的否定性后果，在行为人违反卫生法规定时，由国家授权的专门机关在法定职权范围内予以追究。

## 二、卫生法律责任的种类

根据行为人违反卫生法律规范的性质和社会危害程度，卫生法律责任可以分以下几类。

### （一）卫生行政责任

卫生行政责任是指卫生法律关系主体违反卫生行政法或卫生行政法规定的事由而应承担的不利后果。既有可能是卫生执法一方的行政责任，也有可能是行政相对人的行政责任。承担卫生行政责任的主要形式为撤销违法行为、行政执法主体履行职务、行政处分、行政处罚、行政赔偿等。卫生法律责任的主要形式是卫生行政责任。

### （二）卫生民事责任

卫生民事责任是卫生法律关系主体因违约、违反民商法律或因法律规定的其他事由而依法承担的不利后果。承担卫生民事责任的主要形式为继续履行、修理、更换、重作、退货、减少价款或报酬、赔偿损失、支付违约金等。

### （三）卫生刑事责任

卫生刑事责任是指卫生法律关系主体违反刑事法律而应当承担的不利后果，刑事责任是最严厉的法律责任。

### （四）卫生国家赔偿责任

卫生国家赔偿责任是指卫生行政机关行使公权力时由于国家机关及其工作人员违法行使职权所引起的由国家作为承担主体的赔偿责任。

## 三、卫生行政救济

卫生行政救济指公民、法人或其他组织认为卫生执法主体的具体行政行为直接侵害其合法权益，请求有权国家机关给予救济的法律制度的总称。

卫生行政救济是一种事后对行政相对人权利的救济，目前我国现有的卫生行政救济途径主要有卫生行政复议、卫生行政诉讼和卫生行政赔偿。

# 第三节　卫生行政复议

卫生行政复议是行政相对人通过行政机关救济权利的一种方式。

## 一、卫生行政复议的概念

卫生行政复议是指行政相对人认为行政主体的具体行政行为侵犯其合法权益，依法向行政复议机关提出复查该具体行政行为的申请，行政复议机关依照法定程序对被申请的具体行政行为进行合法、适当性审查，并作出行政复议决定的一种法律制度。

卫生行政复议的目的是为了纠正行政主体作出的违法或不当的具体行政行为，以保护行政相对人的合法权益。

卫生行政复议的标的主要是具体行政行为。具体行政行为是行政主体作出的，直接可以作为行政相对人履行义务或者行政主体强制执行的依据，对属于行政立法范畴的抽象行政行为，则不能提起行政复议。

行政复议实行一级复议制度，卫生行政争议经行政复议机关一次审理并作出裁决之后，申请人即使不服，也不得再向有关行政机关再次申请复议，只能向法院提起行政诉讼。行政复议只是给行政机关一个自我纠正的机会，而现代法治的一个基本命题是司法最终解决原则，所以，如果申请人不服卫生行政复议决定，只能向法院提起行政诉讼。

## 二、卫生行政复议的原则

### （一）合法原则

卫生行政复议过程中，无论是行政主体，还是作为申请人的行政相对人，或者是主持裁决的行政复议机关，都应当遵守现行的有关行政复议的法律规范。其中，行政复议机关依法进行行政复议活动是合法性原则的核心要求。

### （二）公正原则

卫生行政复议机关对被申请的具体行政行为不仅应当审查其合法性，还应当审查其合理性。由于大多数具体行政行为是行政自由裁量权的结果，只有坚持公正原则，才能真正保障行政相对人的合法利益。

### （三）公开原则

卫生行政复议机关在行政复议过程中，除涉及国家秘密、个人隐私和商业秘密外，整个过程应当向行政复议申请人和社会公开。公开原则是确保卫生行政复议合法、公正行使的基本条件。

### （四）及时原则

卫生行政复议机关应当在法律规定的期限内，尽快完成复议案件的审查，并作相应的决定，这一原则是对卫生行政复议机关效率的要求。

### （五）便民原则

卫生行政复议机关在依法审理复议案件的过程中，要尽可能为当事人，尤其是申请人提供必要的便利，确保当事人参加行政复议的目的的实现。要为其尽量节省费用、时间和精力；要保证公民、法人或者其他组织充分行使复议权。

## 三、卫生行政复议的受案范围

### （一）可以提起卫生行政复议的事项

1. 对行政机关作出的警告、罚款、没收违法所得、没收非法财物、责令停产停业、暂扣或者吊销许可证、暂扣或者吊销执照、行政拘留等行政处罚决定不服的；

2. 对行政机关作出的限制人身自由或者查封、扣押、冻结财产等行政强制措施决定不服的；

3. 对行政机关作出的有关许可证、执照、资质证、资格证等证书变更、中止、撤销的决定不服的；

4. 对行政机关作出的关于确认土地、矿藏、水流、森林、山岭、草原、荒地、滩涂、海域等自然资源的所有权或者使用权的决定不服的；

5. 认为行政机关侵犯合法的经营自主权的；

6. 认为行政机关变更或者废止农业承包合同，侵犯其合法权益的；

7. 认为行政机关违法集资、征收财物、摊派费用或者违法要求履行其他义务的；

8. 认为符合法定条件，申请行政机关颁发许可证、执照、资质证、资格证等证书，或者申请行政机关审批、登记有关事项，行政机关没有依法办理的；

9. 申请行政机关履行保护人身权利、财产权利、受教育权利的法定职责，行政机关没有依法履行的；

10. 申请行政机关依法发放抚恤金、社会保险金或者最低生活保障费，行政机关没有依法发放的；

11. 认为行政机关的其他具体行政行为侵犯其合法权益的。

### （二）不可申请行政复议的事项

以下几种情况不得提起卫生行政复议：

**1. 行政法规和规章** 行政法规、规章以及其他具有普遍约束力的决定、命令，属于抽象行政行为。行政相对人对抽象行政行为不服的，可以向有关国家机关提出，由有关国家机关依照法律、行政法规的有关规定处理。

**2. 内部行政行为** 行政主体对其所属国家公务员作出的行政处分或其他人事处理决定，属内部行政行为，被处分或被处理人不服，只能依照有关法律和行政法规的规定提出申诉。

**3. 居间行为** 行政主体对公民、法人或其他组织之间的民事纠纷作出的调解、仲裁行为，对双方当事人的约束力取决于其自愿接受，如有不服，可以向法院提起诉讼或向仲裁机关申请仲裁，不能申请行政复议。

## 四、卫生行政复议的管辖

卫生行政复议的管辖是指各行政复议机关对行政复议案件在受理上的具体分工。

1. 对县级以上地方各级人民政府工作部门的具体行政行为不服的，由申请人选择，可以向该部门的本级人民政府申请行政复议，也可以向上一级主管部门申请行政复议。

2. 对海关、金融、国税、外汇管理等实行垂直领导的行政机关和国家安全机关的具体行政行为不服的，向上一级主管部门申请行政复议。

3. 对地方各级人民政府的具体行政行为不服的，向上一级地方人民政府申请行政复议。

4. 对省、自治区人民政府依法设立的派出机关所属的县级地方人民政府的具体行政行为不服的，向该派出机关申请行政复议。

5. 对国务院部门或者省、自治区、直辖市人民政府的具体行政行为不服的，向作出该具体行政行为的国务院部门或者省、自治区、直辖市人民政府申请行政复议。对行政复议决定不服的，可以向人民法院提起行政诉讼；也可以向国务院申请裁决，国务院依照行政复议法的规定作出最终裁决。

6. 对县级以上地方人民政府依法设立的派出机关的具体行政行为不服的，向设立该派出机关的人民政府申请行政复议。

7. 对政府工作部门依法设立的派出机构依照法律、法规或者规章规定，以自己的名义作出的具体行政行为不服的，向设立该派出机构的部门或者该部门的本级地方人民政府申请行政复议。

8. 对法律、法规授权的组织的具体行政行为不服的，分别向直接管理该组织的地方人民政府、地方人民政府工作部门或者国务院部门申请行政复议。

9. 对两个或者两个以上行政机关以共同的名义作出的具体行政行为不服的，向其共同上一级行政机关申请行政复议。

10. 对被撤销的行政机关在撤销前所作出的具体行政行为不服的，向继续行使其职权的行政机关的上一级行政机关申请行政复议。

## 五、卫生行政复议的参加人

卫生行政复议的参加人主要包括卫生行政复议的申请人、被申请人、第三人和代理人等。

### （一）卫生行政复议的申请人

认为行政主体的具体行政行为侵犯其合法权益，依法向行政复议机关提出复查该具体行政行为的公民、法人或者其他组织是申请人。

有权申请行政复议的公民死亡的，其近亲属可以申请行政复议。

有权申请行政复议的公民为无民事行为能力人或者限制民事行为能力人的，其法定代理人可以代为申请行政复议。

有权申请行政复议的法人或者其他组织终止的，承受其权利的法人或者其他组织可以申请行政复议。

### （二）卫生行政复议的被申请人

公民、法人或者其他组织对行政机关的具体行政行为不服申请行政复议的，作出具体行政行为的行政机关是被申请人。包括行政机关和法律法规授权的组织。

### （三）卫生行政复议的第三人

同申请行政复议的具体行政行为有利害关系的其他公民、法人或者其他组织，可以作为第三人参加行政复议。

### （四）卫生行政复议的代理人

申请人、第三人可以委托代理人代为参加行政复议。

## 六、卫生行政复议的程序

卫生行政复议的程序主要包括申请、受理、审理与决定几个环节。

### （一）申请与受理

**1. 申请复议的条件** 申请人合格；有明确的被申请人；有具体的复议请求和事实根据；属于受理复议机关的管辖。

**2. 申请复议期限** 公民、法人或者其他组织认为具体行政行为侵犯其合法权益的，可以自知道该具体行政行为之日起60日内提出行政复议申请；但是法律规定的申请期限超过60日的除外。因不可抗力或者其他正当理由耽误法定申请期限的，申请期限自障碍消除之日起继续计算。

**3. 复议申请书** 复议申请书一般采用书面形式，口头申请的，行政复议机关应当当场记录。

**4. 复议受理** 行政复议机关收到行政复议申请后，应当在5日内进行审查，对不符合规定的行政复议申请，决定不予受理，并书面告知申请人；对符合规定，但是不属于本机关受理的行政复议申请，应当告知申请人向有关行政复议机关提出。

### （二）审理与决定

审理与决定是卫生行政复议程序的关键阶段。

**1. 审理方式** 行政复议原则上采取书面审查的办法，但是申请人提出要求或者行政复议机关负责法制工作的机构认为有必要时，可以向有关组织和人员调查情况，听取申请人、被申请人和第三人的意见。

**2. 举证责任** 由被申请人承担举证责任，提供作出具体行政行为决定的事实依据和法律依据。

**3. 复议决定** 行政复议机关负责法制工作的机构应当对被申请人作出的具体行政行为进行审查，提出意见，经行政复议机关的负责人同意或者集体讨论通过后，按照下列规定作出行政复议决定。

（1）维持决定：具体行政行为认定事实清楚，证据确凿，适用依据正确，程序合法，内容适当的，决定维持。

（2）履行决定：被申请人不履行法定职责的，决定其在一定期限内履行。

（3）撤销、变更或者确认违法行为：具体行政行为有下列情形之一的，决定撤销、变更或者确认该具体行政行为违法；决定撤销或者确认该具体行政行为违法的，可以责令被申请人在一定期限内重新作出具体行政行为：主要事实不清、证据不足的；适用依据错误的；违反法定程序的；超越或者滥用职权的；具体行政行为明显不当的。

（4）赔偿决定：申请人在申请行政复议时可以一并提出行政赔偿请求，行政复议机关对符合国家赔偿法的有关规定应当给予赔偿的，在决定撤销、变更具体行政行为或者确认具体行政行为违法时，应当同时决定被申请人依法给予赔偿。申请人在申请行政复议时没有提出行政赔偿请求的，行政复议机关在依法决定撤销或者变更罚款，撤销违法集资、没收财物、征收财物、摊派费用以及对财产的查封、扣押、冻结等具体行政行为时，应当同时责令被申请人返还财产，解除对财产的查封、扣押、冻结措施，或者赔偿相应的价款。

行政复议机关应当自受理申请之日起60日内作出行政复议决定；但是法律规定的行政复议期限少于60日的除外。情况复杂，不能在规定期限内作出行政复议决定的，经行政复议机关的负责人批准，可以适当延长，并告知申请人和被申请人；但是延长期限最多不超过30日。

行政复议机关作出行政复议决定，应当制作行政复议决定书，并加盖印章。行政复议决定书一经送达，即发生法律效力。申请人如果不服行政复议，可依法提起行政诉讼。当事人在法律规定的期间内既不起诉，又不履行复议决定，超过法定复议期间的，复议决定即具强制执行的法律效力。

## 第四节　卫生行政诉讼

卫生行政诉讼是行政相对人通过司法机关救济权利的一种方式。

## 一、卫生行政诉讼的概念和原则

### （一）概念

卫生行政诉讼是指公民、法人或者其他组织认为卫生行政机关和法律法规授权的组织作出的具体行政行为侵犯其合法权益，依法定程序向人民法院起诉，人民法院在当事人及其他诉讼参与人的参加下，对具体行政行为的合法性进行审查并作出裁决的制度。

卫生行政诉讼的标的主要是具体行政行为，并且主要对行政机关的具体行政行为进行合法性审查，而不审查合理性。卫生行政诉讼期间，具体行政行为不停止执行。在卫生行政诉讼中，人民法院审理卫生行政案件不适用调解。

### （二）原则

1. 人民法院独立行使审判权原则。
2. 以事实为根据，以法律为准绳原则。
3. 合议、回避、公开审判和两审终审原则。
4. 当事人在行政诉讼中的法律地位平等原则。
5. 使用本民族语言、文字进行行政诉讼原则。
6. 辩论原则。
7. 人民检察院有权对行政诉讼实行法律监督原则。

## 二、卫生行政诉讼的受案范围

公民、法人或其他组织认为卫生行政机关及其工作人员的具体行政行为侵犯其合法权益，有权向人民法院提起卫生行政诉讼。

### （一）可诉行为

人民法院受理公民、法人和其他组织对下列具体行政行为不服提起的诉讼：

1. 对拘留、罚款、吊销许可证和执照、责令停产停业、没收财物等行政处罚不服的；
2. 对限制人身自由或者对财产的查封、扣押、冻结等行政强制措施不服的；
3. 认为行政机关侵犯法律规定的经营自主权的；
4. 认为符合法定条件申请行政机关颁发许可证和执照，行政机关拒绝颁发或者不予答复的；
5. 申请行政机关履行保护人身权、财产权的法定职责，行政机关拒绝履行或者不予答复的；
6. 认为行政机关没有依法发给抚恤金的；
7. 认为行政机关违法要求履行义务的；
8. 认为行政机关侵犯其他人身权、财产权的。

除前款规定外，人民法院受理法律、法规规定可以提起诉讼的其他行政案件。

### （二）不可诉行为

人民法院不受理公民、法人或者其他组织对下列事项提起的卫生行政诉讼：

1. 国防、外交等国家行为；
2. 行政法规、规章或者行政机关制定、发布的具有普遍约束力的决定、命令；

3. 行政机关对行政机关工作人员的奖惩、任免等决定；

4. 法律规定由行政机关最终裁决的具体行政行为。

## 三、卫生行政诉讼的管辖

卫生行政诉讼的管辖是指人民法院之间受理第一审行政案件的职权分工。

### （一）级别管辖

1. 基层人民法院管辖第一审卫生行政案件。

2. 中级人民法院管辖下列第一审卫生行政案件：确认发明专利权的案件、海关处理的案件；对国务院各部门或者省、自治区、直辖市人民政府所作的具体行政行为提起诉讼的案件；本辖区内重大、复杂的案件。

3. 高级人民法院管辖本辖区内重大、复杂的第一审卫生行政案件。

4. 最高人民法院管辖全国范围内重大、复杂的第一审卫生行政案件。

### （二）地域管辖

卫生行政案件由最初作出具体行政行为的行政机关所在地人民法院管辖。经复议的案件，复议机关改变原具体行政行为的，也可以由复议机关所在地人民法院管辖。

对限制人身自由的行政强制措施不服提起的诉讼，由被告所在地或者原告所在地人民法院管辖。

因不动产提起的行政诉讼，由不动产所在地人民法院管辖。

两个以上人民法院都有管辖权的案件，原告可以选择其中一个人民法院提起诉讼。原告向两个以上有管辖权的人民法院提起诉讼的，由最先收到起诉状的人民法院管辖。

### （三）移送管辖

人民法院发现受理的案件不属于自己管辖时，应当移送有管辖权的人民法院。受移送的人民法院不得自行移送。

### （四）指定管辖

有管辖权的人民法院由于特殊原因不能行使管辖权的，由上级人民法院指定管辖。

人民法院对管辖权发生争议，由争议双方协商解决。协商不成的，报它们的共同上级人民法院指定管辖。

### （五）管辖权的转移

上级人民法院有权审判下级人民法院管辖的第一审卫生行政案件，也可以把自己管辖的第一审卫生行政案件移交下级人民法院审判。

下级人民法院对其管辖的第一审行政案件，认为需要由上级人民法院审判的，可以报请上级人民法院决定。

## 四、卫生行政诉讼的证据规则

卫生行政诉讼的证据是指能够用来证明真实情况的一切材料或手段。我国卫生行政诉讼的证据制度有以下几条规则。

一是实行“谁作出具体行政行为谁举证”的原则。卫生行政诉讼的被告对作出的具体行政行为负有举证责任，应当提供作出该具体行政行为的证据和所依据的规范性文件。

二是在诉讼过程中，被告不得自行向原告和证人收集证据。

三是证明对象是被诉的具体行政行为，证明的重点是被诉具体行政行为的事实基础和合法性上。

## 五、卫生行政诉讼的程序

卫生行政诉讼的程序主要包括起诉、受理、审理与判决几个环节。

### （一）起诉与受理

**1. 起诉方式**　对属于人民法院受案范围的行政案件，公民、法人或者其他组织可以先向上一级行政机关或者法律、法规规定的行政机关申请复议，对复议不服的，再向人民法院提起诉讼；也可以直接向人民法院提起诉讼。

法律、法规规定应当先向行政机关申请复议，对复议不服再向人民法院提起诉讼的，则应依照法律、法规的规定先向行政机关申请复议。

**2. 起诉期限**　申请人不服复议决定的，可以在收到复议决定书之日起 15 日内向人民法院提起诉讼。复议机关逾期不作决定的，申请人可以在复议期满之日起 15 日内向人民法院提起诉讼。法律另有规定的除外。

公民、法人或者其他组织直接向人民法院提起诉讼的，应当在知道作出具体行政行为之日起 3 个月内提出。法律另有规定的除外。

### （二）审理与判决

我国卫生行政诉讼实行两审终审制，当事人不服一审人民法院裁判，可以上诉，二审裁判是终审裁判。

人民法院审理行政案件，除涉及国家秘密、个人隐私和法律另有规定的外，一般公开审理。

人民法院经过审理，根据不同情况，分别作出以下判决。

**1. 维持判决**　具体行政行为证据确凿，适用法律、法规正确，符合法定程序的，判决维持。

**2. 撤销判决**　具体行政行为有下列情形之一的，判决撤销或者部分撤销，并可以判决被告重新作出具体行政行为：主要证据不足的；适用法律、法规错误的；违反法定程序的；超越职权的；滥用职权的。

**3. 履行判决**　被告不履行或者拖延履行法定职责的，判决其在一定期限内履行。

# 第五节　卫生行政赔偿

## 一、卫生行政赔偿的概念

卫生行政赔偿，是指卫生行政关机关及其工作人员违法行使职权，侵犯公民、法人和其他组织的合法权益并造成损害的，由国家承担赔偿责任的制度。

我国《国家赔偿法》规定了行政赔偿和刑事赔偿两种国家赔偿，卫生行政赔偿属于国家赔偿的范畴。

## 二、卫生行政赔偿范围

根据《国家赔偿法》规定，卫生行政赔偿范围包括：

### （一）侵犯相对人人身权

1. 违法拘留或者违法采取限制公民人身自由的行政强制措施的；
2. 非法拘禁或者以其他方法非法剥夺公民人身自由的；
3. 以殴打等暴力行为或者唆使他人以殴打等暴力行为造成公民身体伤害或者死亡的；
4. 违法使用武器、警械造成公民身体伤害或者死亡的；
5. 造成公民身体伤害或者死亡的其他违法行为。

### （二）侵犯相对人财产权

1. 违法实施罚款、吊销许可证和执照、责令停产停业、没收财物等行政处罚的；
2. 违法对财产采取查封、扣押、冻结等行政强制措施的；
3. 违反国家规定征收财物、摊派费用的；
4. 造成财产损害的其他违法行为。

### （三）国家不承担赔偿责任的情形

1. 行政机关工作人员与行使职权无关的个人行为；
2. 因公民、法人和其他组织自己的行为致使损害发生的；
3. 法律规定的其他情形。

## 三、卫生行政赔偿请求人和赔偿义务机关

### （一）卫生行政赔偿请求人

卫生行政赔偿请求人为受害的公民、法人或者其他组织。受害的公民死亡的，其继承人和其他有扶养关系的亲属有权要求赔偿。受害的法人或者其他组织终止，承受其权利的法人或者其他组织有权要求赔偿。

### （二）卫生行政赔偿义务机关

行政机关及其工作人员行使行政职权侵犯公民、法人和其他组织的合法权益造成损害的，该行政机关为赔偿义务机关。

两个以上行政机关共同行使行政职权时侵犯公民、法人和其他组织的合法权益造成损害的，共同行使行政职权的行政机关为共同赔偿义务机关。

法律、法规授权的组织在行使授予的行政权力时侵犯公民、法人和其他组织的合法权益造成损害的，被授权的组织为赔偿义务机关。

受行政机关委托的组织或者个人在行使受委托的行政权力时侵犯公民、法人和其他组织的合法权益造成损害的，委托的行政机关为赔偿义务机关。

赔偿义务机关被撤销的，继续行使其职权的行政机关为赔偿义务机关；没有继续行使其职权的行政机关的，撤销该赔偿义务机关的行政机关为赔偿义务机关。

经复议机关复议的，最初造成侵权行为的行政机关为赔偿义务机关，但复议机关的复议决定加重损害的，复议机关对加重的部分履行赔偿义务。

## 四、卫生行政赔偿程序

卫生行政赔偿程序有两种。一种是单独请求卫生行政赔偿，即赔偿请求人没有提出其他行政诉讼请求，单独就卫生行政赔偿向赔偿义务机关提出赔偿。一种是附带请求卫生行政赔偿，赔偿请求人在提起卫生行政复议和卫生行政诉讼时一并提出了卫生行政赔偿。

## 五、卫生行政赔偿方式和标准

### （一）卫生行政赔偿方式

卫生行政赔偿以支付赔偿金为主要方式。能够返还财产或者恢复原状的，予以返还财产或者恢复原状。

### （二）卫生行政赔偿标准

**1. 侵犯公民人身自由**　每日的赔偿金按照国家上年度职工日平均工资计算。

**2. 侵犯公民生命健康权**　赔偿金按照下列规定计算：

（1）造成身体伤害的：应当支付医疗费，以及赔偿因误工减少的收入。减少的收入每日的赔偿金按照国家上年度职工日平均工资计算，最高额为国家上年度职工年平均工资的五倍。

（2）造成部分或者全部丧失劳动能力的：应当支付医疗费，以及残疾赔偿金，残疾赔偿金根据丧失劳动能力的程度确定，部分丧失劳动能力的最高额为国家上年度职工年平均工资的十倍，全部丧失劳动能力的为国家上年度职工年平均工资的二十倍。造成全部丧失劳动能力的，对其扶养的无劳动能力的人，还应当支付生活费。

（3）造成死亡的：应当支付死亡赔偿金、丧葬费，总额为国家上年度职工年平均工资的二十倍。对死者生前扶养的无劳动能力的人，还应当支付生活费。

生活费的发放标准参照当地民政部门有关生活救济的规定办理。被扶养的人是未成年人的，生活费给付至十八周岁止；其他无劳动能力的人，生活费给付至死亡时止。

**3. 侵犯公民、法人和其他组织的财产权**　侵犯公民、法人和其他组织的财产权造成损害的，按照下列规定处理：

（1）处罚款、罚金、追缴、没收财产或者违反国家规定征收财物、摊派费用的，返还财产；

（2）查封、扣押、冻结财产的，解除对财产的查封、扣押、冻结，造成财产损坏或者灭失的，依照本条第（3）、（4）项的规定赔偿；

（3）应当返还的财产损坏的，能够恢复原状的恢复原状，不能恢复原状的，按照损害程度给付相应的赔偿金；

（4）应当返还的财产灭失的，给付相应的赔偿金；

（5）财产已经拍卖的，给付拍卖所得的价款；

（6）吊销许可证和执照、责令停产停业的，赔偿停产停业期间必要的经常性费用开支；

（7）对财产权造成其他损害的，按照直接损失给予赔偿。

# 第四章 医疗机构管理法律制度

医疗机构管理法律制度是国家机关依据法律授权制定的有关医疗机构设置与管理的法规、规章等规范性文件的总和。国务院发布有《医疗机构管理条例》，自 1994 年 9 月 1 日起施行。卫生部制定有《医疗机构管理条例实施细则》、《医疗机构设置规划指导原则》等部门规章。

## 第一节 医疗机构分类

医疗机构，是指依法定程序设立的从事疾病诊断、治疗活动的卫生机构的总称。依法成立是指依据国务院《医疗机构管理条例》及其实施细则的规定进行设置和登记。只有依法取得设置医疗机构批准书，并履行登记手续，领取了《医疗机构执业许可证》的单位或者个人才能开展相应的诊断、治疗活动。

卫生机构是一个广义的概念，根据设立卫生机构目的的不同，我国将卫生机构分为医疗机构和疾病预防机构等。医疗机构是从事疾病诊断、治疗活动的卫生机构的总称。疾病预防机构主要以开展卫生防疫、疾病预防和控制活动为主。除这两者外，卫生机构还包括其他与卫生工作密切相关的机构。

### 一、医疗机构类别

1994 年 9 月 1 日实施的《医疗机构管理条例实施细则》对我国医疗机构类别进行了规定。我国医疗机构的类别包括以下 12 类。

（一）综合医院、中医医院、中西医结合医院、民族医医院、专科医院、康复医院

（二）妇幼保健院

（三）中心卫生院、乡（镇）卫生院、街道卫生院

（四）疗养院

（五）综合门诊部、专科门诊部、中医门诊部、中西医结合门诊部、民族医门诊部

（六）诊所、中医诊所、民族医诊所、卫生所、医务室、卫生保健所、卫生站

（七）村卫生室（所）

（八）急救中心、急救站

（九）临床检验中心

（十）专科疾病防治院、专科疾病防治所、专科疾病防治站

（十一）护理院、护理站

（十二）其他诊疗机构

卫生防疫、国境卫生检疫、医学科研和教学等机构在本机构业务范围之外开展诊疗活动以及美容服务机构开展医疗美容业务的，必须依据《条例》及《细则》，申请设置相应类别的医疗机构。

## 二、医疗机构分类管理

卫生部、国家中医药管理局、财政部、国家计委联合制定、下发的《关于城镇医疗机构分类管理的实施意见》，自2000年9月1日起施行。自此，我国的医疗机构依据经营目的、服务任务不同，进行了营利性和非营利性划分。两类医院分别执行不同的财政、税收、价格政策和财务会计制度。

### （一）非营利性医疗机构

是指为社会公众利益服务而设立和运营的医疗机构，不以营利为目的，其收入用于弥补医疗服务成本，实际运营中的收支结余只能用于自身的发展，如改善医疗条件、引进技术、开展新的医疗服务项目等。

政府举办的非营利性医疗机构主要提供基本医疗服务并完成政府交办的其他任务，其他非营利性医疗机构主要提供基本医疗服务，这二类非营利性医疗机构也可以提供少量的非基本医疗服务。

政府举办的非营利性医疗机构享受同级政府给予的财政补助，其他非营利性医疗机构不享受政府财政补助。非营利性医疗机构执行政府规定的医疗服务指导价格，享受相应的税收优惠政策。

非营利性医疗机构执行财政部、卫生部颁布的《医院财务制度》和《医院会计制度》等有关法规、政策。

### （二）营利性医疗机构

是指医疗服务所得收益可用于投资者经济回报的医疗机构。政府不举办营利性医疗机构。

营利性医疗机构根据市场需求自主确定医疗服务项目。当发生重大灾害、事故、疫情等特殊情况时，各类医疗机构均有义务执行政府指令性任务。

营利性医疗机构医疗服务价格放开，依法自主经营，照章纳税。

营利性医疗机构参照执行企业的财务、会计制度和有关政策。

## 三、医疗机构分级管理

卫生部于1989年11月29日颁布并实施的《医院分级管理办法》对我国医疗机构按功能任务设置了等级标准，进行了分级分等划分。

### （一）分级

医院按其功能、任务不同划分为三级十等。

**1. 一级医院**　是向一个社区（人口一般在10万以下）提供基本预防、医疗、保健、康复服务的基层医院、卫生院。

**2. 二级医院**　是向含有多个社区的地区（人口一般在数十万左右）提供综合医疗卫生服务和承担一定教学、科研任务的综合或专科的地区性医院。

**3. 三级医院** 是向含有多个地区的区域（人口一般在百万以上）提供高水平专科性医疗卫生服务和执行高等教育、科研任务的综合或专科区域性以上的医院。是省或全国的医疗、预防、教学和科研相结合的技术中心，是国家高层次的医疗机构。

各级医院经过评审，按照《医院分级管理标准》确定为甲、乙、丙三等，其中三级医院增设特等，因此医院共分三级十等。

### （二）分级标准

凡以“医院”命名的医疗机构，住院床位总数应在20张以上。

**1. 一级综合医院** ①床位：住院床位总数20张至99张。②科室设置：临床科室至少设有急诊室、内科、外科、妇（产）科、预防保健科。医技科室至少设有药房、化验室、X光室、消毒供应室。③人员：每床至少配备0.7名卫生技术人员，至少有3名医师、5名护士和相应的药剂、检验、放射等卫生技术人员，至少有1名具有主治医师以上职称的医师。

**2. 二级综合医院** ①床位：住院床位总数100张至499张。②科室设置：临床科室至少设有急诊室、内科、外科、妇（产）科、预防保健科、儿科、眼科、耳鼻喉科、口腔科、皮肤科、传染科，其中眼科、耳鼻喉科、口腔科可合并建科，皮肤科可并入内科或外科。医技科室至少设有药剂科、检验科、放射科、理疗科、消毒供应室、手术室、病理室、血库（可并入检验科和设）、理疗室、病案室。③人员：每床至少配备0.88名卫生技术人员，每床至少设配备0.4名护士，至少有3名具有副主任医师以上职称的医师，各专业科室至少有1名具有主治医师以上职称的医师。

**3. 三级综合医院** ①床位：住院床位总数500张以上。②科室设置：临床科室至少设有急诊室、内科、外科、妇（产）科、预防保健科、儿科、眼科，耳鼻喉科、口腔科、皮肤科、传染科、中医科、康复科。医技科室至少设有药房、检验科、放射科、手术室、病理科、核医学科、输血科、理疗科（可与康复科合设）、消毒供应室、病案室、营养部和相应的临床功能检查室。③人员：每床至少配备1.03名卫生技术人员，每床至少配备0.4名护士，专业科室应具有副主任医师以上职称，临床营养师不少于2名，工程技术人员（技师、助理工程师以上人员）占卫生技术人员总数的比例不低于1%。

随着我国社会经济的发展，医疗卫生事业改革的不断深化，以及加入世界贸易组织后医疗服务业对外开放的进一步扩大，我国相继出现了私立医疗机构、民营医疗机构、股份制医疗机构、中外合资、合作医疗机构，还将出现一些新的医疗机构。

## 四、我国医疗服务体系构成

卫生部2009年制定的《医疗机构设置规划指导原则》，明确了城市和农村医疗服务体系构成。

**1. 建设城乡三级医疗保健网** 建设县、乡、村三级医疗预防保健网，一直是我国卫生政策的主要内容。在农村建立以县级医院为龙头、乡镇卫生院为骨干、村卫生室为基础的服务网络（县、乡、村三级）；在城市建立以社区卫生服务机构、大型综合医院（区域医疗中心）和专科医院为基础，门诊部、诊所等为补充的新型城市医疗卫生服务体系（街道卫生院、区、市医院三级）。

**2. 大力发展中间性医疗服务和设施** 中间性医疗服务包括医院内康复医学科、社区康复、家庭病床、护理院、护理站、老年病和慢性病医疗机构等，可以充分发挥基层医疗机构的作用，合理分流病人，以促进急性病院（或院内急性病部）的发展。

**3. 建立健全急救医疗业务体系**　急救医疗业务体系应由急救中心、急救站和医院急诊科（室）组成，合理布局，缩短业务半径，形成急救业务网络。

**4. 其它医疗机构纳入医疗服务体系**　其它医疗机构纳入医疗服务体系与其他机构配合、协调。

**5. 建立中医、中西医结合、民族医医疗机构业务体系**　大力发挥中医药在疾病预防控制、应对突发公共卫生事件、医疗服务中的作用。加强中医临床研究基地和中医院建设，扶持中医药发展，促进中医药继承和创新。

## 第二节　医疗机构的设置与审批

医疗机构的设置与审批是医疗机构依法成立、合法执业的必要前提。卫生部于 1994 年、2009 年制定《医疗机构设置规划指导原则》，指导全国医疗机构的设置与规划。

### 一、医疗机构设置规划要求

县级以上地方人民政府卫生行政部门根据本行政区域内的人口、医疗资源、医疗需求和现有医疗机构的分布状况，制定本行政区域医疗机构设置规划。机关、企业和事业单位可以根据需要设置医疗机构，并纳入当地医疗机构的设置规划。

设置医疗机构应当符合医疗机构设置规划和医疗机构基本标准。各省、自治区、直辖市应按照当地《医疗机构设置规划》合理配置和合理利用医疗资源。

### 二、设置审批权限划分

床位在 100 张以上的综合医院、中医医院、中西医结合医院、民族医医院以及专科医院、疗养院、康复医院、妇幼保健院、急救中心、临床检验中心和专科疾病防治机构的设置审批权限的划分，由省、自治区、直辖市卫生行政部门规定。其他医疗机构的设置，由县级卫生行政部门负责审批。

### 三、医疗机构设置的申请

#### （一）申请人

地方各级人民政府设置医疗机构，由政府指定或者任命的拟设医疗机构的筹建负责人申请；法人或者其他组织设置医疗机构，由其代表人申请；个人设置医疗机构，由设置人申请；两人以上合伙设置医疗机构，由合伙人共同申请。

由两个以上法人或者其他组织共同申请设置医疗机构以及由两人以上合伙申请设置医疗机构的，除提交可行性研究报告和选址报告外，还必须提交由各方共同签署的协议书。

#### （二）医疗机构设置申请的受理部门

单位或者个人设置医疗机构应当按照以下规定提出设置申请。

1. 不设床位或者床位不满100张的医疗机构，向所在地的县级人民政府卫生行政部门申请。

2. 床位在100张以上的医疗机构和专科医院按照省级人民政府卫生行政部门的规定申请。

### （三）申请设置医疗机构应提交的文件

包括设置申请书、设置可行性研究报告、选址报告和建筑设计平面图。

### （四）设置可行性研究报告

设置可行性研究报告包括以下内容：

1. 申请单位名称、基本情况以及申请人姓名、年龄、专业履历、身份证号码。
2. 所在地区的人口、经济和社会发展等概况。
3. 所在地区人群健康状况和疾病流行以及有关疾病患病率。
4. 所在地区医疗资源分布情况以及医疗服务需求分析。
5. 拟设医疗机构的名称、选址、功能、任务、服务半径。
6. 拟设医疗机构的服务方式、时间、诊疗科目和床位编制。
7. 拟设医疗机构的组织结构、人员配备。
8. 拟设医疗机构的仪器、设备配备。
9. 拟设医疗机构与服务半径域内其他医疗机构的关系和影响。
10. 拟设医疗机构的污水、污物、粪便处理方案。
11. 拟设医疗机构的通讯、供电、上下水道、消防设施情况。
12. 资金来源、投资方式、投资总额、注册资金（酱）。
13. 拟设医疗机构的投资预算。
14. 拟设医疗机构五年内的成本效益预测分析。

并附申请设置单位或者设置人的资信证明。

申请设置门诊部、诊所、卫生所、医务室、卫生保健所、卫生站、村卫生室（所）、护理站等医疗机构的，可以根据情况适当简化设置可行性研究报告内容。

### （五）选址报告

医疗机构选址应满足医院功能与环境的要求，满足方便病人就诊、卫生、安静和交通方便等方面的要求。避开污染源和易燃易爆物的生产、贮存场所。符合城市整体规划的要求及医疗机构的布局规划。在这一原则下提供医疗机构选址报告。选址报告包括选址的依据、选址所在地区的环境和公用设施情况、选址与周围托幼机构、中小学校、食品生产经营单位布局的关系、占地和建筑面积四方面内容。

### （六）有下列情形之一的，不得申请设置医疗机构

1. 不能独立承担民事责任的单位；
2. 正在服刑或者不具有完全民事行为能力的个人；
3. 医疗机构在职、因病退职或者停薪留职的医务人员；
4. 发生二级以上医疗事故未满5年的医务人员；
5. 因违反有关法律、法规和规章，已被吊销执业证书的医务人员；
6. 被吊销《医疗机构执业许可证》的医疗机构法定代表人或者主要负责人；

7. 省、自治区、直辖市政府卫生行政部门规定的其他情形。

有第2、3、4、5、6项所列情形之一者，不得充任医疗机构的法定代表人或者主要负责人。

### 四、医疗机构设置的批准

单位或者个人设置医疗机构，必须经县级以上地方人民政府卫生行政部门审查批准，并取得设置医疗机构批准书，方可向有关部门办理其他手续。

县级以上地方人民政府卫生行政部门应当自受理设置申请之日起30日内，作出批准或者不批准的书面答复；批准设置的，发给设置医疗机构批准书。

#### （一）在城市设置诊所的个人必须具备的条件

1. 经医师执业技术考核合格，取得《医师执业证书》；
2. 取得《医师执业证书》或者医师职称后，从事5年以上同一专业临床工作；
3. 省、自治区、直辖市卫生行政部门规定的其他条件。

以上条件应同时具备。在乡镇和村设置诊所的个人的条件，由省级卫生行政部门规定。

#### （二）申请设置医疗机构有下列情形之一的，不予批准

1. 不符合当地《医疗机构设置规划》；
2. 设置人不符合规定的条件；
3. 不能提供满足投资总额的资信证明；
4. 投资总额不能满足各项预算开支；
5. 医疗机构选址不合理；
6. 污水、污物、粪便处理方案不合理；
7. 省、自治区、直辖市卫生行政部门规定的其他情形。

## 第三节　医疗机构登记校验与执业

医疗机构执业，必须进行登记，领取《医疗机构执业许可证》。

### 一、医疗机构执业登记与校验

#### （一）登记机关

医疗机构的执业登记，由批准其设置的人民政府卫生行政部门办理。国家统一规划、设置的医疗机构的执业登记，由所在地的省级人民政府卫生行政部门办理。机关、企业和事业单位设置的为内部职工服务的门诊部、诊所、卫生所（室）的执业登记，由所在地的县级人民政府卫生行政部门办理。

#### （二）申请执业登记应具备的条件

1. 有设置医疗机构批准书；
2. 符合医疗机构的基本标准；

3. 有适合的名称、组织机构和场所；

4. 有与其开展的业务相适应的经费、设施、设备和专业卫生技术人员；

5. 有相应的规章制度；

6. 能够独立承担民事责任。

（三）申请执业登记应提供的材料

申请执业登记必须填写《医疗机构申请执业登记注册书》，并向登记机关提交下列材料：

1.《设置医疗机构批准书》或者《设置医疗机构备案回执》；

2. 医疗机构用房产权证明或者使用证明；

3. 医疗机构建筑设计平面图；

4. 验资证明、资产评估报告；

5. 医疗机构规章制度；

6. 医疗机构法定代表人或者主要负责人以及各科室负责人名录和有关资格证书、执业证书复印件；

7. 省、自治区、直辖市卫生行政部门规定提交的其他材料；

8. 申请门诊部、诊所、卫生所、医务室、卫生保健所和卫生站登记的，还应当提交附设药房（柜）的药品种类清单、卫生技术人员名录及其有关资格证书、执业证书复印件以及省、自治区、直辖市卫生行政部门规定提交的其他材料。

（四）医疗机构执业登记的主要事项

1. 类别、名称、地址、法定代表人或者主要负责人；

2. 所有制形式；

3. 注册资金（资本）诊疗科目、床位；

4. 服务方式；

5. 诊疗科目；

6. 房屋建筑面积、床位（牙椅）；

7. 服务对象；

8. 职工人数；

9. 执业许可证登记号（医疗机构代码）；

10. 省、自治区、直辖市卫生行政部门规定的其他登记事项。

门诊部、诊所、卫生所、医务室、卫生保健所、卫生站除登记上述事项外，还应当核准登记附设药房（柜）的药品种类。

（五）医疗机构执业登记的规定

**1. 审核登记** 县级以上地方人民政府卫生行政部门自受理执业登记申请之日起45日内，根据《条例》和医疗机构基本标准进行审核。审核合格的，予以登记，发给《医疗机构执业许可证》；审核不合格的，将审核结果以书面形式通知申请人。

**2. 变更登记** 医疗机构改变名称、场所、主要负责人、诊疗科目、床位，必须向原登记机关办理变更登记。

**3. 注销登记** 医疗机构歇业，必须向原登记机关办理注销登记。经登记机关核准后，收缴《医疗机构执业许可证》。

医疗机构非因改建、扩建、迁建原因停业超过1年的，视为歇业。

**4. 校验期限**　床位不满100张的医疗机构，其《医疗机构执业许可证》每年校验1次；床位在100张以上的医疗机构，其《医疗机构执业许可证》每3年校验1次。校验由原登记机关办理。医疗机构应当于校验期满前3个月向登记机关申请办理校验手续。

**5. 暂缓校验**　医疗机构有下列情形之一的，登记机关可以根据情况，给予一至六个月的暂缓校验期。①不符合《医疗机构基本标准》；②限期改正期间；③省级卫生行政部门规定的其他情形。

不设床位的医疗机构在暂缓校验期内不得执业。暂缓校验期满仍不能通过校验的，由登记机关注销其《医疗机构执业许可证》。

**6. 遗失补发**　《医疗机构执业许可证》遗失的，应当及时申明，并向原登记机关申请补发。《医疗机构执业许可证》不得伪造、涂改、出卖、转让、出借。

### （六）不予登记的情况

申请医疗机构执业登记有下列情形之一的，不予登记：

1. 不符合《设置医疗机构批准书》核准的事项；
2. 不符合《医疗机构基本标准》；
3. 投资不到位；
4. 医疗机构用房不能满足诊疗服务功能；
5. 通讯、供电、上下水道等公共设施不能满足医疗机构正常运转；
6. 医疗机构规章制度不符合要求；
7. 消毒、隔离和无菌操作等基本知识和技能的现场抽查考核不合格；
8. 省、自治区、直辖市卫生行政部门规定的其他情形。

## 二、医疗机构执业与管理

任何单位或者个人，未取得《医疗机构执业许可证》，不得开展诊疗活动。

### （一）医疗机构执业的监督管理机关

国务院卫生行政部门负责全国医疗机构的监督管理工作。县级以上地方人民政府卫生行政部门负责本行政区域内医疗机构的监督管理工作。中国人民解放军卫生主管部门依照国家有关规定，对军队的医疗机构实施监督管理。

### （二）医疗机构的执业制度与规定

**1. 依法执业的规定**　医疗机构执业，必须遵守有关法律、法规和医疗技术规范。医疗机构必须将《医疗机构执业许可证》、诊疗科目、诊疗时间和收费标准悬挂于明显处所。医疗机构必须按照核准登记的诊疗科目开展诊疗活动。为内部职工服务的医疗机构未经许可和变更登记不得向社会开放。

医疗机构的印章、银行账户、牌匾以及医疗文件中使用的名称应当与核准登记的医疗机构名称相同；使用两个以上名称的，应当与第一名称相同。

医疗机构被吊销或者注销执业许可证后，不得继续开展诊疗活动。

**2. 执业人员的规定**　医疗机构不得使用非卫生技术人员从事医疗卫生技术工作。医疗机构应当加强对医务人员的医德教育。医疗机构工作人员上岗工作，必须佩带载有本人姓名、职务或者职称的标牌。

医疗机构应当经常对医务人员进行“基础理论、基本知识、基本技能”的训练与考核，把“严格要求、严密组织、严谨态度”落实到各项工作中。

**3. 规范诊疗的规定** 医疗机构对危重病人应当立即抢救。对限于设备或者技术条件不能诊治的病人，应当及时转诊。

医疗机构施行手术、特殊检查或者特殊治疗时，必须征得患者同意，并应当取得其家属或者关系人同意并签字；无法取得患者意见时，应当取得家属或者关系人同意并签字；无法取得患者意见又无家属或者关系人在场，或者遇到其他特殊情况时，经治医师应当提出医疗处置方案，在取得医疗机构负责人或者被授权负责人员的批准后实施。

医疗机构在诊疗活动中，应当对患者实行保护性医疗措施，并取得患者家属和有关人员的配合。医疗机构应当尊重患者对自己的病情、诊断、治疗的知情权利。在实施手术、特殊检查、特殊治疗时，应当向患者作必要的解释。因实施保护性医疗措施不宜向患者说明情况的，应当将有关情况通知患者家属。

医疗机构对传染病、精神病、职业病等患者的特殊诊治和处理，应当按照国家有关法律、法规的规定办理。

医疗机构应当严格执行无菌消毒、隔离制度，采取科学有效的措施处理污水和废弃物，预防和减少医院感染。

**4. 执业管理的规定**

（1）证明文件出具：未经医师（士）亲自诊查病人，医疗机构不得出具疾病诊断书、健康证明书或者死亡证明书等证明文件；未经医师（士）、助产人员亲自接产，医疗机构不得出具出生证明书或者死产报告书。

医疗机构为死因不明者出具的《死亡医学证明书》，只作是否死亡的诊断，不作死亡原因的诊断。如有关方面要求进行死亡原因诊断的，医疗机构必须指派医生对尸体进行解剖和有关死因检查后方能作出死因诊断。

（2）病历、票据管理：医疗机构的门诊病历的保存期不得少于15年；住院病历的保存期不得少于30年。

标有医疗机构标识的票据和病历本册以及处方笺、各种检查的申请单、报告单、证明文书单、药品分装袋、制剂标签等不得买卖、出借和转让。医疗机构不得冒用标有其他医疗机构标识的票据和病历本册以及处方笺、各种检查的申请单、报告单、证明文书单、药品分装袋、制剂标签等。

（3）药品管理：医疗机构必须按照有关药品管理的法律、法规，加强药品管理。医疗机构不得使用假劣药品、过期和失效药品以及违禁药品。门诊部、诊所、卫生所、医务室、卫生保健所和卫生站附设药房（柜）的药品种类由登记机关核定。

（4）收费管理：医疗机构必须按照人民政府或者物价部门的有关规定收取医疗费用，详列细项，并出具收据。

（5）工作质量管理：医疗机构应当按照卫生行政部门的有关规定、标准加强医疗质量管理，实施医疗质量保证方案，确保医疗安全和服务质量，不断提高服务水平。医疗机构应当定期检查、考核各项规章制度和各级各类人员岗位责任制的执行和落实情况。

## 第四节　处方与处方管理制度

处方管理是医疗机构提高医疗质量、促进合理用药、保障医疗安全的重要环节。卫生部《处方管理办法》于2006年11月27日发布，自2007年5月1日起施行。

### 一、处方的概念和意义

#### （一）处方的概念

处方是由注册的执业医师和执业助理医师（以下简称医师）在诊疗活动中为患者开具的、由取得药学专业技术职务任职资格的药学专业技术人员（以下简称药师）审核、调配、核对，并作为患者用药凭证的医疗文书。处方包括医疗机构病区用药医嘱单。

#### （二）处方的意义

处方在法律上、技术上和经济上具有重要意义。其法律意义在于因处方书写或调配错误而造成医疗事故时，医师或药剂人员负有法律责任。因此，要求医师和药剂人员在处方上签字，以示责任。其技术意义在于它写明了医师用药的名称、剂型、规格、数量以及用法用量，是药师配发药品和指导用药的依据。其经济意义在于是患者已交药费的凭证及统计医疗消耗、预算采购药品的依据。

### 二、处方标准

处方标准由卫生部统一规定，处方格式由省级卫生行政部门统一制定，处方由医疗机构按照规定的标准和格式印制。

#### （一）处方内容

**1. 前记**　包括医疗机构名称、费别、患者姓名、性别、年龄、门诊或住院病历号，科别或病区和床位号、临床诊断、开具日期等。可添列特殊要求的项目。

麻醉药品和第一类精神药品处方还应当包括患者身份证明编号，代办人姓名、身份证明编号。

**2. 正文**　以Rp或R（拉丁文Recipe“请取”的缩写）标示，分列药品名称、剂型、规格、数量、用法用量。

**3. 后记**　医师签名或者加盖专用签章，药品金额以及审核、调配，核对、发药药师签名或者加盖专用签章。

#### （二）处方颜色

1. 普通处方的印刷用纸为白色。
2. 急诊处方印刷用纸为淡黄色，右上角标注“急诊”。
3. 儿科处方印刷用纸为淡绿色，右上角标注“儿科”。
4. 麻醉药品和第一类精神药品处方印刷用纸为淡红色，右上角标注“麻、精一”。
5. 第二类精神药品处方印刷用纸为白色，右上角标注“精二”。

### （三）处方书写规范

1. 患者一般情况、临床诊断填写清晰、完整，并与病历记载相一致。

2. 每张处方限于一名患者的用药。

3. 字迹清楚，不得涂改；如需修改，应当在修改处签名并注明修改日期。

4. 药品名称应当使用规范的中文名称书写，没有中文名称的可以使用规范的英文名称书写；医疗机构或者医师、药师不得自行编制药品缩写名称或者使用代号；书写药品名称、剂量、规格、用法、用量要准确规范，药品用法可用规范的中文、英文、拉丁文或者缩写体书写，但不得使用“遵医嘱”、“自用”等含糊不清字句。

5. 患者年龄应当填写实足年龄，新生儿、婴幼儿写日、月龄，必要时要注明体重。

6. 西药和中成药可以分别开具处方，也可以开具一张处方，中药饮片应当单独开具处方。

7. 开具西药、中成药处方，每一种药品应当另起一行，每张处方不得超过 5 种药品。

8. 中药饮片处方的书写，一般应当按照“君、臣、佐、使”的顺序排列；调剂、煎煮的特殊要求注明在药品右上方，并加括号，如布包、先煎、后下等；对饮片的产地、炮制有特殊要求的，应当在药品名称之前写明。

9. 药品用法用量应当按照药品说明书规定的常规用法用量使用，特殊情况需要超剂量使用时，应当注明原因并再次签名。

10. 除特殊情况外，应当注明临床诊断。

11. 开具处方后的空白处画一斜线以示处方完毕。

12. 处方医师的签名式样和专用签章应当与院内药学部门留样备查的式样相一致，不得任意改动，否则应当重新登记留样备案。

13. 药品剂量与数量用阿拉伯数字书写。剂量应当使用法定剂量单位：重量以克（g）、毫克（mg）、微克（μg）、纳克（ng）为单位；容量以升（L）、毫升（ml）为单位；国际单位（IU）、单位（U）；中药饮片以克（g）为单位。

## 三、处方管理制度

医师开具处方和药师调剂处方应当遵循安全、有效、经济的原则。处方药应当凭医师处方销售、调剂和使用。

### （一）处方权的获得

**1. 执业医师处方权** 经注册的执业医师在执业地点取得相应的处方权。

**2. 执业助理医师处方权** 经注册的执业助理医师在医疗机构开具的处方，应当经所在执业地点执业医师签名或加盖专用签章后方有效。

经注册的执业助理医师在乡、民族乡、镇、村的医疗机构独立从事一般的执业活动，可以在注册的执业地点取得相应的处方权。

**3. 签名留样规定** 医师应当在注册的医疗机构签名留样或者专用签章备案后，方可开具处方。

**4. 试用期人员处方权** 试用期人员开具处方，应当经所在医疗机构有处方权的执业医师审核、并签名或加盖专用签章后方有效。

**5. 进修医师处方权**　进修医师由接收进修的医疗机构对其胜任本专业工作的实际情况进行认定后授予相应的处方权。

### （二）处方的开具

**1. 处方开具原则**　医师应当根据医疗、预防、保健需要，按照诊疗规范、药品说明书中的药品适应证、药理作用、用法、用量、禁忌、不良反应和注意事项等开具处方。

**2. 处方中药品名称的使用**　医师开具处方应当使用经药品监督管理部门批准并公布的药品通用名称、新活性化合物的专利药品名称和复方制剂药品名称。医师开具院内制剂处方时应当使用经省级卫生行政部门审核、药品监督管理部门批准的名称。医师可以使用由卫生部公布的药品习惯名称开具处方。

**3. 处方有效期限**　处方开具当日有效。特殊情况下需延长有效期的，由开具处方的医师注明有效期限，但有效期最长不得超过 3 天。

**4. 处方用量**　处方一般不得超过 7 日用量；急诊处方一般不得超过 3 日用量；对于某些慢性病、老年病或特殊情况，处方用量可适当延长，但医师应当注明理由。医疗用毒性药品、放射性药品的处方用量应当严格按照国家有关规定执行。

**5. 麻醉药品、第一类精神药品处方要求**　医师应当按照卫生部制定的麻醉药品和精神药品临床应用指导原则，开具麻醉药品、第一类精神药品处方。

（1）长期使用麻醉药品和第一类精神药品患者首诊及病历要求：门（急）诊癌症疼痛患者和中、重度慢性疼痛患者需长期使用麻醉药品和第一类精神药品的，首诊医师应当亲自诊查患者，建立相应的病历，要求其签署《知情同意书》。

病历中应当留存下列材料复印件：①二级以上医院开具的诊断证明；②患者户籍簿、身份证或者其他相关有效身份证明文件；③为患者代办人员身份证明文件。

（2）使用限制：除需长期使用麻醉药品和第一类精神药品的门（急）诊癌症疼痛患者和中、重度慢性疼痛患者外，麻醉药品注射剂仅限于医疗机构内使用。

医疗机构应当要求长期使用麻醉药品和第一类精神药品的门（急）诊癌症患者和中、重度慢性疼痛患者，每 3 个月复诊或者随诊一次。

（3）处方限量：为门（急）诊患者开具的麻醉药品注射剂，每张处方为一次常用量；控缓释制剂，每张处方不得超过 7 日常用量；其他剂型，每张处方不得超过 3 日常用量。

第一类精神药品注射剂，每张处方为一次常用量；控缓释制剂，每张处方不得超过 7 日常用量；其他剂型，每张处方不得超过 3 日常用量。哌甲酯用于治疗儿童多动症时，每张处方不得超过 15 日常用量。

第二类精神药品一般每张处方不得超过 7 日常用量；对于慢性病或某些特殊情况的患者，处方用量可以适当延长，医师应当注明理由。

为门（急）诊癌症疼痛患者和中、重度慢性疼痛患者开具的麻醉药品、第一类精神药品注射剂，每张处方不得超过 3 日常用量；控缓释制剂，每张处方不得超过 15 日常用量；其他剂型，每张处方不得超过 7 日常用量。

为住院患者开具的麻醉药品和第一类精神药品处方应当逐日开具，每张处方为 1 日常用量。

对于需要特别加强管制的麻醉药品，盐酸二氢埃托啡处方为一次常用量，仅限于二级以上医院内使用；盐酸哌替啶处方为一次常用量，仅限于医疗机构内使用。

**6. 乡村医生处方规定** 乡村医生按照《乡村医生从业管理条例》的规定，在省级卫生行政部门制定的乡村医生基本用药目录范围内开具药品处方。

（三）处方的调剂

**1. 处方调剂人员规定** 取得药学专业技术职务任职资格的人员方可从事处方调剂工作。药师在执业的医疗机构取得处方调剂资格。药师签名或者专用签章式样应当在本机构留样备查。具有药师以上专业技术职务任职资格的人员负责处方审核、评估、核对、发药，以及安全用药指导；药士从事处方调配工作。

**2. 处方审核** 药师应当对处方用药适宜性进行审核，审核内容包括：①规定必须做皮试的药品，处方医师是否注明过敏试验及结果的判定；②处方用药与临床诊断的相符性；③剂量、用法的正确性；④选用剂型与给药途径的合理性；⑤是否有重复给药现象；⑥是否有潜在临床意义的药物相互作用和配伍禁忌；⑦其它用药不适宜情况。

**3. 处方处理** 药师经处方审核后，认为存在用药不适宜时，应当告知处方医师，请其确认或者重新开具处方。药师发现严重不合理用药或者用药错误，应当拒绝调剂，及时告知处方医师，并应当记录，按照有关规定报告。

药师对于不规范处方或者不能判定其合法性的处方，不得调剂。

除麻醉药品、精神药品、医疗用毒性药品和儿科处方外，医疗机构不得限制门诊就诊人员持处方到药品零售企业购药。

**4. “四查十对”** 药师调剂处方时必须做到：查处方，对科别、姓名、年龄；查药品，对药名、剂型、规格、数量；查配伍禁忌，对药品性状、用法用量；查用药合理性，对临床诊断。

**5. 签名** 药师在完成处方调剂后，应当在处方上签名或者加盖专用签章。

**6. 处方管理** 药师应当对麻醉药品和第一类精神药品处方，按年月日逐日编制顺序号。

# 第五章 卫生技术人员管理法律制度

根据中央职称改革工作领导小组1986年3月15日印发的《卫生技术人员职务试行条例》，卫生技术职务分为医、药、护、技四类。目前，立法最为完善的是医师的管理，《中华人民共和国执业医师法》经九届全国人大常委会第三次会议通过并颁布，自1999年5月1日施行。

## 第一节　执业医师管理

执业医师是指依法取得执业医师资格或者执业助理医师资格，经注册在医疗、预防、保健机构中执业的专业医务人员。包括执业医师和执业助理医师两级。每级分为临床、中医（包括中医、民族医和中西医结合）、口腔、公共卫生四类。

### 一、医师资格考试制度

国家实行医师资格考试制度。医师资格考试分为执业医师资格考试和执业助理医师资格考试。医师资格考试由省级以上人民政府卫生行政部门组织实施。医师资格考试成绩合格，取得执业医师资格或者执业助理医师资格。

#### （一）参加执业医师资格考试的条件

具有下列条件之一的，可以参加执业医师资格考试：

1. 具有高等学校医学专业本科以上学历，在执业医师指导下，在医疗、预防、保健机构中试用期满一年的；

2. 取得执业助理医师执业证书后，具有高等学校医学专科学历，在医疗、预防、保健机构中工作满二年的；具有中等专业学校医学专业学历，在医疗、预防、保健机构中工作满五年的。

#### （二）参加助理执业医师资格考试的条件

具有高等学校医学专科学历或者中等专业学校医学专业学历，在执业医师指导下，在医疗、预防、保健机构中试用期满一年的，可以参加执业助理医师资格考试。

#### （三）师承方式学习或确有专长人员的考试规定

以师承方式学习传统医学满三年或者经多年实践医术确有专长的，经县级以上人民政府卫生行政部门确定的传统医学专业组织或者医疗、预防、保健机构考核合格并推荐，可以参加执业医师资格或者执业助理医师资格考试。考试的内容和办法由国务院卫生行政部门另行制定。

## 二、医师执业注册制度

国家实行医师执业注册制度。取得医师资格的，可以向所在地县级以上人民政府卫生行政部门申请注册。医师经注册后，可以在医疗、预防、保健机构中按照注册的执业地点、执业类别、执业范围执业，从事相应的医疗、预防、保健业务。未经医师注册取得执业证书，不得从事医师执业活动。

### （一）注册程序

受理申请的卫生行政部门自收到申请之日起30日内准予注册，并发给由国务院卫生行政部门统一印制的医师执业证书。

医疗、预防、保健机构可以为本机构中的医师集体办理注册手续。

### （二）不予注册

有下列情形之一的，不予注册：①不具有完全民事行为能力的；②因受刑事处罚，自刑罚执行完毕之日起至申请注册之日止不满2年的；③受吊销医师执业证书行政处罚，自处罚决定之日起至申请注册之日止不满2年的；④有国务院卫生行政部门规定不宜从事医疗、预防、保健业务的其他情形的。

受理申请的卫生行政部门对不符合条件不予注册的，应当自收到申请之日起30日内书面通知申请人，并说明理由。申请人有异议的，可以自收到通知之日起15日内，依法申请复议或者向人民法院提起诉讼。

### （三）注销注册

医师注册后有下列情形之一的，其所在的医疗、预防、保健机构应当在30日内报告准予注册的卫生行政部门，卫生行政部门应当注销注册，收回医师执业证书：

1. 死亡或者被宣告失踪的；
2. 受刑事处罚的；
3. 受吊销医师执业证书行政处罚的；
4. 因考核不合格暂停执业活动期满，再次考核仍不合格的；
5. 中止医师执业活动满2年的；
6. 有国务院卫生行政部门规定不宜从事医疗、预防、保健业务的其他情形的。

被注销注册的当事人有异议的，可以自收到注销注册通知之日起15日内，依法申请复议或者向人民法院提起诉讼。

### （四）变更注册

医师变更执业地点、执业类别、执业范围等注册事项的，应当到准予注册的卫生行政部门依法办理变更注册手续。

### （五）重新注册

中止医师执业活动2年以上以及不予注册规定情形消失的，申请重新执业，应当由县级以上行政部门考核合格，并按注册程序规定重新注册。

### （六）个体行医注册规定

申请个体行医的执业医师，须经注册后在医疗、预防、保健机构中执业满5年，并按照国家有关规定办理审批手续；未经批准，不得行医。

县级以上地方人民政府卫生行政部门对个体行医的医师，应当按照国务院卫生行政部门的规定，经常监督检查，凡发现有关规定的情形的，应当及时注销注册，收回医师执业证书。

### （七）公告

县级以上地方人民政府卫生行政部门应当将准予注册和注销注册的人员名单予以公告，并由省级人民政府卫生行政部门汇总，报国务院卫生行政部门备案。

## 三、医师执业规则

### （一）医师的权利

医师在执业活动中享有下列权利：

1. 在注册的执业范围内，进行医学诊查、疾病调查、医学处置、出具相应的医学证明文件，选择合理的医疗、预防、保健方案；
2. 按照国务院卫生行政部门规定的标准，获得与本人执业活动相当的医疗设备基本条件；
3. 从事医学研究、学术交流，参加专业学术团体；
4. 参加专业培训，接受继续医学教育；
5. 在执业活动中，人格尊严、人身安全不受侵犯；
6. 获取工资报酬和津贴，享受国家规定的福利待遇；
7. 对所在机构的医疗、预防、保健工作和卫生行政部门的工作提出意见和建议，依法参与所在机构的民主管理。

### （二）医师的义务

医师在执业活动中履行下列义务：

1. 遵守法律、法规，遵守技术操作规范；
2. 树立敬业精神，遵守职业道德，履行医师职责，尽职尽责为患者服务；
3. 关心、爱护、尊重患者，保护患者的隐私；
4. 努力钻研业务，更新知识，提高专业技术水平；
5. 宣传卫生保健知识，对患者进行健康教育。

### （三）医师执业规则

**1. 如实签署文件**　医师实施医疗、预防、保健措施，签署有关医学证明文件，必须亲自诊查、调查，并按照规定及时填写医学文书，不得隐匿、伪造或者销毁医学文书及有关资料。也不得出具与自己执业范围无关或者与执业类别不相符的医学证明文件。

**2. 紧急救治义务**　对急危患者，医师应当采取紧急措施进行诊治；不得拒绝急救处置。

**3. 规范使用药品**　医师应当使用经国家有关部门批准使用的药品、消毒药剂和医疗器械。除正当诊断治疗外，不得使用麻醉药品、医疗用毒性药品、精神药品和放射性药品。

**4. 尊重患者知情权**　医师应当如实向患者或者其家属介绍病情，但应注意避免对患者产生不利后果。

医师进行实验性临床医疗，应当经医院批准并征得患者本人或者其家属同意。

**5. 禁止收受财物** 医师不得利用职务之便，索取、非法收受患者财物或者牟取其他不正当利益。

**6. 报告和接受调遣义务** 医师发生医疗事故或者发现传染病疫情时，应当按照有关规定及时向所在机构或者卫生行政部门报告。医师发现患者涉嫌伤害事件或者非正常死亡时，应当按照有关规定向有关部门报告。遇有自然灾害、传染病流行、突发重大伤亡事故及其他严重威胁人民生命健康的紧急情况时，医师应当服从县级以上人民政府卫生行政部门的调遣。

**7. 执业助理医师执业规定** 执业助理医师应当在执业医师的指导下，在医疗、预防、保健机构中按照其执业类别执业。

在乡、民族乡、镇的医疗、预防、保健机构中工作的执业助理医师，可以根据医疗诊治的情况和需要，独立从事一般的执业活动。

## 四、医师考核和培训

### （一）定期考核

受县级以上人民政府卫生行政部门委托的机构或者组织按照医师执业标准，对医师的业务水平、工作成绩和职业道德状况进行定期考核。考核结果报准予注册的卫生行政部门备案。

对考核不合格的医师，县级以上人民政府卫生行政部门可以责令其暂停执业活动3个月至6个月，并接受培训和继续医学教育。暂停执业活动期满，再次进行考核，对考核合格的，允许其继续执业；对考核不合格的，由县级以上人民政府卫生行政部门注销注册，收回医师执业证书。

县级以上人民政府卫生行政部门负责指导、检查和监督医师考核工作。

### （二）表彰或奖励

医师有下列情形之一的，县级以上人民政府卫生行政部门应当给予表彰或者奖励：

1. 在执业活动中，医德高尚，事迹突出的；
2. 对医学专业技术有重大突破，作出显著贡献的；
3. 遇有自然灾害、传染病流行、突发重大伤亡事故及其他严重威胁人民生命健康的紧急情况时，救死扶伤、抢救诊疗表现突出的；
4. 长期在边远贫困地区、少数民族地区条件艰苦的基层单位努力工作的；
5. 国务院卫生行政部门规定应当予以表彰或者奖励的其他情形的。

### （三）继续教育

县级以上人民政府卫生行政部门制定医师培训计划，对医师进行多种形式的培训，为医师接受继续医学教育提供条件。卫生行政部门委托的承担医师考核任务的医疗卫生机构，应当为医师的培训和接受继续医学教育提供和创造条件。

县级以上人民政府卫生行政部门应当采取有力措施，对在农村和少数民族地区从事医疗、预防、保健业务的医务人员实施培训。

医疗、预防、保健机构应当按照规定和计划保证本机构医师的培训和继续医学教育。

## 五、医师执业法律责任

### （一）行政处分

**1. 以不正当手段取得医师执业证书的**　由发给证书的卫生行政部门予以吊销；对负有直接责任的主管人员和其他直接责任人员，依法给予行政处分。

**2. 医疗、预防、保健机构未按规定履行报告职责，导致严重后果的**　由县级以上人民政府卫生行政部门给予警告；并对该机构的行政负责人依法给予行政处分。

**3. 违反《执业医师法》的**　卫生行政部门工作人员或者医疗、预防、保健机构工作人员违反《执业医师法》有关规定，弄虚作假、玩忽职守、滥用职权、徇私舞弊，尚不构成犯罪的，依法给予行政处分；构成犯罪的，依法追究刑事责任。

**4. 造成事故的**　医师在医疗、预防、保健工作中造成事故的，依照法律或者国家有关规定处理。

### （二）停止执业活动的处罚

医师在执业活动中，违反本法规定，有下列行为之一的，由县级以上人民政府卫生行政部门给予警告或者责令暂停6个月以上1年以下执业活动；情节严重的，吊销其执业证书；构成犯罪的，依法追究刑事责任：

1. 违反卫生行政规章制度或者技术操作规范，造成严重后果的；
2. 由于不负责任延误急危患者的抢救和诊治，造成严重后果的；
3. 造成医疗责任事故的；
4. 未经亲自诊查、调查，签署诊断、治疗、流行病学等证明文件或者有关出生、死亡等证明文件的；
5. 隐匿、伪造或者擅自销毁医学文书及有关资料的；
6. 使用未经批准使用的药品、消毒药剂和医疗器械的；
7. 不按照规定使用麻醉药品、医疗用毒性药品、精神药品和放射性药品的；
8. 未经患者或者其家属同意，对患者进行实验性临床医疗的；
9. 泄露患者隐私，造成严重后果的；
10. 利用职务之便，索取、非法收受患者财物或者牟取其他不正当利益的；
11. 发生自然灾害、传染病流行、突发重大伤亡事故以及其他严重威胁人民生命健康的紧急情况时，不服从卫生行政部门调遣的；
12. 发生医疗事故或者发现传染病疫情，患者涉嫌伤害事件或者非正常死亡，不按照规定报告的。

### （三）行政处罚

**1. 未经批准擅自开办医疗机构行医或者非医师行医的**　由县级以上人民政府卫生行政部门予以取缔，没收其违法所得及其药品、器械，并处十万元以下的罚款；对医师吊销其执业证书；给患者造成损害的，依法承担赔偿责任；构成犯罪的，依法追究刑事责任。

**2. 阻碍医师依法执业，侮辱、诽谤、威胁、殴打医师或者侵犯医师人身自由、干扰医师正常工作、生活的**　依照治安管理处罚条例的规定处罚；构成犯罪的，依法追究刑事责任。

## 第二节　乡村医师从业管理

国务院制定的《乡村医生从业管理条例》（以下简称《条例》）于2003年8月5日公布，2004年1月1日施行。

《条例》所指乡村医生，是指尚未取得执业医师资格或者执业助理医师资格，经注册在村医疗卫生机构从事预防、保健和一般医疗服务的乡村医生。

村医疗卫生机构中的执业医师或者执业助理医师，依照《执业医师法》的规定管理，不适用于《条例》。

### 一、国家对乡村医生的鼓励政策

国家鼓励乡村医生通过医学教育取得医学专业学历；鼓励符合条件的乡村医生申请参加国家医师资格考试。鼓励取得执业医师资格或者执业助理医师资格的人员，开办村医疗卫生机构，或者在村医疗卫生机构向村民提供预防、保健和医疗服务。

具有学历教育资格的医学教育机构，应当按照国家有关规定开展适应农村需要的医学学历教育，定向为农村培养适用的卫生人员。国家鼓励乡村医生学习中医药基本知识，运用中医药技能防治疾病。地方各级人民政府应当加强乡村医生的培训工作，采取多种形式对乡村医生进行培训。

国家对在农村预防、保健、医疗服务和突发事件应急处理工作中做出突出成绩的乡村医生，给予奖励。

### 二、乡村医生执业注册制度

国家实行乡村医生执业注册制度。县级人民政府卫生行政主管部门负责乡村医生执业注册工作。

（一）注册条件

**1. 已取得乡村医生证书的，符合条件之一的，可以直接申请注册** 《条例》公布前的乡村医生，取得县级以上地方人民政府卫生行政主管部门颁发的乡村医生证书，并符合下列条件之一的，可以向县级人民政府卫生行政主管部门申请乡村医生执业注册，取得乡村医生执业证书后，继续在村医疗卫生机构执业：①已经取得中等以上医学专业学历的；②在村医疗卫生机构连续工作20年以上的；③按照省级人民政府卫生行政主管部门制定的培训规划，接受培训取得合格证书的。

**2. 已取得乡村医生证书的，不符合直接申请注册条件的，应经培训考试合格后注册** 培训由县级人民政府卫生行政主管部门组织进行，并根据省级人民政府卫生行政主管部门确定的考试内容、考试范围进行考试。乡村医生经培训并考试合格的，可以申请乡村医生执业注册；经培训但考试不合格的，县级人民政府卫生行政主管部门应当组织对其再次培训和考试。不参加再次培训或者再次考试仍不合格的，不得申请乡村医生执业注册。

上述关于培训、考试的规定，在《条例》施行后6个月内完成。

（二）《条例》公布后的执业规定

《条例》公布之日起进入村医疗卫生机构从事预防、保健和医疗服务的人员，应具备执业医师资格或者执业助理医师资格。

不具备规定条件的地区，根据实际需要，可以允许具有中等医学专业学历的人员，或者经培训达到中等医学专业水平的其他人员申请执业注册，进入村医疗卫生机构执业。具体办法由省、自治区、直辖市人民政府制定。

（三）注册申请与批准

符合规定申请在村医疗卫生机构执业的人员，应当持村医疗卫生机构出具的拟聘用证明和相关学历证明、证书，向村医疗卫生机构所在地的县级人民政府卫生行政主管部门申请执业注册。

县级人民政府卫生行政主管部门自受理申请之日起 15 日内完成审核工作，对符合《条例》规定条件的，准予执业注册，发给乡村医生执业证书；对不符合规定条件的，不予注册，并书面说明理由。

乡村医生经注册取得执业证书后，方可在聘用其执业的村医疗卫生机构从事预防、保健和一般医疗服务。未经注册取得乡村医生执业证书的，不得执业。

（四）不予注册

乡村医生有下列情形之一的，不予注册：①不具有完全民事行为能力的；②受刑事处罚，自刑罚执行完毕之日起至申请执业注册之日止不满 2 年的；③受吊销乡村医生执业证书行政处罚，自处罚决定之日起至申请执业注册之日止不满 2 年的。

（五）再注册

乡村医生执业证书有效期为 5 年。乡村医生执业证书有效期满需要继续执业的，应当在有效期满前 3 个月申请再注册。

县级人民政府卫生行政主管部门自受理申请之日起 15 日内进行审核，对符合省级人民政府卫生行政主管部门规定条件的，准予再注册，换发乡村医生执业证书；对不符合条件的，不予再注册，由发证部门收回原乡村医生执业证书。

（六）变更注册

乡村医生应当在聘用其执业的村医疗卫生机构执业；变更执业的村医疗卫生机构的，应当按程序办理变更注册手续。

（七）注销注册

乡村医生有下列情形之一的，由原注册的卫生行政主管部门注销执业注册，收回乡村医生执业证书：死亡或者被宣告失踪的；受刑事处罚的；中止执业活动满 2 年的；考核不合格，逾期未提出再次考核申请或者经再次考核仍不合格的。

（八）公告

县级人民政府卫生行政主管部门应当将准予执业注册、再注册和注销注册的人员名单向其执业的村医疗卫生机构所在地的村民公告，并由设区的市级人民政府卫生行政主管部门汇总，报省级人民政府卫生行政主管部门备案。

## 三、乡村医生执业规则

### （一）乡村医生在执业活动中享有的权利

1. 进行一般医学处置，出具相应的医学证明；
2. 参与医学经验交流，参加专业学术团体；
3. 参加业务培训和教育；
4. 在执业活动中，人格尊严、人身安全不受侵犯；
5. 获取报酬；
6. 对当地的预防、保健、医疗工作和卫生行政主管部门的工作提出意见和建议。

### （二）乡村医生在执业活动中应履行的义务

1. 遵守法律、法规、规章和诊疗护理技术规范、常规；
2. 树立敬业精神，遵守职业道德，履行乡村医生职责，为村民健康服务；
3. 关心、爱护、尊重患者，保护患者的隐私；
4. 努力钻研业务，更新知识，提高专业技术水平；
5. 向村民宣传卫生保健知识，对患者进行健康教育。

### （三）乡村医生执业规则

**1. 初级卫生保健服务和疫情报告** 乡村医生应协助有关部门做好初级卫生保健服务工作；按规定及时报告传染病疫情和中毒事件，如实填写并上报有关卫生统计报表，妥善保管有关资料。

**2. 一次性医疗器械和卫生材料的使用** 乡村医生在执业活动中，不得重复使用一次性医疗器械和卫生材料。对使用过的一次性医疗器械和卫生材料，应按规定处置。

**3. 转诊和紧急救治** 乡村医生应当如实向患者或者其家属介绍病情，对超出一般医疗服务范围或者限于医疗条件和技术水平不能诊治的病人，应当及时转诊；情况紧急不能转诊的，应当先行抢救并及时向有抢救条件的医疗卫生机构求助。

**4. 禁止性行为** 乡村医生不得出具与执业范围无关或者与执业范围不相符的医学证明，不得进行实验性临床医疗活动。

**5. 规定范围内使用药品** 省级人民政府卫生行政主管部门应当按照乡村医生一般医疗服务范围，制定乡村医生基本用药目录。乡村医生应当在乡村医生基本用药目录规定的范围内用药。

**6. 补助** 县级人民政府对乡村医生开展国家规定的预防、保健等公共卫生服务，应当按照有关规定予以补助。

## 四、培训与考核

### （一）乡村医生培训规划

省级人民政府组织制定乡村医生培训规划，保证乡村医生至少每 2 年接受一次培训。县级人民政府根据培训规划制定本地区乡村医生培训计划。

对承担国家规定的预防、保健等公共卫生服务的乡村医生，其培训所需经费列入县级财政预算。对边远贫困地区，设区的市级以上地方人民政府应当给予适当经费支持。国家鼓励社会组织和个人支持乡村医生培训工作。

### （二）乡村医生培训的组织

县级人民政府卫生行政主管部门根据乡村医生培训计划，负责组织乡村医生的培训工作。乡、镇人民政府以及村民委员会应当为乡村医生开展工作和学习提供条件，保证乡村医生接受培训和继续教育。

乡村医生应按培训规划的要求至少每 2 年接受一次培训，更新医学知识，提高业务水平。

### （三）乡村医生考核

县级人民政府卫生行政主管部门负责组织本地区乡村医生的考核工作；对乡村医生的考核，每 2 年组织一次。

对乡村医生的考核应当客观、公正，充分听取乡村医生执业的村医疗卫生机构、乡村医生本人、所在村村民委员会和村民的意见。

县级人民政府卫生行政主管部门负责检查乡村医生执业情况，收集村民对乡村医生业务水平、工作质量的评价和建议，接受村民对乡村医生的投诉，并进行汇总、分析。汇总、分析结果与乡村医生接受培训的情况作为对乡村医生进行考核的主要内容。

有关人民政府卫生行政主管部门对村民和乡村医生提出的意见、建议和投诉，应当及时调查处理，并将调查处理结果告知村民或者乡村医生。

### （四）考核结果的使用

乡村医生经考核合格的，可以继续执业；经考核不合格的，在 6 个月之内可以申请进行再次考核。逾期未提出再次考核申请或者经再次考核仍不合格的乡村医生，原注册部门应当注销其执业注册，并收回乡村医生执业证书。

## 五、法律责任

### （一）超范围执业、使用药品或未尽到应尽义务的处罚

乡村医生在执业活动中，有下列行为之一的，由县级人民政府卫生行政主管部门责令限期改正，给予警告；逾期不改正的，责令暂停 3 个月以上 6 个月以下执业活动；情节严重的，由原发证部门暂扣乡村医生执业证书：①执业活动超出规定的执业范围，或者未按照规定进行转诊的；②违反规定使用乡村医生基本用药目录以外的处方药品的；③违反规定出具医学证明，或者伪造卫生统计资料的；④发现传染病疫情、中毒事件不按规定报告的。

### （二）未经注册或非法注册从事医疗活动的处罚

未经注册在村医疗卫生机构从事医疗活动的，由县级以上地方人民政府卫生行政主管部门予以取缔，没收其违法所得以及药品、医疗器械，违法所得 5000 元以上的，并处违法所得 1 倍以上 3 倍以下的罚款；没有违法所得或者违法所得不足 5000 元的，并处 1000 元以上 3000 元以下的罚款；造成患者人身损害的，依法承担民事赔偿责任；构成犯罪的，依法追究刑事责任。

乡村医生变更执业的村医疗卫生机构，未办理变更执业注册手续的，由县级人民政府

卫生行政主管部门给予警告，责令限期办理变更注册手续。

以不正当手段取得乡村医生执业证书的，由发证部门收缴乡村医生执业证书；造成患者人身损害的，依法承担民事赔偿责任；构成犯罪的，依法追究刑事责任。

### （三）从事实验性临床医疗活动或重复使用一次性器械的处罚

乡村医生在执业活动中，违反规定进行实验性临床医疗活动，或者重复使用一次性医疗器械和卫生材料的，由县级人民政府卫生行政主管部门责令停止违法行为，给予警告，可以并处1000元以下的罚款；情节严重的，由原发证部门暂扣或者吊销乡村医生执业证书。

### （四）卫生主管部门未尽到规定义务的处罚

县级人民政府卫生行政主管部门未按照乡村医生培训规划、计划组织乡村医生培训的，由本级人民政府或者上一级人民政府卫生行政主管部门责令改正；情节严重的，对直接负责的主管人员和其他直接责任人员依法给予行政处分。

县级人民政府卫生行政主管部门，对不符合规定条件的人员发给乡村医生执业证书，或者对符合条件的人员不发给乡村医生执业证书的，由本级人民政府或者上一级人民政府卫生行政主管部门责令改正，收回或者补发乡村医生执业证书，并对直接负责的主管人员和其他直接责任人员依法给予行政处分。

县级人民政府卫生行政主管部门对乡村医生执业注册或者再注册申请，未在规定时间内完成审核工作的，或者未按照规定将准予执业注册、再注册和注销注册的人员名单向村民予以公告的，由本级人民政府或者上一级人民政府卫生行政主管部门责令限期改正；逾期不改正的，对直接负责的主管人员和其他直接责任人员依法给予行政处分。

卫生行政主管部门对村民和乡村医生反映的办理乡村医生执业注册、再注册、注销注册的违法活动未及时核实、调查处理或者未公布调查处理结果的，由本级人民政府或者上一级人民政府卫生行政主管部门责令限期改正；逾期不改正的，对直接负责的主管人员和其他直接责任人员依法给予行政处分。

### （五）阻碍乡村医生依法执业的处罚

寻衅滋事、阻碍乡村医生依法执业，侮辱、诽谤、威胁、殴打乡村医生，构成违反治安管理行为的，由公安机关依法予以处罚；构成犯罪的，依法追究刑事责任。

## 第三节　执业护士管理

卫生部于1993年3月26日颁布了《中华人民共和国护士管理办法》，成为我国护士管理的一部基本规章。国务院2008年1月31日发布，并于2008年5月12日实施的《护士条例》，以及卫生部制定的配套规章《护士执业注册管理办法》的施行，标志着我国护士管理立法工作的一大进步。

护士，是指经执业注册取得护士执业证书，依法从事护理活动，履行保护生命、减轻痛苦、增进健康职责的卫生技术人员。

## 一、护士执业注册

护士执业，应当经执业注册取得护士执业证书。

### （一）申请护士执业注册应具备的条件

1. 具有完全民事行为能力；

2. 在中等职业学校、高等学校完成国务院教育主管部门和国务院卫生主管部门规定的普通全日制3年以上的护理、助产专业课程学习，包括在教学、综合医院完成8个月以上护理临床实习，并取得相应学历证书；

3. 通过国务院卫生主管部门组织的护士执业资格考试；

4. 符合国务院卫生主管部门规定的健康标准。

### （二）护士执业注册申请与批准

**1. 申请期限**　护士执业注册申请，应当自通过护士执业资格考试之日起3年内提出；逾期提出申请的，除应具备护士注册申请的条件外，还应当在符合国务院卫生主管部门规定条件的医疗卫生机构接受3个月临床护理培训并考核合格。

**2. 申请与批准程序**　护士执业注册的，应当向拟执业地省级人民政府卫生主管部门提出申请。收到申请的卫生主管部门自收到申请之日起20个工作日内做出决定，对具备《护士条例》规定条件的，准予注册，并发给护士执业证书；对不具备规定条件的，不予注册，并书面说明理由。护士执业注册有效期为5年。

### （三）变更注册、延续注册、注销注册

**1. 变更注册**　护士在其执业注册有效期内变更执业地点的，应当向拟执业地省级卫生主管部门报告。收到报告的卫生主管部门应当自收到报告之日起7个工作日内为其办理变更手续。护士跨省、自治区、直辖市变更执业地点的，收到报告的卫生主管部门还应当向其原执业地省、自治区、直辖市人民政府卫生主管部门通报。

**2. 延续注册**　护士执业注册有效期届满需要继续执业的，应在护士执业注册有效期届满前30日向执业地省、自治区、直辖市人民政府卫生主管部门申请延续注册。收到申请的卫生主管部门对具备《护士条例》规定条件的，准予延续，延续执业注册有效期为5年；对不具备规定条件的，不予延续，并书面说明理由。

**3. 注销注册**　护士有行政许可法规定的应当予以注销执业注册情形的，原注册部门应当依照行政许可法的规定注销其执业注册。

### （四）护士执业信息管理

县级以上地方人民政府卫生主管部门应当建立本行政区域的护士执业良好记录和不良记录，并将该记录记入护士执业信息系统。

护士执业良好记录包括护士受到的表彰、奖励以及完成政府指令性任务的情况等内容。护士执业不良记录包括护士因违反《护士条例》以及其他卫生管理法律、法规、规章或者诊疗技术规范的规定受到行政处罚、处分的情况等内容。

## 二、医疗卫生机构护士配备与管理职责

### （一）依法配备护士

医疗卫生机构配备护士的数量不得低于国务院卫生主管部门规定的护士配备标准。医疗卫生机构不得允许下列人员在本机构从事诊疗技术规范规定的护理活动：未取得护士执业证书的人员；未按规定办理执业地点变更手续的护士；护士执业注册有效期届满未延续执业注册的护士。在教学、综合医院进行护理临床实习的人员应当在护士指导下开展有关工作。

### （二）依法保障护士权益

**1. 提供卫生防护用品** 医疗卫生机构应当为护士提供卫生防护用品，并采取有效的卫生防护措施和医疗保健措施。

**2. 给予合法报酬及特殊工作津贴** 医疗卫生机构应当执行国家有关工资、福利待遇等规定，按照国家有关规定为在本机构从事护理工作的护士足额缴纳社会保险费用，保障护士的合法权益。

对在艰苦边远地区工作，或者从事直接接触有毒有害物质、有感染传染病危险工作的护士，所在医疗卫生机构应当按照国家有关规定给予津贴。

**3. 开展护士培训** 医疗卫生机构应制定、实施本机构护士在职培训计划，并保证护士接受培训。护士培训应当注重新知识、新技术的应用；根据临床专科护理发展和专科护理岗位的需要，开展对护士的专科护理培训。

### （三）护士管理规定

**1. 专职管理人员** 医疗卫生机构应当按照国务院卫生主管部门的规定，设置专门机构或者配备专（兼）职人员负责护理管理工作。

**2. 岗位责任制** 医疗卫生机构应当建立护士岗位责任制并进行监督检查。

**3. 投诉与处理** 护士因不履行职责或者违反职业道德受到投诉的，其所在医疗卫生机构应当进行调查。经查证属实的，医疗卫生机构应当对护士做出处理，并将调查处理情况告知投诉人。

## 三、法律责任

### （一）医疗卫生机构违反规定的处罚

1. 医疗卫生机构有下列情形之一的，由县级以上地方人民政府卫生主管部门依据职责分工责令限期改正，给予警告；逾期不改正的，根据国务院卫生主管部门规定的护士配备标准和在医疗卫生机构合法执业的护士数量核减其诊疗科目，或者暂停其6个月以上1年以下执业活动；国家举办的医疗卫生机构有下列情形之一、情节严重的，还应当对负有责任的主管人员和其他直接责任人员依法给予处分：①违反《护士条例》规定，护士的配备数量低于国务院卫生主管部门规定的护士配备标准的；②允许未取得护士执业证书的人员或者允许未按《条例》规定办理执业地点变更手续、延续执业注册有效期的护士在本机构从事诊疗技术规范规定的护理活动的。

2. 医疗卫生机构有下列情形之一的，依照有关法律、行政法规的规定给予处罚；国

家举办的医疗卫生机构有下列情形之一、情节严重的，还应当对负有责任的主管人员和其他直接责任人员依法给予处分：①未执行国家有关工资、福利待遇等规定的；②对在本机构从事护理工作的护士，未按照国家有关规定足额缴纳社会保险费用的；③未为护士提供卫生防护用品，或者未采取有效的卫生防护措施、医疗保健措施的；④对在艰苦边远地区工作，或者从事直接接触有毒有害物质、有感染传染病危险工作的护士，未按照国家有关规定给予津贴的。

3. 医疗卫生机构有下列情形之一的，由县级以上地方人民政府卫生主管部门依据职责分工责令限期改正，给予警告：①未制定、实施本机构护士在职培训计划或者未保证护士接受培训的；②未依照本条例规定履行护士管理职责的。

### （二）护士违反规定的处罚

护士在执业活动中有下列情形之一的，由县级以上地方人民政府卫生主管部门依据职责分工责令改正，给予警告；情节严重的，暂停其6个月以上1年以下执业活动，直至由原发证部门吊销其护士执业证书：①发现患者病情危急未立即通知医师的；②发现医嘱违反法律、法规、规章或者诊疗技术规范的规定，未依照本条例第十七条的规定提出或者报告的；③泄露患者隐私的；④发生自然灾害、公共卫生事件等严重威胁公众生命健康的突发事件，不服从安排参加医疗救护的。

护士被吊销执业证书的，自执业证书被吊销之日起2年内不得申请执业注册。

## 四、法律衔接

《护士条例》施行前按照国家有关规定已经取得护士执业证书或者护理专业技术职称、从事护理活动的人员，经执业地省、自治区、直辖市人民政府卫生主管部门审核合格，换领护士执业证书。

《护士条例》施行前，尚未达到护士配备标准的医疗卫生机构，应当按照国务院卫生主管部门规定的实施步骤，自《条例》施行之日起3年内达到护士配备标准。

# 第四节　执业药师管理

为加强对药品生产和流通的管理，根据《药品管理法》以及《职业资格证书规定》的有关条款，1994年原国家医药管理局与人事部联合颁发了《执业药师资格制度暂行规定》。标志着我国执业药师制度走上国际化、法制化管理的轨道。1999年4月原国家药品监督管理局与人事部联合重新修订了《执业药师资格制度暂行规定》，同时，相继修订发布了配套规章《执业药师资格考试实施办法》、《执业药师注册管理暂行办法》、《执业药师继续教育管理暂行办法》等一系列规范性文件。

## 一、考试

执业药师资格实行全国统一大纲、统一命题、统一组织的考试制度。一般每年举行一次。

凡中华人民共和国公民和获准在我国境内就业的其他国籍的人员具备以下条件之一

者，均可申请参加执业药师资格考试。

（一）取得药学、中药学或相关专业中专学历，从事药学或中药学专业工作满七年。

（二）取得药学、中药学或相关专业大专学历，从事药学或中药学专业工作满五年。

（三）取得药学、中药学或相关专业大学本科学历，从事药学或中药学专业工作满三年。

（四）取得药学、中药学或相关专业第二学士学位、研究生班毕业或取得硕士学位，从事药学或中药学专业工作满一年。

（五）取得药学、中药学或相关专业博士学位。

## 二、注册

执业药师资格实行注册制度。国家药品监督管理局为全国执业药师资格注册管理机构；各省、自治区、直辖市人事（职改）部门对执业药师注册工作有监督、检查的责任；省级药品监督管理局为全国执业药师资格注册机构。

### （一）申请注册的条件

1. 取得《执业药师资格证书》。
2. 遵纪守法，遵守药师职业道德。
3. 身体健康，能坚持在执业药师岗位工作。
4. 经所在单位考核同意。

### （二）注册的范围

1. 执业药师只能在一个省、自治区、直辖市注册。
2. 执业药师变更执业地区、执业范围应及时办理变更注册手续。

### （三）注册有效期

执业药师注册有效期为3年；有效期满前3个月，持证者须到注册机构办理再次注册手续；再次注册者，除须符合首次注册的规定外，还须有参加继续教育的证明。

### （四）注销

执业药师有下列情形之一的，由所在单位向注册机构办理注销注册手续：

1. 死亡或被宣告失踪的。
2. 受刑事处罚的。
3. 受取消执业资格处分的。
4. 因健康或其他原因不能或不宜从事执业药师业务的。

## 三、继续教育

执业药师依法接受继续教育是执业药师不断提高业务水平，及时掌握最新药学理论、技术知识，保持高水平的职业道德和执业能力的必要条件，是正确履行其职责的必要条件。

执业药师继续教育实行学分制。具有执业药师资格的人员由省级食品药品监督管理局发放国家食品药品监督管理局统一印制的《执业药师继续教育登记证书》，每年参加继续教育不得少于15学分，其中必修和选修内容每年不得少于10学分。

## 四、罚则

（一）对未按规定配备执业药师的单位，应限期配备，逾期将追究单位负责人的责任。

（二）对经过培训仍不能通过执业药师资格考试者，必须调离岗位。

（三）对涂改、伪造或以虚假和不正当手段获取《执业药师资格证书》或《执业药师注册证》的人员，发证机构应收回证书，取消其执业药师资格，注销注册。并对直接责任者根据有关规定给予行政处分，直至送交有关部门追究法律责任。

（四）对执业药师违反有关规定的，所在单位须如实上报，由药品监督管理部门根据情况给予处分。注册机构对执业药师所受处分，应及时记录在其《执业药师资格证书》中的备注《执业情况记录》栏内。

（五）执业药师在执业期间违反《药品管理法》及其他法律法规构成犯罪的，由司法机关依法追究其刑事责任。

# 第六章 医疗事故处理法律制度

医疗事故处理法律制度是调整在处理医疗事故过程中所发生的医患关系的法律规范的总称。为了正确处理医疗事故，保护患者和医疗机构及其医务人员的合法权益，维护医疗秩序，2002年4月国务院颁布了《医疗事故处理条例》（以下简称《条例》）并于同年9月1日起正式实施。随后，卫生部相继发布了《医疗事故技术鉴定暂行办法》、《医疗事故分级标准》、《医疗机构病历管理规定》等配套规章，对医疗事故的技术鉴定、处理方式、法律责任和损害赔偿等问题都做了相关规定。

## 第一节 医患法律关系

医患之间法律关系的准确界定是彻底解决医患纠纷的前提，并最终对医患纠纷的法律适用和医疗损害赔偿责任的承担产生深刻的影响。对医患法律关系的界定包括概念、属性、类型和构成。

### 一、医患法律关系的概念、属性

#### （一）医患法律关系的概念

医患法律关系有广义和狭义两种。狭义的医患法律关系仅指医师与患者之间因疾病的诊疗而形成的法律关系。广义的医患法律关系是指以群体（医方）和群体（患方）之间，基于医师为患者提供疾病诊疗服务而形成的法律关系。其中，“医方”指提供医疗服务的医疗机构和医务人员（包括医生、护士、药师及管理等人员在内的医务人员群体）；患方指患者、与其有直接或间接联系的亲属、监护人员以及他所在的工作部门、单位等群体。

#### （二）医患法律关系的属性

医患法律关系的法律属性直接关系到处理医疗纠纷的有关法律的立法基调。通常认为，除强制医患关系外，医患法律关系均为平等民事主体间发生的，具有民事权利义务内容的民事法律关系。这是因为医患关系符合民事法律关系特征性的要求，即平等性、自愿性和等价有偿性。

### 二、医患法律关系的类型

依据引起医患法律关系发生的法律事实不同，医患法律关系可分为合同医患法律关系、无因管理医患法律关系、过失侵权医患法律关系和强制医患法律关系。

### （一）合同医患法律关系

合同医患法律关系是医患之间最基础的法律关系。医患法律关系通常都表现为患者与医疗机构或医务人员之间的契约关系，该关系经由当事人的自由意思而成立，即医疗合同或诊疗合同。

### （二）无因管理医患法律关系

医疗事务的无因管理，是指医疗机构或医务人员在没有约定义务和法定义务情况下，为避免患者的生命健康利益受到损害，自愿为患者提供医疗服务的行为。由于无因管理要求没有约定或法定的义务，而医疗具有特殊的救命性，法律常常赋予医生或医院救治危急患者的强制义务。因此，医方此时乃基于公法上的义务而与患方形成无因管理关系。

### （三）过失侵权医患法律关系

这种医患法律关系是指医方在医疗实践过程中，违反医疗卫生管理法律、行政法规、部门规章和诊疗护理规范、常规，过失造成患者人身损害而形成的侵权民事关系。这种医患法律关系的存在也是医方承担医疗损害赔偿的前提条件，是医疗事故处理中最常见的一种医患法律关系。

### （四）强制医患法律关系

在医患法律关系中，最特殊的就是国家基于医疗的特殊性和对国民生命和身体健康的维护，在法律上赋予医疗机构或医务人员以强制诊疗权力和患者的强制受诊义务。此为公权力的行使，医疗机构或医务人员仅为国家的使用人、代理人，这种医患法律关系可称之为强制医患法律关系。

## 三、医患法律关系的构成

同其他法律关系一样，医患法律关系也由主体、内容和客体三个要素构成。

### （一）医患法律关系的主体

是指参加医患法律关系享受权利或承担义务的人，即医患法律关系的当事人。医患法律关系主体包括医方和患方。“医方”指提供医疗服务的医疗机构和医务人员（包括医生、护士、药师及管理等人员在内的医务人员群体）。患方指患者、与其有直接或间接联系的亲属、监护人员，以及他所在的工作部门、单位等群体。

### （二）医患法律关系的内容

**1. 患者的权利** 主要包括医疗自主选择权、知情同意权、安全保障权、人格受尊重权、隐私权、赔偿请求权、依法结社权、医疗监督权、医疗文书的查阅及复制权等。

**2. 患者的义务** 主要包括配合治疗的义务、支付医疗费的义务、接受强制治疗的义务。此外，患者还有签具同意书、遵守医院规定、费用预支、费用偿还以及损害赔偿或其他约定的义务等。

**3. 医方的权利** 主要有治疗主导权、医疗费用支付请求权、安全保障权、人格受尊重权、依法结社权、赔偿请求权等。

**4. 医方的义务** 主要有依法和依约提供医疗服务的义务、医方应尽的忠实义务、强制缔约义务、说明告知义务、高度注意义务、提供安全服务的义务以及多项不作为义务等。

（三）医患法律关系的客体

法律关系的客体是医患法律关系主体的权利和义务所指向的共同的对象，它是联系法律关系主体间的权利和义务的中介。医患法律关系由于其自身的特殊性，其客体主要是医疗行为和生命健康权。

**1. 医疗行为** 医疗行为，指医务人员对患者疾病的诊断、治疗、预后判断及疗养指导等具有综合性内容的行为。医疗行为的范围十分广泛，疾病的检查、诊断、治疗、手术、麻醉、注射、给药以及处方、病历记录、术后疗养指导，中医的望、闻、问、切、针灸、推拿等，均属于医疗行为。

**2. 生命健康权** 当患者因病而就医时，患者的健康和生命受到了疾病的影响和威胁，同时患者的生命和健康及疾病的治疗受到了国家法律赋予的医疗保障权的保护。在医疗服务活动中，若患者因过失医疗行为造成一定程度的人身损害，即构成了医患法律关系的客体。

## 第二节 医疗事故的技术鉴定

医疗事故技术鉴定是对医疗事故争议作出的技术审定，即通过调查研究，分析原因、判定性质，作出科学的结论。

### 一、鉴定体制

（一）组织机构

现行法律赋予中华医学会，省、自治区、直辖市地方医学会，设区的市级地方医学会组织医疗事故鉴定的职权。市级医学会负责首次鉴定，省级医学会负责再次鉴定，中华医学会只是在必要时组织疑难、复杂并在全国有重大影响的医疗事故争议的鉴定工作。

（二）参与人选

负责医疗事故技术鉴定的医学会建立医疗事故技术鉴定专家库。专家来源于医疗机构、医学教学科研机构和法医。除了本行政区域外，也可以来自于外省市。专家的条件是具有良好的业务素质和执业品德，受聘于相关机构并担任相应专业高级技术职务 3 年以上者。每起鉴定，通常由医患双方在医学会的主持下从专家库中随机抽取 5 或 7 名专家组成鉴定组。

（三）鉴定方式

实行合议制，鉴定结论须由专家鉴定成员过半数通过。

（四）回避制度

专家鉴定组中与医疗事故争议有利害关系的专家应当回避。

（五）鉴定费用

鉴定需收取费用，由物价部门核准的各地医学会的鉴定收费标准不尽相同，鉴定属于医疗事故的，鉴定费用由医疗机构支付。经鉴定不属于医疗事故的，由提出医疗事故争议处理申请的一方当事人支付。

## 二、鉴定程序

### （一）鉴定提起

医疗事故技术鉴定的提起，途径之一是医患双方共同直接委托医学会组织鉴定；途径之二是卫生行政部门接到医疗机构发生医疗事故争议和重大医疗过失行为的报告或者医疗事故争议当事人要求处理医疗事故争议的申请后，认为需要鉴定的，移交给医学会组织鉴定；途径之三是人民法院受理因医疗行为引起的侵权诉讼后，认为需要鉴定的，也可委托医学会组织鉴定。

### （二）鉴定受理

受理鉴定的医学会，自受理之日起5日内通知双方当事人提交所需要的病历资料原件和封存保留的输液、注射用品及血液、药物等实物或者依法具有相应资格的检验机构对此类实物作出的检验报告。双方当事人自收到通知之日起10日内提交有关医疗事故技术鉴定的材料、书面陈述及答辩。在医疗机构建立病历档案的患者，病历资料由医疗机构提供，未建立的，由患者提供。如果医疗机构无正当理由不如实提供相关材料或不配合调查，导致医疗事故鉴定不能进行的，卫生部［2005］28号文批复规定，由医学会按照医疗事故分级标准，对患者人身损害的后果作医疗事故等级判断。

### （三）实施鉴定

医学会自接到双方当事人提交的有关材料、书面陈述及答辩之日起45日内组织鉴定，并应在实施鉴定7日前，将鉴定的时间、地点、要求等书面通知双方当事人。双方当事人按通知要求参加鉴定，参加鉴定的双方当事人每一方人数不超过3人，任何一方当事人无故缺席、自行退席或拒绝参加鉴定的，不影响鉴定的进行。在作出鉴定结论的基础上，制作医疗事故技术鉴定书，鉴定书内容有统一规范要求。

### （四）再次鉴定

医疗事故技术鉴定实行两级鉴定终结制。任何一方当事人对首次鉴定结论不服的，可以自收到首次医疗事故技术鉴定书之日起15日内向卫生行政部门提出再次鉴定的申请，或由双方当事人共同委托省、自治区、直辖市医学会组织再次鉴定。

## 三、医疗事故技术鉴定的法律效力

医疗事故技术鉴定结论不仅是卫生行政部门正确解决医疗事故争议的基础，还是对发生医疗事故争议的医疗机构和人员作出行政处理，调解医疗事故赔偿的依据。从我国诉讼法和行政程序法来看，它是一种特殊意义上的证据。在实践中要正确处理好医疗事故技术鉴定与司法鉴定之间的关系，如果当事人选择诉讼来解决医疗事故争议，医学会的医疗事故鉴定结论无法被采信时，司法鉴定具有最终法律效力。

## 第三节　医疗事故处理的方式

医疗事故的处理方式主要包括：医患双方协商和解、向卫生行政部门申请行政处理以及向法院提起诉讼三种方式。

### 一、医患双方协商和解

协商和解的前提是医患双方对于事故原因的认定无争议，即双方对于是否属于医疗事故、事故等级、医疗机构及其医务人员的过失、在损害结果中所应承担的责任程度均无异议。医疗事故争议由双方当事人自行协商解决的，医疗机构应当自协商解决之日起 7 日内向所在地卫生行政部门作出书面报告，并附具协议书。

### 二、申请行政处理

#### （一）受理

卫生行政部门处理医疗事故及医疗事故争议需当事人提出书面申请，申请时限是当事人自知道或者应当知道其生命健康权受到损害之日起 1 年内；受理管辖是当事的医疗机构所在地的县级人民政府卫生行政部门。但如果是患者死亡，可能为二级以上医疗事故情形的，县级人民政府卫生行政部门应当在接到申请之日起 7 日内，移交上一级人民政府卫生行政部门处理。卫生行政部门应当自收到处理申请之日起 10 日内进行审查，对符合《条例》规定的，予以受理；对不符合《条例》规定的，不予受理，并应当书面通知申请人且说明理由。

#### （二）处理

卫生行政部门受理当事人医疗事故争议处理申请和接到医疗机构关于重大医疗过失行为的报告后，对于不能判断是否属于医疗事故的，在作出受理决定之日起 5 日内将有关材料交由市级医学会组织鉴定并书面通知申请人。卫生行政部门受理的再次鉴定的申请，在收到申请之日起 7 日内交由省级医学会组织再次鉴定。对于鉴定为医疗事故的，县级以上地方人民政府卫生行政部门必须逐级将当地发生的医疗事故及对发生医疗事故的医疗机构和医务人员作出行政处理的情况上报卫生部。双方当事人就赔偿事宜申请由卫生行政部门调解的，卫生行政部门可以进行调解。

### 三、提起诉讼

医疗事故争议发生后，当事人可以直接选择诉讼途径解决，也可以在自主协商解决不成后，或者对卫生行政部门调解处理不服后，再选择诉讼解决。医疗事故争议经人民法院调解或者判决解决的，医疗机构应当自收到生效的人民法院的调解书或者判决书之日起 7 日内向所在地卫生行政部门作出书面报告，并附具调解书或者判决书。

## 第四节　医疗事故的法律责任

根据《条例》的相关规定，我国医疗事故法律责任形式主要有以下三种：行政责任、民事责任、刑事责任。

### 一、行政责任

#### （一）医疗机构以及医务人员的行政责任

医疗机构发生医疗事故的，由卫生行政部门根据医疗事故等级和情节，给予警告；情节严重的，责令限期整顿直至由原发证部门吊销执业许可证。对负有责任的医务人员，尚不够刑事处罚的，依法给予行政处分或者纪律处分。对发生医疗事故的有关医务人员，除依照上述处罚外，卫生行政部门并可以责令暂停6个月以上1年以下执业活动；情节严重的，吊销其执业许可证。

#### （二）医疗事故技术鉴定人员的行政责任

参加医疗事故技术鉴定工作的人员违反《条例》的规定，接受申请鉴定双方或者一方当事人的财物或者其他利益，出具虚假医疗事故技术鉴定书，尚不够刑事处罚的，由原发证部门吊销其执业证书或者资格证书。

#### （三）其他

以医疗事故为由，寻衅滋事、抢夺病历资料，扰乱医疗机构正常医疗秩序和医疗事故技术鉴定工作，尚不构成刑事处罚的，依法给予治安管理处罚。

### 二、民事责任

民事责任是民事主体违反法定或约定义务而应承担的法律后果。

#### （一）侵权责任

是指行为人违反法律规定的义务而应当承担的法律后果。《条例》将医疗损害确定为医疗过失侵权行为，侵权责任的承担方式主要是赔偿损失、返还财产等财产责任，还包括停止侵害、恢复名誉、消除影响、赔礼道歉等非财产责任形式。

#### （二）违约责任

在医疗实践中，医患双方完全可以通过医疗合同来确定双方的权利与义务，规范自己的行为，任何一方违反约定即构成违约责任。违约责任的承担方式主要有继续履行、赔偿损失、违约金、定金等方式。

#### （三）侵权责任与违约责任竞合

是指行为人的违约行为造成了对方当事人的人身损害情况下，即发生了违约责任与侵权责任的竞合。依据我国《合同法》第122条规定，允许当事人在违约之诉与侵权之诉之间作出选择。

### 三、刑事责任

#### （一）卫生行政部门的刑事责任

卫生行政部门的工作人员在处理医疗事故过程中违反《条例》的规定，利用职务上的便利收受他人财物或者其他利益，滥用职权，玩忽职守，或者发现违法行为不予查处，造成严重后果的，依照刑法关于受贿罪、滥用职权罪、玩忽职守罪或者其他有关罪的规定，依法追究刑事责任。

#### （二）医疗机构及医务人员的刑事责任

医疗机构发生医疗事故，情节严重的，对负有责任的医务人员依照刑法关于医疗事故罪的规定，依法追究刑事责任。

#### （三）医疗事故技术鉴定人员的刑事责任

参加医疗事故技术鉴定工作的人员违反《条例》的规定，接受申请鉴定双方或者一方当事人的财物或者其他利益，出具虚假医疗事故技术鉴定书，造成严重后果的，依照刑法关于受贿罪的规定，依法追究刑事责任。

#### （四）其他

以医疗事故为由，寻衅滋事、抢夺病历资料，扰乱医疗机构正常医疗秩序和医疗事故技术鉴定工作，依照刑法关于扰乱社会秩序罪的规定，依法追究刑事责任。

## 第五节　医疗事故损害赔偿

医疗事故的发生必然对患者人身造成损害，如何对此进行赔偿就成为医患双方所关注的焦点问题，《条例》对医疗事故赔偿的原则、标准、方式都做了规定。

### 一、赔偿的原则

根据现行《条例》及相关规定，我国确定医疗事故赔偿具体数额应当遵循以下三个基本原则：

（一）医疗事故赔偿数额应当与具体案件的医疗事故等级相适应的原则；

（二）医疗事故赔偿数额，应当与医疗行为在医疗事故损害后果中的责任程度相适应的原则；

（三）应客观考虑医疗事故损害后果与病人原有疾病状况之间关系的原则。

### 二、赔偿的标准

现行《条例》及相关规定对于医疗事故具体的赔偿项目和标准进行了详细的规定。其规定如下：

（一）医疗费：按照医疗事故对病人造成的人身损害进行治疗所发生的医疗费用计算，凭据支付，但不包括原发病医疗费用。结案后确实需要继续治疗的，按照基本医疗费用支付。

（二）误工费：病人有固定收入的，按照本人因误工减少的固定收入计算，对收入在医疗事故发生地上一年度职工年平均工资3倍以上的，按照3倍计算；无固定收入的，按照医疗事故发生地上一年度职工年平均工资计算。

（三）住院伙食补助费：按照医疗事故发生地国家机关一般工作人员的出差伙食补助标准计算。

（四）陪护费：患者住院期间需要专人陪护的，按照医疗事故发生地上一年度职工年平均工资计算。

（五）残疾生活补助费：根据伤残等级，按照医疗事故发生地居民平均生活费计算，自定残之日起最长赔30年。但是，60周岁以上的不超过15年；70周岁以上的，不超过5年。

（六）残疾用具费：因残疾需要配置补偿功能器具的，凭医疗机构证明，按照普及型器具的费用计算。

（七）丧葬费：按照医疗事故发生地规定的丧葬费补助标准计算。

（八）被扶养人生活费：以死者生前或者残疾者丧失劳动能力前实际扶养且没有劳动能力的人为限，按照其户籍所在地或者居所地居民最低生活保障标准计算。对不满16周岁的，扶养到16周岁。对年满16周岁但无劳动能力的，扶养20年。但是，60周岁以上的，不超过15年。70周岁以上的，不超过5年。

（九）交通费：按照患者实际必需的交通费用计算，凭据支付。

（十）住宿费：按照医疗事故发生地国家机关一般工作人员的出差住宿补助标准计算，凭据支付。

（十一）精神损害抚慰金：按照医疗事故发生地居民年平均生活费计算。造成患者死亡的，赔偿年限最长不超过6年。造成患者残疾的，赔偿年限最长不超过3年。

### 三、赔偿的方式

经确定为医疗事故的，由医疗机构按照医疗事故等级、造成医疗事故的情节和病人的自身状况等，给予受害人一次性经济赔偿。由于部分医疗事故的受害者存在后续治疗及其费用问题，法院不能对尚未发生的损失做出赔偿判决，因此，在处理这部分病人的相关费用时，应综合、客观的予以考虑。

## 第六节　案例分析

为了使学习者更好地理解理论知识，在日常工作中增强法律意识，避免医疗纠纷和医疗事故的发生，本节选编了一些常见的典型案例供学习参考。

### 一、因误诊引发的医疗纠纷案例

#### （一）案情简介

2005年1月28日，李某夫妇12岁的儿子小昆发高烧、头痛、鼻塞、流涕，李某夫妇忙把儿子抱到本村王某开设的诊所，王某诊断小昆是流感，当即为其输液治疗。输液后，病情有所好转。3 天后，小昆又感到头痛、不舒服，被带到诊所后，王某仍按流感为其注射，并兑好一瓶水让其回家输液。输完后，小昆病情仍不见轻，王某又为其打了一针。二三十分钟后，小昆昏迷，王某对其针灸治疗，但见效甚微。见此，王某忙与李某一起骑车将小昆送到市人民医院进行抢救，后因抢救无效，小昆死亡。经鉴定，小昆死于脑膜炎，患者在治疗过程中的药物、治疗手段与死亡无直接关系。李某夫妇认为是王某将小昆的脑膜炎误诊为流感，延误治疗，致其死亡，要求王某赔偿他们的损失。王某认为其没有过错，不应该对小昆的死负责。协商无果，李某夫妇诉至法院。法院审理后认为，王某作为一名医生，应当能够分辨流感与流脑的区别，但其却将流脑诊断为流感进行治疗，没能有效控制小昆病情；当小昆病情没有好转时，王某没有及时建议转院治疗。虽然王某的治疗手段和用药与小昆的死亡没有直接的因果关系，但其误诊耽误了抢救时机，王某应对小昆的死亡负一定责任。由于暴发性流脑的死亡率很高，小昆的自身疾病是其死亡的主要原因，医疗行为不当属于次要原因，据此法院依法判决乡村医生王某赔偿李某夫妇 4.1 万元。

### （二）案例分析

本案是一起因误诊而导致的医疗纠纷案。对于法官来说难就难在如何判断被告的诊断是不是误诊？判断医生是否误诊，绝对不应该仅仅以结果来评判。因为医学作为一门科学，人类对其的认识还有不断深化的过程。如果因为对某些疾病的诊断有偏差就一概认为是误诊，这对医生是不公平的，也不利于医学的发展。但是由于医学的特殊性，工作好坏决定患者的生与死，所以要求医生在工作中要尽心尽责，要尽最善良的注意义务，对病人疾病的诊断应追求准确无误。所以如何鉴定医生的诊断是不是误诊，这一命题具有重大的现实意义。一般来说，法院是从以下三方面来判定被告的诊断是否属误诊的：一是依当今医学的医疗水准。二是医院所处的地域及等级。三是考察具体的诊断、治疗过程。根据以上标准，本案中，法院认定王某的诊断属于误诊，虽然王某的治疗手段和用药与小昆的死亡没有直接的因果关系，但其误诊耽误了抢救时机，王某应对小昆的死亡负一定责任。依照《条例》的规定，王某应承担与其过失行为相应的赔偿责任。

## 二、因未开具病历无法鉴定导致的医疗纠纷赔偿案例

### （一）案情简介

2007 年 3 月 7 日上午，患者黄某因脚痛找到个体医生徐某诊治，徐某携带药品到黄某住处进行治疗，治疗完毕后，徐某将空瓶及输液皮管带回自己诊所，扔入污物筒内。当晚，黄某又打电话告诉被告自己仍脚痛，于是徐某于当晚 11 时许仍携带药品为其治疗，期间给黄某打针，在为黄某输液过程中，由徐某一人照顾黄某为其输液。3 月 8 日凌晨 1 时左右，药水注射完毕，被告将空瓶及输液皮管带回自己诊所扔入污物筒内。徐某在同一天给黄某注射药品均未开具病历和处方。3 月 8 日晚 17 时左右，黄某家人打开黄某家门，发现黄某已死亡。原告方提出医疗事故鉴定，医学会因无病历、处方、注射药瓶、输液皮管而未能作出鉴定。后双方因赔偿问题经县卫生局多次调解未成。死者子女遂向法院提起诉讼，要求赔偿死亡赔偿金、丧葬费、精神抚慰金等，法院经审理对这起医疗损害赔偿纠纷案作出判决：由徐某赔偿死者家属各项损失费用 119289 元。

（二）案例分析

《条例》第 8 条规定，医疗机构应当按照国务院卫生行政部门规定的要求，书写并妥善保管病历资料。第 28 条规定，负责组织医疗事故技术鉴定工作的医学会应当自受理医疗事故技术鉴定之日起 5 日内通知医疗事故争议双方当事人提交进行医疗事故技术鉴定所需的材料。当事人应当自收到医学会的通知之日起 10 日内提交有关医疗事故技术鉴定的材料、书面陈述及答辩。医疗机构无正当理由未依照本条例的规定如实提供相关材料，导致医疗事故技术鉴定不能进行的，应当承担责任。本案中个体医生黄某未按规定书写并保管病历资料，因而无法提供医疗事故鉴定所需的相关资料，导致鉴定无法进行。而按照证据规则，在医疗纠纷侵权诉讼中，实行举证责任倒置，即医方无法提供证据证明自己没有过错的，则推定其有过错，因此本案中法院判定徐某对这起医疗纠纷承担主要赔偿责任。

## 三、因未尽注意义务导致的医疗事故罪

（一）案情简介

2005 年 2 月 22 日，德州乐陵某村村民刘某感到头痛脑热，叫来本村医生高某为其看病。高某诊断刘某为上呼吸道感染，便在刘某家中为其输液治疗。输液到第三天时，高某为刘某插上输液针管，就回自己家吃饭去了。不料，当吊瓶内的药液输了大半时，刘某身子突然一阵抖动，口角不断流出口水。作为主治医生的高某很快被叫到了现场，而他又忘记了携带解药，急忙跑回家去取。眼见刘某病情急剧恶化，家人连忙将其抬上车欲送县城医院抢救，结果途中身亡。经山东省医学会鉴定，结论为一级甲等医疗事故，医方承担主要责任。2006 年 2 月 24 日，乐陵市人民法院一审判决被告人高某犯医疗事故罪，判处有期徒刑两年六个月，赔偿死者亲属 62567.4 元。一审宣判后，高某不服，以不构成医疗事故罪、被害人是特殊体质等理由，提起上诉。德州市中院二审后维持原判。

（二）案例分析

《条例》第 5 条规定，医疗机构及其医务人员在医疗活动中，必须严格遵守医疗卫生管理法律、行政法规、部门规章和诊疗护理规范、常规，恪守医疗服务职业道德。本案中，医生高某为病人插上输液管就回家吃饭，明显违反医疗卫生诊疗护理规范，未尽到一个医务人员应尽的注意义务，导致患者死亡，被鉴定为一级甲等医疗事故，高某对此事故负有主要责任。根据《刑法》第 335 条规定本案中高某的行为已构成医疗事故罪。

## 四、因未尽告知义务引发的医疗纠纷赔偿案例

（一）案情简介

2005 年 9 月 27 日，刘女士前往某医院就医，诊断为怀孕。确诊后，刘女士决定在该院做药物引产。可是术后，刘女士却出现腹痛等症状。2005 年 10 月 2 日，经该市妇婴医院抢救治疗，刘女士才脱离危险，不过已造成子宫破裂，不得不实施子宫破裂修补术、双侧输卵管结扎术。2006 年 3 月 24 日，刘女士将某医院告上法庭。在法院审理期间，依据刘女士申请，法院依法委托该市医学会对是否构成医疗事故进行鉴定。结论为“本例医疗争议不属于医疗事故”。但专家鉴定组合议意见认为，该院不能提供计划生育服务资格证明，属超范围执业，在给患者用药之前，又未详细交代用药后果及并发症，存在未告知义

务的违规行为，但与后果无因果关系。法院认为，医院在不具备计划生育服务资格情况下，对刘女士采取药物引产，在药引前又未向刘女士交代用药后果及并发症，药引失败后造成刘女士腹中婴儿死胎，子宫破裂。虽鉴定不构成医疗事故，但对刘女士所造成的伤害是客观存在的，医院对伤害后果负有不可推卸的责任。据此，法院判决医院赔偿刘女士精神损失、医疗费等共3万余元。

（二）案例分析

医疗机构是否存在过失，主要看医疗行为是否违反了法定义务和约定义务。《条例》第11条规定，“在医疗活动中，医疗机构及医务人员应当将患者的病情、医疗措施、医疗风险等如实告知患者，及时解答其咨询。”本条规定是医疗机构及医务人员应该遵守的医疗服务职业规范，是医疗机构应该履行医疗服务合同的附随义务，是医务人员应恪守的职业道德，亦是患者享有医疗服务知情权的法律规定。而在本案中，医院在药引前未向刘女士交代用药后果及并发症，未尽告知释明义务，最终给患者造成了严重伤害，是医疗机构的过失，自然应承担相应的赔偿责任。

# 第七章　药品管理法律制度

药品管理法律制度是国家关于药品管理工作的法律、法规、规章等文件的总称，是从事药品研制、生产、经营、使用、检验、进出口和监督管理的单位、个人都必须严格遵守和认真执行的行为规范，是国家药品监督管理部门实施药品监督管理的依据。

## 第一节　药品监督

药品监督管理，是指国家药品监督管理部门根据法律授权及法定的药品标准、法规、制度、政策，对研制、生产、供应、使用的药品质量（包括进出口药）及影响药品质量的工作进行监管。药品监督管理的实质是药品质量的监督管理，具有强制性。是国家药品监督管理部门行使监督职能的具体体现。

我国药品监督贯彻“以监督为中心，监、帮、促相结合”的12字工作方针。在工作中突出监督这个中心，寓服务于监督之中。根据职能分为行政监督和技术监督两个方面。行政监督指药品质量监督管理，技术监督主要指药品质量监督检验。

### 一、药品质量监督管理

药品质量监督管理的目的是保证药品质量，保障人体用药安全，维护人民身体健康和用药的合法权益。其意义在于：①保障公众用药安全、有效、经济、合理、方便、及时，维护公众的身体健康；②建立并维护健康的药品市场秩序，保护合法医药企业的正当权益。

#### （一）药品质量监督管理机构

1998年，我国新组建了国家药品监督管理局，将原分散于卫生部门、原国家医药管理局、国家中医药管理局等部门行使的所有药品监督管理职能划归和交由国家药品监督管理局行使。2001年2月，国务院决定药品监督管理系统实行省以下垂直管理体制。2003年3月，国务院决定在国家药品监督管理局基础上组建国家食品药品监督管理局（SFDA），对其职责进行了部分调整，在继续承担原有职责的基础上，增加了食品、保健品、化妆品安全管理的综合监督、组织协调和依法组织开展对重大事故查处的职责，同时承担原属卫生部的保健品的审批职责。至此，标志着我国食品药品监督管理体制与国际接轨。

2008年，国务院大部制改革中，国家食品药品监督管理局由国务院直属改为由卫生部归口管理，同时划归卫生部管理的还有国家中医药管理局。其后，卫生部对部分职责进行了调整。将综合协调食品安全、组织查处食品安全重大事故的职责由国家食品药品监督管理局划入卫生部；将食品卫生许可，餐饮业、食堂等消费环节食品安全监管和保健食品、化妆品卫生监督管理职责由卫生部划给国家食品药品监督管理局；同时，增加卫生部组织制定食品安全标准、药品法典，建立国家基本药物制度的职责，强化卫生部对医疗服务、公立医疗机构的监管职责。在卫生部内设机构上，增设了“医疗服务监管司”和“药物政策与基本药物制度司”，并将“卫生监督局”调整为“食品安全综合协调与卫生监督局”。

国家食品药品监督管理局改由卫生部管理，理顺了医药之间的工作关系，实现了公共卫生、医疗服务和药品保障管理职能的统一和融合，对于整合医药卫生资源、实现医药统一管理、推动医药卫生体制改革都具有重大意义。此次改革强化了卫生部对卫生事业的宏观管理、法制建设、综合协调，以及对医疗服务、医疗机构的监管职责，对于转变政府部门职能，推动卫生改革发展都将产生深远的影响。

2000 年后，各省（自治区、直辖市）相继组建了省级食品药品监督管理局，各省又按照地市行政区划设市（地）食品药品监督管理局和县（市）食品药品监督管理局分局，分别作为省级食品药品监督管理局的直属机构和派出机构，由省级药品监督管理部门实行垂直管理。全国批准设置的 352 个市（地、州、盟）、2060 个县（市）均组建了药品监督管理机构，由国家、省、市、县（市）构成的药品监督管理网络基本建立。2008 年机构改革后，省及省以下药品监督机构设置、职能配置还在进行中。

### （二）药品质量监督管理的主要内容

根据卫生部对部门职责进行的调整，药品质量监督管理职能由卫生部、国家食品药品监督管理局分别承担。

**1. 卫生部承担的药品质量监督管理职责**

（1）推进医药卫生体制改革。拟订卫生改革与发展战略目标、规划和方针政策，起草卫生、食品安全、药品、医疗器械相关法律法规草案，制定卫生、食品安全、药品、医疗器械规章，依法制定有关标准和技术规范。

（2）负责建立国家基本药物制度并组织实施，组织制定药品法典和国家基本药物目录。组织制定国家药物政策。拟订国家基本药物采购、配送、使用的政策措施，会同有关部门提出国家基本药物目录内药品生产的鼓励扶持政策，提出国家基本药物价格政策的建议。

**2. 国家食品药品监督管理局承担的药品质量监督管理职责**

（1）实行药品注册审批制度，对新药、仿制药生产的审批，对进口药品检验、批准制度，负责药品检验。

（2）药品不良反应监测报告制度。

（3）药品品种的整顿和淘汰。

（4）对药品生产、经营企业、药物研究机构、医疗单位和中药材专业市场的药品进行检查、抽验，及时处理药品质量问题。

（5）指导药品生产企业和药品经营企业的药品检验机构和人员的业务工作。

（6）对药品实行处方药和非处方药分类管理。

（7）调查、处理药品质量、中毒事故，取缔假药、劣药，处理不合格药品，执行行政处罚，对需要追究刑事责任的移送司法部门处理。

## 二、药品质量监督检验

药品质量监督检验是根据国家药品标准，由专门的法定检验机构代表国家对药品研制、生产、经营、使用的药品进行的质量检验。监督检验与药品生产企业的产品检验和药品经营企业的验收检验性质不同，药品质量监督检验具有公正性、权威性、仲裁性三方面的性质。

### （一）药品质量监督检验机构

药品检验机构为同级食品药品监督机构的直属事业单位，承担依法实施药品审批和药品质量监督检查所需要的药品检验工作。国家食品药品监督管理局设置中国药品生物制品检定所。省级食品药品监督管理部门设置药品检验所。市级和县级食品药品监督管理部门根据工作需要设置药品检验机构，其中省会城市不重复设置。此外，国务院还授予北京市、天津市、上海市等18个口岸城市药品检验机构行使进口药品检验职能，加挂口岸药品检验所牌子。

中国药品生物制品检定所是国家食品药品监督管理局的直属事业单位，是国家检验药品生物制品质量的法定机构和最高技术仲裁机构，是全国药品检验所业务技术的指导中心。也是世界卫生组织指定的“世界卫生组织药品质量保证中心”。

国家食品药品监督管理局还设有国家药典委员会、药品审评中心、药品评价中心、中药品种保护审评委员会、药品认证管理中心等直属事业单位。依法承担药品监督管理所需要的技术工作。

### （二）药品质量监督检验的类型

药品质量监督检验根据其目的和处理方法不同，可分为抽查性检验、委托检验、复核检验、技术仲裁及进出口检验等5种类型。

**1. 抽查性检验（简称“抽验”）**　药品检验所授权定期或不定期地对药品生产企业、经营企业和医疗单位的药品质量进行检查和抽验。抽验的重点是那些需要量大、应用面广、质量不稳定、储存期过长、易混淆、易变质、外观有问题的药品以及各级医疗单位自制制剂。通过抽验，发现药品质量问题和倾向，并依法处理，从宏观上对药品质量进行了控制，督促企、事业单位严格按药品标准生产、经营、使用合格药品。抽验是一种强制性检验，抽验结果由国家药品监督主管部门发布《药品质量检验公报》。

**2. 委托检验**　委托检验是指药品监督管理部门委托药品检验所检验的药品。药品生产企业、经营企业和医疗机构因不具备检验技术和检验条件而委托药品检验所检验的药品。

**3. 复核检验**　复核检验是对原检验结果的复验，其目的是为了证明原检验数据和结果的可靠性和真实性，以确保药品的质量。

**4. 技术仲裁检验**　技术仲裁检验是公开判定、裁决有质量争议的药品，保护当事人正当权益的检验。

**5. 进出口药品检验**　进出口药品检验是对进出口药品实施的检验。进出口药品检验按《进口药品管理办法》和有关规定执行，由口岸药品检验所检验；出口药品按出口合同的标准检验。

## 第二节　药品与药品管理法

药品，指用于预防、治疗、诊断人的疾病，有目的地调节人的生理机能并规定有适应证或者功能主治、用法和用量的物质，包括中药材、中药饮片、中成药、化学原料药及其制剂、抗生素、生化药品、放射性药品、血清、疫苗、血液制品和诊断药品等。

药品定义包含：①使用目的和使用方法是区别药品和食品等其它物质的基本点。食品、毒品、保健品、化妆品等物质的使用目的、使用方法都与药品明显不同。②《药品管理法》管理的是人用药品，农药和兽药等不在该法的管理范围之内。③药品包括传统药（中药材、中药饮片、中成药）、也包括了现代药（化学药品等）。同时，化学原料药、中药材等物质虽没有规定用于治疗疾病的用法、用量，但也作为药品管理。

### 一、药品的特殊性

药品是一类特殊商品。药品的特殊性主要与药品的两重性与质量的重要性两个方面有关。药品具有两重性，正确地使用药品，能够起到防病治病的目的。而不恰当、不合理地用药，则会产生不良反应，危害人体的健康和生命安全。药品质量的重要性是由药品使用目的决定的，药品质量的合格与否，直接关系到人体的生命健康。在现代文明社会，人的健康和生命是高于一切的。

由于药品的特殊性质和用途，决定了药品成为受法律管理最严格的商品。用法律的方法和手段管理药品和药事活动，是大多数国家和政府的通行做法。树立和实践科学的监督管理理念，加强对药品的监督管理，规范药品生产、流通秩序，保证药品质量，保障人体用药安全，维护人民身体健康和用药的合法权益，是药品监督管理的宗旨。

### 二、药品管理立法

1978 年，卫生部制定的《药政管理条例》（试行），是《中华人民共和国药品管理法》（以下简称《药品管理法》）的最早雏形。1980 年，《药品管理法》开始起草运作，1984 年 9 月 20 日六届人大常委会七次会议通过，于 1985 年 7 月 1 日实施。

《药品管理法》是专门规范药品研制、生产、经营、使用和监督管理的法律，对于保证药品的质量，保障人民用药安全、有效，打击制售假药、劣药发挥了重要作用。《药品管理法》是药品监督管理的一部“基本法”。

《药品管理法》颁布实施以来的十几年间，根据宪法和药品管理法，国务院制定发布和批准发布了相关的行政法规 7 部，卫生部制定发布规章及规范性文件 410 部（件）。1998 年国务院机构改革中，对药政、药检管理体制进行改革，新组建了国家药品监督管理局，直属国务院领导。该局自 1998 年至 2001 年期间为贯彻实施好《药品管理法》，制定、修订发布的局令、规章、规范性文件约有 395 部（件）。

自 1999 年 7 月起，国务院法制办和原国家药品监督管理局在调查研究、总结实践经验的基础上，针对我国医药事业在加入世界贸易组织（WTO）后出现的问题，草拟了《药品管理法修正案（草案）》，按照立法程序经国务院常务会议讨论通过，全国人大常委会审议，于2001年2月28日，九届全国人大常委会第二十次会议审议通过《药品管理法（修订草案）》。修改后的《药品管理法》自2001年12月1日起施行。2002年，国务院公布了《药品管理法》的配套法规《中华人民共和国药品管理法实施条例》。修改后的药品管理法为我国加入WTO后药业发展奠定了法律基础。标志着我国的药品监督管理工作迈上了一个新台阶。

### 三、《药品管理法》的法律框架

2001年实施的《药品管理法》共分为十章一百零六条。包括总则、药品生产企业管理、药品经营企业管理、医疗机构的药剂管理、药品管理、药品包装的管理、药品的价格和广告管理、药品监督、法律责任和附则等内容。

《药品管理法》主要针对药品注册、药品生产、药品经营、药品使用、药品包装价格广告、特殊药品管理等内容进行规定。

## 第三节　药品注册管理

在药物应用的历史上，出现过很多药物危害事件，人类为此付出了惨痛的代价。发生在美国田纳西州的“磺胺酏剂”事件，是历史上第一件因药用辅料引起的药害事件。1935年药学家们发现磺胺的抗菌作用，各种磺胺片剂、胶囊相继问世。1937年，美国一家制药公司的主任药师瓦特金斯为使小儿服用方便，用二甘醇代替酒精做溶媒，配制色、香、味俱全的口服液体制剂，称为磺胺酏剂。未做动物实验，在美国田纳西州的马森吉尔药厂投产后，全部进入市场，用于治疗感染性疾病。当时的美国法律是许可新药未经临床实验便进入市场的。到这一年的9～10月间，美国南方一些地方开始发现患肾功能衰竭的病人大量增加，共发现358名病人，死亡107人（其中大多数为儿童）。后来动物试验证明磺胺本身并无毒性，而造成中毒死亡的是工业用的二甘醇。美国联邦法院以在酏剂中用二甘醇代替酒精，掺假及贴假标签为由，对该制药公司罚款1688美元，主任药师瓦特金斯也在内疚和绝望中自杀。这一事件成为上世纪影响最大的药害事件之一。

美国国会曾于1906年通过《纯食品药品法》。但当时对药品管理还不够严格，只是采取事后抽验的方法，禁止从事掺假或冒牌的药品州际交易。1912年国会又通过修正案，明确规定禁止在药品标签上夸大宣传。“磺胺酏剂事件”促使美国药事管理部门认识到，原有的法案对于新药临床及投入市场的规定有很大漏洞，必须修改条例，加强安全试验。之后，美国国会通过《食品、药品和化妆品法》，修改后的条例要求新药必须安全，对老药品改变剂型进入市场前，应把处方送FDA审定，标签和广告也要严格审查。1962年国会又修订法规，认为药品不仅要安全，还必须是有效的。同时，对新药审批增加了严格的规定，并淘汰了412种药品。

对药品实行上市许可、注册审批的管理制度被各个国家认可，沿用至今，成为国际通行的药品管理模式之一。不同社会经济制度的国家都采用药品注册管理控制药品市场准入，以确保公众用药安全、有效。

我国的药品注册管理经历了一个逐步发展、规范的过程。2002年10月，国家药品监督管理局制定了《药品注册管理办法》（试行）。2005 年 2 月，国家食品药品监督管理局颁布了《药品注册管理办法》，自 2005 年 5 月 1 日起施行。为更好的保证药品的安全、有效和质量可控，规范药品注册行为，根据《药品管理法》及其《实施条例》，国家食品药品监督管理局经过调研，广泛征集意见，于 2007 年 6 月 18 日制定颁布了新的《药品注册管理办法》，自 2007 年 10 月 1 日起施行。

## 一、药品注册的概念

### （一）药品注册

是指国家食品药品监督管理局根据药品注册申请人的申请，依照法定程序，对拟上市销售的药品的安全性、有效性、质量可控性等进行审查，并决定是否同意其申请的审批过程。

### （二）药品注册申请人

是指提出药品注册申请并承担相应法律责任的机构。境内申请人应当是在中国境内合法登记并能独立承担民事责任的机构，境外申请人应当是境外合法制药厂商。境外申请人办理进口药品注册，应当由其驻中国境内的办事机构或者由其委托的中国境内代理机构办理。办理药品注册申请事务的人员应当是具有相应的专业知识，熟悉药品注册管理法律、法规及技术要求。

### （三）药品注册申请

药品注册申请包括新药申请、仿制药申请、进口药品申请及其补充申请和再注册申请。

## 二、药品注册管理机构

我国法定的药品注册管理机构是国家食品药品监督管理局。国家食品药品监督管理局药品注册司是具体负责药品注册管理的业务部门。国家食品药品监督管理局药品审评中心主要负责对化学药品、生物制品、体外诊断试剂、中药的新药申请，以及进口药品、仿制药品申请进行技术审评工作。国家药典委员会负责国家药品标准的制定工作，中国药品生物制品检定所负责药品质量标准复核工作。

## 三、药品注册管理的主要内容

### （一）药品名称

药品名称分为药品通用名称和商品名称。药品通用名称是指列入国家药品标准中的药品名称。药品商品名称是指经国家药品监督管理部门批准的特定企业使用的该药品专用的商品名。药品说明书和标签中禁止使用未经注册的商标以及其他未经国务院药品监督管理部门批准的药品名称。

### （二）药包材

药品内包装是指直接接触药品的包装材料和容器，简称“药包材”，是与药品不可分割的有机整体。世界多数国家均将药包材的质量监管作为药品质量监管的重要组成部分。

2004年7月20日，国家食品药品监督管理局（SFDA）颁布了的《直接接触药品的包装材料和容器管理办法》，对药包材管理作了专门要求。生产、进口和使用药包材，必须符合药包材国家标准。国家食品药品监督管理局制定注册药包材产品目录，并对目录中的产品实行注册管理。药品生产企业不得使用未经批准的直接接触药品的包装材料和容器。

### （三）说明书和标签

药品的说明书、标签，是药品的重要组成部分，体现了药品的外在质量，是传递药品信息的最主要的媒介之一。在药品生产、流通及使用过程中都起着极其重要的作用。药品说明书、标签由国家食品药品监督管理局予以核准。说明书是药品注册审批的重要资料，一旦获得批准，即成为药品的法定文件。药品的标签应当以说明书为依据，其内容不得超出说明书的范围。

### （四）药品

注册的药品主要指新药、仿制药、进口药品。

**1. 新药** 是指未曾在中国境内上市销售的药品，已上市药品改变剂型、改变给药途径、增加新适应证的，按新药注册程序申报。

**2. 仿制药** 指国家食品药品监督管理局已批准上市的已有国家标准的药品。

**3. 进口药品** 指境外生产、在中国境内上市销售的药品。

药品注册主要是对药品的安全性、有效性、质量的可控性进行评价，审查，主要涉及新药的临床前研究和临床研究等有关内容。

## 四、药品注册审批

《药品注册办法》规定，药物在临床试验、生产上市、进口前应进行注册审批。

### （一）新药的注册审批

申请人在完成非临床研究后→呈报注册表、资料、样品→省级药品监督管理部门初审、原始资料审核与现场考察→省级药品检验所复核检验→药品注册司形式审查→药品审评中心技术审评→药品注册司审核→局领导批准→发给新药临床试验批件（新药证书、生产批件）。

### （二）仿制药注册审批

申请人→呈报注册申请表、资料、生产现场检查申请→省级药品监督管理部门资料形式审查、现场核查、生产现场检查→省级药品检验所注册检验→药品审评中心审评→药品注册司审核→局领导批准→药品批准文号或《临床试验批件》。

### （三）进口药品注册审批

申请人→呈报注册申请表、资料、样品→药品注册司形式审查→药品审评中心技术审评→药品注册司→临床研究→药品审评中心综合审评→药品注册司审核→局领导批准→药品注册司核发《进口药品注册证》或《医药产品注册证》。

### （四）补充申请注册审批

申请人→呈报补充申请表、资料、说明→省级药品监督管理部门资料形式审查→改变国内药品生产企业名称、内部改变药品生产场地、有效期等的补充申请，由省级药品监督管理部门受理并审批发给《药品补充申请批件》→国家食品药品监督管理局备案。

## 第四节 药品生产、经营、使用管理

药品生产、经营、使用管理是药品监督管理的重要环节。药品经注册获得上市许可后，就进入了药品生产、经营、使用过程。药品的生产过程、经营过程、使用过程分别是药品质量形成、保持、实现的过程，对这三个环节的监管，是药品质量监督管理的主要内容。

### 一、药品生产管理

#### （一）药品生产企业管理

**1. 药品生产企业** 指生产药品的专营或兼营企业。根据所生产药品类型，我国药品生产企业可分为中成药厂、化学药品厂和生化药品厂。也包括中药饮片厂、血液制品生产企业、体外诊断试剂生产企业、医用氧生产企业等。

**2. 药品生产企业审批** 开办药品生产企业，须经企业所在地省级药品监督管理部门批准并发给《药品生产许可证》，凭《药品生产许可证》到工商行政管理部门办理登记注册。无《药品生产许可证》的，不得生产药品。

《药品生产许可证》有效期5年，到期重新审查发证。

**3. 药品生产企业开办条件** 在我国，新开办的药品生产企业必须符合《药品管理法》及其《实施条例》和《药品生产监督管理办法》等规定的开办条件，同时符合国家发布的药品行业发展规划和产业政策，方可有资格申办。

根据《药品管理法》第八条规定，开办药品生产企业必须具备的四项条件即人员条件、厂房设施和卫生环境条件、质量控制条件、规章制度条件。

#### （二）药品生产质量管理

药品生产企业必须按照国务院药品监督管理部门制定的《药品生产质量管理规范》组织生产。省级以上药品监督管理部门按照规定对药品生产企业是否符合《药品生产质量管理规范》的要求进行认证；对认证合格的，发给认证证书。

### 二、药品经营管理

#### （一）药品经营企业管理

**1. 药品经营企业** 指经营药品的专营企业或兼营企业。根据药品经营方式不同，药品经营企业可分为药品批发企业和药品零售企业。

**2. 药品经营企业审批** 开办药品批发企业，须经企业所在地省级药品监督管理部门批准并发给《药品经营许可证》；开办药品零售企业，须经企业所在地县级以上地方药品监督管理部门批准并发给《药品经营许可证》，凭《药品经营许可证》到工商行政管理部门办理登记注册。无《药品经营许可证》的，不得经营药品。

《药品经营许可证》有效期5年，到期重新审查发证。

**3. 药品经营企业开办条件**　药品监督管理部门批准开办药品经营企业，除符合《药品管理法》规定的条件外，还应当遵循合理布局和方便群众购药的原则。根据《药品管理法》第十五条规定，开办药品经营企业必须具备的条件也包括人员、厂房设施和卫生环境、质量控制、规章制度四个方面条件。

### （二）药品经营质量管理

药品经营企业必须按照国务院药品监督管理部门制定的《药品经营质量管理规范》经营药品。药品监督管理部门按照规定对药品经营企业是否符合《药品经营质量管理规范》的要求进行认证；对认证合格的，发给认证证书。

### （三）药品流通管理

药品流通包括药品生产企业的药品销售、药品经营全过程、医疗机构的药品采购等。是药品从生产者转移到消费者（药品生产企业→药品批发企业→药品零售企业或医疗机构药房→消费者）的活动、体系和过程。药品流通不同于药品市场营销、药品买卖，它属于宏观经济范畴。

国家食品药品监督管理局于2007年5月1日起施行的《药品流通监督管理办法》，是一部专门规范药品流通秩序的部门规章。

**1. 购销人员的管理**　药品生产、经营企业应对其购销人员进行药品相关的法律、法规和专业知识培训，建立培训档案；销售人员销售药品时，应当提供的资料：①加盖本企业原印章的《药品生产许可证》或《药品经营许可证》和营业执照的复印件；②加盖本企业原印章的所销售药品的批准证明文件复印件；③提供加盖本企业原印章的授权书复印件。

**2. 药品生产、经营企业不得从事的经营活动**　①药品生产、经营企业不得在经药品监督管理部门核准的地址以外的场所储存或者现货销售药品。②药品生产企业只能销售本企业生产的药品，不得销售本企业受委托生产的或者他人生产的药品。③药品生产、经营企业知道或者应当知道他人从事无证生产、经营药品行为的，不得为其提供药品。④药品生产、经营企业不得为他人以本企业的名义经营药品提供场所，或者资质证明文件，或者票据等便利条件。⑤药品生产、经营企业不得以展示会、博览会、交易会、订货会、产品宣传会等方式现货销售药品。⑥药品经营企业不得购进和销售医疗机构配制的制剂。⑦未经药品监督管理部门审核同意，药品经营企业不得改变经营方式。⑧药品生产、经营企业不得以搭售、买药品赠药品、买商品赠药品等方式向公众赠送处方药或者甲类非处方药。⑨药品生产、经营企业不得采用邮售、互联网交易等方式直接向公众销售处方药。

**3. 销售活动过程管理**　①药品生产、批发企业销售药品时，应当开具标明供货单位名称、药品名称、生产厂商、批号、数量、价格等内容的销售凭证，该凭证需保存至超过药品有效期1年，但不得少于3年。②药品生产、经营企业采购药品时，应按规定索取、查验、留存供货企业有关证件、资料，索取并留存对方的销售凭证。③药品零售企业应当按照国家药品分类管理规定的要求，凭处方销售处方药，执业药师或者其他依法经资格认定的药学技术人员不在岗时，应当挂牌告知，并停止销售处方药和甲类非处方药。

**4. 医疗机构购进、储存药品**　医疗机构购进药品应当索取、查验、保存供货企业有关证件、资料、票据，建立并执行进货检查验收制度，并建有真实完整的药品购进记录。药品购进记录必须保存至超过药品有效期1年，但不得少于3年。医疗机构应建立药品的保管与储存养护的制度，保证购进药品的质量。医疗机构和计划生育技术服务机构不得未经诊疗直接向患者提供药品；医疗机构不得采用邮售、互联网交易等方式直接向公众销售处方药。

## 三、医疗机构药剂管理

### （一）医疗机构药剂管理机构

**1. 医疗机构药事管理** 是指医疗机构内以医院药学为基础，以临床药学为核心，促进临床科学、合理用药的药学技术服务和相关的药品管理工作。其目的是保证药学服务质量，保障患者用药安全、有效、经济、合理。

**2. 医疗机构药事管理组织** 医疗机构药事工作是医疗工作的重要组成部分。医疗机构根据临床工作实际需要，设立药事管理组织和药学部门。二级以上的医院成立药事管理委员会，其他医疗机构成立药事管理组织。药事管理委员会（组）是监督、指导医疗机构科学管理药品和合理用药的机构。它不是行政管理部门，也不是医院的常设机构，属于医院的学术组织。

药事管理委员会（组）由5~7人组成。设主任委员1名，副主任委员1名。医疗机构业务主管负责人任主任委员，药学部门负责人任副主任委员。三级医院药事管理委员会委员由具有高级技术职务任职资格的药学、临床药学、医院感染管理和医疗行政管理等方面的专家组成。二级医院的药事管理委员会，可以根据情况由具有中级以上技术职务任职资格的上述人员组成。其他医疗机构的药事管理组，可以根据情况由具有初级以上技术职务任职资格的上述人员组成。

### （二）医疗机构制剂规定

**1. 医疗机构制剂的审批** 医疗机构配制制剂，须经所在地省级卫生行政部门审核同意，由省级药品监督管理部门批准，发给《医疗机构制剂许可证》。无《医疗机构制剂许可证》的，不得配制制剂。《医疗机构制剂许可证》有效期5年，到期重新审查发证。

**2. 医疗机构制剂品种审批及使用管理** 医疗机构配制的制剂，应当是本单位临床需要而市场上没有供应的品种，并须经所在地省级药品监督管理部门批准后方可配制。配制的制剂必须按照规定进行质量检验；合格的，凭医师处方在本医疗机构使用。特殊情况下，经国务院或者省级药品监督管理部门批准，医疗机构配制的制剂可以在指定的医疗机构之间调剂使用。医疗机构配制的制剂，不得在市场销售。

**3. 医疗机构制剂条件** 医疗机构配制制剂，必须具有能够保证制剂质量的设施、管理制度、检验仪器和卫生条件。

### （三）医疗机构药剂管理规定

**1. 从事医疗机构药剂技术工作的人员规定** 医疗机构必须配备依法经过资格认定的药学技术人员。非药学技术人员不得直接从事药剂技术工作。直接从事药剂技术工作，包括调剂、制剂、采购、分发、保管等环节。非药学技术人员未经过药学专业知识系统学习和上岗培训，且不具备相应技术资格和执业资格，只能从事一些辅助工作，如财会、统计、划价、消毒、蒸馏等，不能直接从事药剂技术工作。

**2. 采购及保存药品管理的规定** 医疗机构购进药品，必须建立并执行进货检查验收制度，验明药品合格证明和其他标识；不符合规定要求的，不得购进和使用。

医疗机构必须制定和执行药品保管制度，采取必要的冷藏、防冻、防潮、防虫、防鼠等措施，保证药品质量。

**3. 调配处方规定**　医疗机构的药剂人员调配处方，必须经过核对，对处方所列药品不得擅自更改或者代用。对有配伍禁忌或者超剂量的处方，应当拒绝调配；必要时，经处方医师更正或者重新签字，方可调配。

## 第五节　特殊药品管理

《药品管理法》第三十五条规定，国家对麻醉药品、精神药品、医疗用毒性药品、放射性药品实行特殊管理。

对麻醉药品、精神药品、医疗用毒性药品和放射性药品实行特殊管理，是由于这四类药品除了具有一般药品的防病治病的医疗价值外，还具有特殊的药理、生理作用。麻醉药品、精神药品在用药时能使人产生精神松弛和欣快感，反复（周期或连续）用药时会产生药物依赖性；医疗用毒性药品本身毒性剧烈，治疗剂量与中毒剂量相近，使用不当会导致中毒或死亡；放射性药品含有放射性核素，能释放出具有较强穿透力的射线，可对人体组织产生电离作用。由于这四类药品本身的特殊性，如果管理和使用不当会造成严重的人身伤害，甚至会带来严重的公共卫生和社会问题。正是从这个意义上说，国家必须对这些药品的研制、生产、经营、使用、运输、储存等环节实行严格的特殊管理，以保证医疗、教学、科研的正当需要，同时防止滥用和流入非法渠道。

### 一、麻醉药品和精神药品管理

目前，滥用麻醉药品和精神药品的问题，已成为一种世界范围内的严重公害，引起了世界各国的普遍关注。毒品成为“战争”和“天灾”之后的人类第三大杀手。1987 年第 42 届联大决议，把每年 6 月 26 日定为“国际禁毒日”。

我国政府十分重视麻醉药品和精神药品的管理工作。1985 年，我国加入联合国《1961 年麻醉品单一公约》和《1971 年精神药物公约》。国家药品监督管理局成立以后，先后颁布了《罂粟壳管理暂行规定》（1999 年 1 月）、《关于加强盐酸二氢埃托啡管理工作的通知》（1999 年 4 月）、《关于印发医疗机构麻醉药品、一类精神药品供应管理办法》（2000 年 2 月）等规章。2005 年 8 月 3 日国务院公布了《麻醉药品和精神药品管理条例》（以下简称《条例》），自 2005 年 11 月 1 日起实施。根据《条例》，国家食品药品监督管理局会同有关部门分别制定了《麻醉药品和精神药品生产管理办法》、《麻醉药品和精神药品经营管理办法》、《麻醉药品和精神药品邮寄管理办法》、《麻醉药品和精神药品运输管理办法》；卫生部制定了《医疗机构麻醉药品、第一类精神药品管理规定》和《麻醉药品和精神药品处方管理规定》。

#### （一）麻醉药品和精神药品定义

**1. 麻醉药品**　是指列入麻醉药品目录的药品和其他物质，其连续使用后易产生生理依赖性，能成瘾癖。

麻醉药品在医疗上作为强效镇痛药，能在不影响患者意识的状态下选择性地解除和减轻疼痛，并同时缓解疼痛引起的不愉快情绪，如临床经常使用的吗啡、哌替啶（度冷丁）。但这些药品作用强，能使人产生生理依赖，易成瘾癖。麻醉药品产生的生理依赖性，又称躯体依赖性，是指机体对该药产生适应，突然断药会产生异常反应，即戒断症状。

麻醉药品与麻醉药（剂）不同，麻醉药（剂）是指医疗上用于全身麻醉和局部麻醉的药品，如乙醚、氯仿或普鲁卡因、利多卡因等，这些药品在药理上虽具有麻醉作用，但不会产生依赖性，不会产生瘾癖嗜好，所以一般被称为麻醉药（剂），而不属于麻醉药品。而可卡因则是个特例，它既是局部麻醉药，又由于其有依赖性也作为麻醉药品来管理。

**2. 精神药品** 是指列入精神药品目录的药品和其他物质，其可直接作用于中枢神经系统，使之兴奋或抑制，连续使用能产生依赖性。

精神药品所产生的依赖性是精神依赖性，又称心理依赖性，是指药物能引起令人愉快的意识状态，用药者为得到欣快感而不得不定期或连续使用某些药物。与麻醉药品所致的生理依赖性不同，精神依赖一般不会出现严重的病理状态。

能引起依赖性的药物常兼有精神依赖性和生理依赖性，阿片类和催眠镇痛药在反复用药过程中，先产生精神依赖性，后产生生理依赖性。可卡因、苯丙胺类中枢兴奋药主要引起精神依赖性，但大剂量使用也会产生生理依赖性。少数药物如致幻剂只产生精神依赖性而无生理依赖性。

有些药品虽直接作用于中枢神经系统，使之兴奋或抑制，但连续使用不产生依赖性，如抗精神病药氯丙嗪，中枢兴奋药尼可刹米、洛贝林等则不属于精神药品。

### （二）麻醉药品和精神药品的品种范围

国家对麻醉药品和精神药品的品种目录实行动态管理。

**1. 麻醉药品品种** 我国现行的麻醉药品品种是国家食品药品监督管理管局、公安部、卫生部三部门于2005年9月27日联合公布，2005年11月1日起施行，共121种，其中复方樟脑酊、布桂嗪已由精神药品调入麻醉药品目录管制。

我国生产和使用的麻醉药品品种有：罂粟秆浓缩物、二氢埃托啡、地芬诺酯（苯乙哌啶）、芬太尼、可卡因、美沙酮、吗啡、羟考酮、哌替啶（度冷丁）、罂粟壳、阿片、可待因、复方樟脑酊、右丙氧芬、双氢可待因、乙基吗啡、瑞芬太尼、舒芬太尼、蒂巴因、布桂嗪（强痛定）、福尔可定。

**2. 精神药品品种** 依据精神药品对人体产生依赖性和危害健康的程度，我国将精神药品分为第一类精神药品和第二类精神药品，其中第一类精神药品比第二类精神药品更易产生依赖性，且毒性和成瘾性更强。我国现行的精神药品品种是同步于麻醉药品品种公布和施行的，第一类精神药品52种，第二类精神药品78种。

我国生产和使用的第一类精神药品品种有：丁丙诺啡、氯胺酮、马吲哚、哌甲酯（利他林）、司可巴比妥（速可眠）、三唑仑；

我国生产和使用的第二类精神药品品种有：异戊巴比妥、布托啡诺及其注射剂、咖啡因、去甲伪麻黄碱（苯丙醇胺）、安钠咖、地佐辛及其注射剂、喷他佐辛（镇痛新）、氯氮卓（利眠宁）、氯硝西泮、地西泮（安定）、艾司唑仑、氟西泮、阿普唑仑、巴比妥、劳拉西泮、甲丙氨酯（眠尔通）、咪达唑仑、纳布啡及其注射剂、硝西泮（硝基安定）、γ-羟丁酸、匹莫林、苯巴比妥、唑吡坦、扎来普隆、麦角胺咖啡因。

### （三）麻醉药品和精神药品管理

麻醉药品和精神药品只限用于医疗、教学和科研需要。国家对麻醉药品和精神药品的实验研究、原植物种植、生产、经营、使用、价格、储存、运输、邮寄均实行严格的、有别于一般药品的特殊管理。

**1. 麻醉药品和精神药品实验研究的审批与管理**　麻醉药品和精神药品的实验研究单位应经国家食品药品监督管理局批准，发给《麻醉药品和精神药品实验研究立项批件》后方可进行实验研究。麻醉药品和第一类精神药品的临床试验，不得以健康人为受试对象。

**2. 麻醉药品药用原植物种植管理**　麻醉药品药用原植物种植企业由国家食品药品监督管理局和农业部共同确定，其他任何单位和个人不得种植麻醉药品药用原植物。国家食品药品监督管理局和农业部制定麻醉药品药用原植物年度种植计划，种植企业应按计划种植，并应定期报告种植情况。

**3. 麻醉药品和精神药品的生产管理**　国家对麻醉药品和精神药品实行定点生产制度。从事麻醉药品、第一类精神药品以及第二类精神药品原料药生产的企业，由所在地省级药品监督管理部门初审，国家食品药品监督管理局批准；从事第二类精神药品制剂生产的企业，由所在地省级药品监督管理部门批准。

麻醉药品、第一类精神药品和第二类精神药品原料药定点生产企业，于每年 10 月底前向所在地省级药品监督管理部门报送下一年度生产计划，国家食品药品监督管理局于每年 1 月 20 日前下达麻醉药品、第一类精神药品和第二类精神药品原料药年度生产计划。

**4. 麻醉药品和精神药品的经营管理**　国家对麻醉药品和精神药品实行定点经营制度。未经批准的任何单位和个人不得从事麻醉药品和精神药品经营活动。

跨省从事麻醉药品和第一类精神药品批发业务的为全国性批发企业，由国家食品药品监督管理局批准。在本省、自治区、直辖市行政区域内从事麻醉药品和第一类精神药品批发业务的为区域性批发企业，由所在地省级药品监督管理部门批准；专门从事第二类精神药品批发业务的企业，由所在地省级药品监督管理部门批准。

麻醉药品和精神药品应按规定的渠道购销。不得违反规定渠道擅自购买和销售麻醉药品和精神药品。麻醉药品和第一类精神药品不得零售。经所在地设区的市级药品监督管理部门批准，能严格执行统一进货、统一配送、统一管理的药品零售连锁企业可以从事第二类精神药品零售业务。其他药品经营企业不得从事第二类精神药品的零售活动。第二类精神药品零售企业应当凭处方、按规定剂量销售第二类精神药品，并将处方保存 2 年备查。禁止超剂量或者无处方销售第二类精神药品；不得向未成年人销售第二类精神药品，在难以确定购药者是否为未成年人的情况下，可查验购药者身份证明。

**5. 麻醉药品和精神药品的使用管理**　食品、食品添加剂、化妆品、油漆等非药品生产企业需要使用咖啡因作为原料的，应经所在地省级药品监督管理部门批准，向定点批发企业或者定点生产企业购买。科学研究、教学单位需要使用麻醉药品和精神药品开展实验、教学活动的，应当经所在地省级药品监督管理部门批准，向定点批发企业或者定点生产企业购买。

医疗机构使用麻醉药品和精神药品，应当经所在地设区的市级卫生主管部门批准，取得《麻醉药品、第一类精神药品购用印鉴卡》（简称印鉴卡）。凭印鉴卡向本省、自治区、直辖市行政区域内的定点批发企业购买麻醉药品和第一类精神药品。

医疗机构应当按照国务院卫生主管部门的规定，对本单位执业医师进行有关麻醉药品和精神药品使用知识的培训、考核，经考核合格的，授予麻醉药品和第一类精神药品处方资格。执业医师取得麻醉药品和第一类精神药品的处方资格后，方可在本医疗机构开具麻醉药品和第一类精神药品处方，但不得为自己开具该种处方。

开具麻醉药品和精神药品应使用专用处方。麻醉药品和第一类精神药品处方的印刷用纸为淡红色，处方右上角分别标注“麻”、“精一”；第二类精神药品处方的印刷用纸为白色，处方右上角标注“精二”。

麻醉药品和第一类精神药品注射剂处方为一次用量；其他剂型处方不得超过 3 日用量；控缓释制剂处方不得超过 7 日用量。第二类精神药品处方一般不得超过 7 日用量；对于某些特殊情况，处方用量可适当延长，但医师应当注明理由。为癌痛、慢性中、重度非癌痛患者开具的麻醉药品和第一类精神药品注射剂处方不得超过 3 日用量；其他剂型处方不得超过 7 日用量。对于需要特别加强管制的麻醉药品，盐酸二氢埃托啡处方为一次用量，药品仅限于二级以上医院内使用；盐酸哌替啶处方为一次用量，药品仅限于医疗机构内使用。

麻醉药品处方至少保存 3 年，精神药品处方至少保存 2 年。

具有麻醉药品和第一类精神药品处方资格的执业医师，根据临床应用指导原则，对确需使用麻醉药品或者第一类精神药品的患者，应当满足其合理用药需求。在医疗机构就诊的癌症疼痛患者和其他危重患者得不到麻醉药品或者第一类精神药品时，患者或者其亲属可以向执业医师提出申请，具有麻醉药品和第一类精神药品处方资格的执业医师认为要求合理的，应当及时为患者提供所需药品。具有处方资格的执业医师在为患者首次开具麻醉药品和第一类精神药品处方时，应当亲自诊查患者，为其建立相应的病历，留存患者身份证明复印件，要求其签署《知情同意书》。病历由医疗机构保管。麻醉药品注射剂仅限于医疗机构内使用，或者由医疗机构派医务人员出诊至患者家中使用。医疗机构应当为使用麻醉药品非注射剂型和第一类精神药品的患者建立随诊或者复诊制度，并将随诊或者复诊情况记入病历。

麻醉药品非注射剂型和第一类精神药品需要带出医疗机构外使用时，具有处方权的医师在患者或者其代办人出示下列材料后方可开具麻醉药品和第一类精神药品处方：①二级以上医院开具的诊断证明；②患者户籍簿、身份证或者其他相关身份证明；③代办人员身份证明。

麻醉药品和第一类精神药品处方应实行专册登记。专册登记内容包括：患者（代办人）姓名、性别、年龄、身份证明编号、病历号、疾病名称、药品名称、规格、数量、处方医师、处方编号、处方日期、发药人、复核人。

医疗机构抢救病人急需麻醉药品和第一类精神药品而本医疗机构无法提供时，可以从其他医疗机构或定点批发企业紧急借用；抢救工作结束后，应当及时将借用情况报所在地设区的市级药品监督管理部门和卫生主管部门。

**6. 麻醉药品和精神药品的储存管理** 麻醉药品药用原植物种植企业、定点生产企业、全国性批发企业、区域性批发企业以及国家设立的麻醉药品储存单位，应当设置专库储存麻醉药品和第一类精神药品。麻醉药品和第一类精神药品的使用单位应当设立专库或者专柜储存麻醉药品和第一类精神药品。专库应当设有防盗设施并安装报警装置；专柜应当使用保险柜。专库和专柜应当实行双人双锁管理。应当配备专人负责管理工作，并建立储存专用账册。药品入库双人验收，出库双人复核，做到账物相符。专用账册的保存期限应当自药品有效期期满之日起不少于5年。

第二类精神药品经营企业应当在药品库房中设立独立的专库或者专柜储存第二类精神药品，并建立专用账册，实行专人管理。专用账册的保存期限应当自药品有效期期满之日起不少于5年。

**7. 麻醉药品和精神药品的运输管理**　托运、承运和自行运输麻醉药品和精神药品，应当采取安全保障措施，防止麻醉药品和精神药品在运输过程中被盗、被抢、丢失。托运或者自行运输麻醉药品和第一类精神药品的单位，应当向所在地省级药品监督管理部门申请领取《麻醉药品、第一类精神药品运输证明》（简称运输证明）。没有运输证明或者货物包装不符合规定的，承运人不得承运。承运人在运输过程中应当携带运输证明副本，以备查验。运输第二类精神药品无需办理运输证明。麻醉药品和第一类精神药品应当优先通过铁路并使用集装箱或铁路行李车运输。

**8. 麻醉药品和精神药品的邮寄管理**　麻醉药品和精神药品的寄件单位要事先向所在地省级药品监督管理部门申请办理《麻醉药品、精神药品邮寄证明》（简称邮寄证明）。邮寄证明一证一次有效。邮政营业机构收寄麻醉药品和精神药品时应当查验、收存邮寄证明，没有邮寄证明的不得收寄。邮寄证明保存1年备查。邮寄物品的收件人必须是单位。

### （四）麻醉药品和精神药品规定事项的监督管理

药品监督管理部门应当根据规定的职责权限，对麻醉药品药用原植物的种植以及麻醉药品和精神药品的实验研究、生产、经营、使用、储存、运输活动进行监督检查。省级以上药品监督管理部门根据实际情况建立监控信息网络，对定点生产企业、定点批发企业和使用单位的麻醉药品和精神药品生产、进货、销售、库存、使用的数量以及流向实行实时监控，并与同级公安机关做到信息共享。尚未连接监控信息网络的生产、经营企业和使用单位，应当每月通过电子信息、传真、书面等方式，将相关信息报所在地设区的市级药品监督管理部门和公安机关；医疗机构还应当报所在地设区的市级卫生主管部门。设区的市级药品监督管理部门应当每3个月向上一级药品监督管理部门报告本地区麻醉药品和精神药品的相关情况。

药品监督管理部门发现取得印鉴卡的医疗机构未依照规定购买麻醉药品和第一类精神药品时，应当及时通报同级卫生主管部门。接到通报的卫生主管部门应当立即调查处理。必要时，药品监督管理部门可以责令定点批发企业中止向该医疗机构销售麻醉药品和第一类精神药品。

县级以上卫生主管部门应当对执业医师开具麻醉药品和精神药品处方的情况进行监督检查。

麻醉药品和精神药品的生产、经营企业和使用单位对过期、损坏的麻醉药品和精神药品应当登记造册，并向所在地县级药品监督管理部门申请销毁。医疗机构应按程序向卫生主管部门提出申请，由卫生主管部门负责监督销毁。药品监督管理部门应当自接到申请之日起5日内到场监督销毁。对依法收缴的麻醉药品和精神药品，除经国务院药品监督管理部门或者国务院公安部门批准用于科学研究外，应当依照国家有关规定予以销毁。

发生麻醉药品和精神药品被盗、被抢、丢失或者其他流入非法渠道的情形的，案发单位应当立即采取必要的控制措施，同时报告所在地县级公安机关和药品监督管理部门。医疗机构发生上述情形的，还应当报告其主管部门。

### （五）医疗机构及执业医师违反《麻醉药品和精神药品管理条例》的法律责任

取得印鉴卡的医疗机构违反本条例的规定，有下列情形之一的，由设区的市级人民政府卫生主管部门责令限期改正，给予警告；逾期不改正的，处5000元以上1万元以下的罚款；情节严重的，吊销其印鉴卡；对直接负责的主管人员和其他直接责任人员，依法给予降级、撤职、开除的处分：①未依照规定购买、储存麻醉药品和第一类精神药品的；②未依照规定保存麻醉药品和精神药品专用处方，或者未依照规定进行处方专册登记的；③未依照规定报告麻醉药品和精神药品的进货、库存、使用数量的；④紧急借用麻醉药品和第一类精神药品后未备案的；⑤未依照规定销毁麻醉药品和精神药品的。

具有麻醉药品和第一类精神药品处方资格的执业医师，违反本条例的规定开具麻醉药品和第一类精神药品处方，或者未按照临床应用指导原则的要求使用麻醉药品和第一类精神药品的，由其所在医疗机构取消其麻醉药品和第一类精神药品处方资格；造成严重后果的，由原发证部门吊销其执业证书。执业医师未按照临床应用指导原则的要求使用第二类精神药品或者未使用专用处方开具第二类精神药品，造成严重后果的，由原发证部门吊销其执业证书。

未取得麻醉药品和第一类精神药品处方资格的执业医师擅自开具麻醉药品和第一类精神药品处方，由县级以上人民政府卫生主管部门给予警告，暂停其执业活动；造成严重后果的，吊销其执业证书；构成犯罪的，依法追究刑事责任。

处方的调配人、核对人违反本条例的规定未对麻醉药品和第一类精神药品处方进行核对，造成严重后果的，由原发证部门吊销其执业证书。

## 二、医疗用毒性药品的管理

为了加强医疗用毒性药品的管理，防止中毒或死亡事故的发生，确保人民用药安全，1988年12月27日国务院发布了《医疗用毒性药品管理办法》，对医疗用毒性药品（以下简称毒性药品）的定义、品种、生产、经营和使用作了具体规定。2002年10月14日原国家药品监督管理局发布了《关于切实加强医疗用毒性药品监管的通知》，进一步对医疗用毒性药品的管理作出规定。

### （一）毒性药品的定义和品种

**1. 毒性药品的定义** 医疗用毒性药品系指毒性剧烈、治疗剂量与中毒剂量相近，使用不当会致人中毒或死亡的药品。

**2. 毒性药品的品种** 我国卫生部等有关部门规定毒性药品分为两大类，即毒性中药和毒性化学药品。其中毒性中药系指原药材和饮片，共27种；毒性化学药品系指原料药，共11种。具体品种如下：

（1）毒性中药的品种：砒石（红砒、白砒）、砒霜、水银、生马钱子、生川乌、生草乌、生白附子、生附子、生半夏、生南星、生巴豆、斑蝥、青娘虫、红娘虫、生甘遂、生狼毒、生藤黄、生千金子、生天仙子、闹羊花、雪上一枝蒿、白降丹、蟾酥、洋金花、红粉、轻粉、雄黄。

（2）毒性化学药品的品种：去乙酰毛花苷丙、阿托品、洋地黄毒苷、氢溴酸后马托品、三氧化二砷、毛果芸香碱、升汞、水杨酸毒扁豆碱、亚砷酸钾、氢溴酸东莨菪碱、士的宁。

### （二）毒性药品的管理

**1. 毒性药品的生产管理**　毒性药品的生产，实行计划生产。年度生产、收购、经营和配制计划，由省级药品监督管理部门根据医疗需要制定下达，并抄报国家食品药品监督管理局和国家中医药管理局。生产单位不得擅自改变生产计划或自行销售。毒性药品生产单位，由省级药品监督管理部门审查批准。

毒性药品生产应建立严格的管理制度，由医药专业人员专人负责生产、配制和质量检验。生产毒性药品所用工具、容器要处理干净，严防与其他药品混杂，包装容器要有毒药标志。生产（配制）毒性药品及制剂，必须严格执行生产（配制）操作规程，建立完整的记录。每次配料，必须经2人以上复核无误，并详细记录每次生产所用原料和成品数，经手人要签字备查。产品标示量要准确无误，并建立完整的生产记录，保存5年备查。加工炮制毒性中药，必须按照《中国药典》或者省级药监部门制定的《炮制规范》的规定进行。药材符合药用要求的，方可供应、配方和用于中成药生产。生产毒性药品过程中产生的废弃物，必须妥善处理，不得污染环境。

**2. 毒性药品的经营管理**　毒性药品的收购、经营由各级药品监督管理部门指定的药品经营单位负责；配方用药由有关药品零售企业、医疗机构负责供应。其他任何单位或者个人均不得从事毒性药品的收购、经营和配方业务。

药品经营企业（含医疗机构药房）要严格按照GSP或相关规定的要求，毒性药品应专柜加锁并由专人保管，做到双人、双锁，专账记录。必须建立健全保管、验收、领发、核对等制度，严防收假、发错，严禁与其他药品混杂。药品零售企业供应毒性药品，须凭盖有医生所在医疗机构公章的处方。毒性药品的包装容器上必须印有清晰完整的毒性标志，在运输毒性药品的过程中，应采取有效措施，防止发生事故。

**3. 毒性药品的使用管理**　医疗机构供应和调配毒性药品，凭医生签名的正式处方。医生开写毒性药品处方，应准确清楚地写明患者姓名、性别、年龄、药品名称、剂量、用法等。每次处方剂量不得超过2日极量。

（1）处方调配要求：药剂人员调配处方时，必须认真负责，审查剂量，计量准确。按医嘱注明要求，并由配方人员及具有药师以上技术职称的复核人员签名盖章后方可发出。对处方未注明“生用”的毒性中药，应当付炮制品。如发现处方有疑问时，须经原处方医生重新审定后再行调配。处方一次有效，取药后处方保存2年备查。

（2）科研、教学用毒性药品的使用：科研和教学单位所需的毒性药品，必须持本单位的证明信，经单位所在地县以上药品监督管理部门批准后，供应单位方能发售。

（3）群众自用毒性中药的使用：群众自配民间单、秘、验方需用毒性中药，购买时要持有本单位或者城市街道办事处、乡（镇）人民政府的证明信，供应部门方可发售。每次购用量不得超过2日极量。

### （三）罚则

对违反毒性药品管理办法的规定，擅自生产、收购、经营毒性药品的单位或者个人，由县以上药品监督管理部门没收其全部毒性药品，并处以警告或按非法所得的5至10倍罚款。情节严重、致人伤残或死亡，构成犯罪的，由司法机关依法追究其刑事责任。

## 三、放射性药品的管理

为了加强放射性药品的管理，1989年1月13日国务院发布了《放射性药品管理办法》，对放射性药品的定义、品种、生产、经营、运输、使用等作了具体的规定。

### （一）放射性药品的定义和品种

**1. 放射性药品的定义** 是指用于临床诊断或者治疗的放射性核素制剂或者其标记药物。包括裂变制品、推照制品、加速器制品、放射性同位素发生器及其配套药盒、放射免疫分析药盒等。

**2. 放射性药品的品种** 目前，我国使用的放射性药品主要用于诊断，即利用放射性药品对人体各脏器进行功能、代谢检查以及动态和静态体外显像，只有少量放射性药品才用于治疗各种疾病。《中华人民共和国药典》2005年版共收载17种放射性药品，具体品种如下：

氙〔$^{133}$Xe〕注射液、邻碘〔$^{131}$I〕马尿酸钠注射液、枸橼酸镓〔$^{67}$Ga〕注射液、胶体磷酸〔$^{32}$P〕铬注射液、高锝〔$^{99m}$Tc〕酸钠注射液、铬〔$^{51}$Gr〕酸钠注射液、氯化亚铊〔$^{201}$Tl〕注射液、碘〔$^{131}$I〕化钠胶囊、碘〔$^{131}$I〕化钠口服溶液、锝〔$^{99m}$Tc〕亚甲基二磷酸盐注射液、锝〔$^{99m}$Tc〕依替菲宁注射液、锝〔$^{99m}$Tc〕植酸盐注射液、锝〔$^{99m}$Tc〕喷替酸盐注射液、锝〔$^{99m}$Tc〕焦磷酸盐注射液、锝〔$^{99m}$Tc〕聚合白蛋白注射液、磷〔$^{32}$P〕酸钠注射液、磷〔$^{32}$P〕口服溶液

### （二）放射性药品的生产和经营管理

**1. 开办放射性药品的生产、经营企业的条件** 开办放射性药品生产、经营企业，必须具备《药品管理法》规定的开办药品生产、经营企业必备的条件，并且要符合我国放射卫生防护的基本标准，履行环境影响报告的审批手续，取得《放射性药品生产企业许可证》、《放射性药品经营企业许可证》。无许可证的生产、经营企业，一律不准生产、经营放射性药品。

**2. 审批程序** 申请《放射性药品生产企业许可证》、《放射性药品经营企业许可证》的企业，应向所在地的省级药品监督管理部门申报，初审后报国家食品药品监督管理局，经转中国核工业集团公司审查同意，国家食品药品监督管理局审核批准后，由所在地的省级药品监督管理部门发给《放射性药品生产企业许可证》、《放射性药品经营企业许可证》。许可证有效期为5年，期满前6个月，放射性药品生产、经营企业应当分别向原发证的药品监督管理部门重新提出申请办理换证手续。

**3. 生产和经营管理** 国家根据需要，对放射性药品实行合理布局，定点生产。放射性药品生产、经营企业，必须向核工业集团公司报送年度生产、经营计划，并抄报国家食品药品监督管理局。

放射性药品生产企业生产已有国家标准的放射性药品，必须经国家食品药品监督管理局征求核工业集团公司意见后审核批准，并发给批准文号。

放射性药品生产、经营企业，必须配备与生产、经营放射性药品相适应的专业技术人

员，具有安全、防护和废气、废物、废水处理等设施，并建立严格的质量管理制度。

放射性药品生产、经营企业，必须建立质量检验机构，严格实行生产全过程的质量控制和检验。产品出厂前，须经质量检验。符合国家药品标准的产品方可出厂，不符合标准的产品一律不准出厂。经卫生部审核批准的含有短半衰期放射性核素的药品，可以边检验边出厂，但发现质量不符合国家药品标准时，该药品的生产企业应当立即停止生产、销售，并立即通知使用单位停止使用，同时报告国家食品药品监督管理局和核工业集团公司。

放射性药品的生产、供销业务由核工业集团公司统一管理。放射性药品只能销售给获省级公安、环保和药品监督管理部门联合发给的《放射性药品使用许可证》的医疗机构。

### （三）放射性药品的使用管理

医疗机构使用放射性药品，必须获省级公安、环保和药品监督管理部门联合发给的《放射性药品使用许可证》，才能使用放射性药品。

医疗机构设置核医学科（室），必须配备与其医疗任务相适应的并经核医学技术培训的技术人员。非核医学专业技术人员未经培训，不得从事放射性药品使用工作。

使用放射性药品的医疗机构，在研究配制放射性制剂并进行临床验证前，应当根据放射性药品的特点，提出该制剂的药理、毒性等资料，由省级药品监督管理部门批准，并报国家食品药品监督管理局备案。该制剂只限本单位内使用。必须负责对使用的放射性药品进行临床质量检验、收集药品不良反应等项工作，并定期向所在地药品监督管理部门报告。

放射性药品使用后的废物（包括患者排出物），必须按国家有关规定妥善处置。

### （四）罚则

对违反《放射性药品管理办法》规定的单位和个人，由县以上药品监督管理部门按照《药品管理法》和有关法规的规定处罚。构成犯罪的由司法机关依法追究其刑事责任。

## 第六节　国家药物政策

如何保证民众获得安全有效的药品并合理使用，是许多发展中国家共同面临的问题。为此，许多发展中国家在世界卫生组织（WHO）、双边和多边的机构、非政府组织和大学的支持和帮助下制定了本国的国家药物政策、政策目标及实现政策目标的行动纲要。目前仍有许多国家正在制定适合本国国情的国家药物政策并积极推广实施。

新中国成立以来，党和政府高度重视发展我国医药卫生事业，为保障人民卫生健康不断地做出努力。随着改革开放的深入，我国在药品立法、建立相应法规制度，规范药品的生产流通秩序，建立基本药物制度、促进合理用药等多个方面取得进步。

### 一、国家基本药物制度

国家基本药物制度是我国药物政策的核心内容，是确保公众获得基本药物的一种重要手段。推行国家基本药物制度的目的是最大限度地满足和保证公众的用药需求及合理用药，从而降低医药费用，使国家有限的医药卫生资源得到有效利用。

卫生部、国家发展改革委、工业和信息化部、监察部、财政部、人力资源与社会保障部、商务部、食品药品监管局、中医药局九部门于2009年8月18日联合发布了《关于建立国家基本药物制度的实施意见》、《国家基本药物目录管理办法（暂行）》和《国家基本药物目录（基层医疗卫生机构配备使用部分）》（2009版），正式启动了国家基本药物制度建设工作。国家基本药物制度是医药卫生体制改革中一项重要的改革，是一项全新的制度。

### （一）建立国家基本药物制度的目标

卫生部将基本药物定义为：适应我国基本医疗卫生需求、剂型适宜、价格合理、能够保障供应、公众可公平获得的药品。

我国建立基本药物制度的目标是：2009年每个省（区、市）在30%的政府办城市社区卫生服务机构和30%的县（基层医疗卫生机构）实施基本药物制度，包括实行省级集中网上公开招标采购、统一配送，全部配备使用基本药物并实现零差率销售。基本药物全部纳入基本医疗保障药品报销目录，报销比例明显高于非基本药物；到2011年，初步建立国家基本药物制度；到2020年，全面实施规范的、覆盖城乡的国家基本药物制度。

### （二）国家基本药物制度政策框架

国家基本药物制度政策框架主要包括：国家基本药物目录遴选调整管理；保障基本药物生产供应；合理制定基本药物价格及零差率销售；促进基本药物优先和合理使用；完善基本药物的医保报销政策；加强基本药物质量安全监管；健全完善基本药物制度绩效评估。

### （三）《国家基本药物目录》与基本药物定价

2009年发布的国家基本药物目录，包括基层医疗卫生机构配备使用和其他医疗机构配备使用两个部分。目前，已先期公布《国家基本药物目录（基层医疗卫生机构配备使用部分）》（2009版），包括化学药品、中成药共307个药品品种。《国家基本药物目录（其他部分）》是基层部分的扩展，将配合公立医院改革试点尽快制定出台。

2009版目录分为三部分。第一部分为化学药品和生物制品，主要依据临床药理学分类，共205个品种。包括抗微生物药，抗寄生虫病药，麻醉药，镇痛、解热、抗炎、抗风湿、抗痛风药，神经系统用药，治疗精神障碍药，心血管系统用药，呼吸系统用药，消化系统用药，泌尿系统用药，血液系统用药，激素及影响内分泌药，抗变态反应药，免疫系统用药，维生素、矿物质类药，调节水、电解质及酸碱平衡药，解毒药，生物制品，诊断用药，皮肤科用药，眼科用药、耳鼻喉科用药、妇产科用药、计划生育用药共24类。第二部分为中成药，主要依据功能分类，共102个品种。包括内科用药、外科用药、妇科用药、眼科用药、耳鼻喉科用药、骨伤科用药6个大类。第三部分为中药饮片，颁布国家标准的中药饮片为国家基本药物，国家另有规定的除外。

基本药物将全部纳入政府定价范围。基本药物定价，既考虑企业有合理的利润空间，鼓励企业生产基本药物，同时也要切实降低基本药物价格，维护广大人民群众的利益。实行基本药物制度的县（市、区），政府举办的基层医疗卫生机构配备使用的基本药物实行零差率销售。

### （四）国家基本药物生产、供应和使用

保证基本药物及时、足量、保质供应，是建立基本药物制度、满足广大群众基本用药的重要环节。政府办医疗机构使用的基本药物，由省级人民政府指定机构按《招标投标法》和《政府采购法》的有关规定，以省为单位实行网上集中采购、统一配送。由招标选择的药品生产企业、具有现代物流能力的药品经营企业或具备条件的其他企业统一配送。招标采购价格中包含配送费用。要确保招标过程的公开、公平、公正，确保基本药物保质保量，及时配送到每个医疗卫生机构。

实现基层医疗卫生全部配备使用基本药物，是建立国家基本药物制度的关键环节。政府举办的基层医疗卫生机构全部配备和使用基本药物，其他各类医疗机构也都必须按规定优先使用基本药物。各地将根据医疗卫生机构的诊疗范围和确保服务功能，在目录内配备药品。同时，卫生部和国家中医药管理局已开始制定临床处方集和国家基本药物临床应用指南，指导临床医生使用这些药物，规范医疗卫生机构医生医疗用药行为，确保基本药物的合理使用。

### （五）国家基本药物配套政策

在建立国家基本药物制度的同时，应同步落实好基本药物报销政策。将基本药物全部纳入基本医疗保障药品目录，报销比例明显高于非基本药物，降低个人自付比例，可以用经济手段引导广大群众首先使用基本药物。

为统筹城乡区域发展，兼顾各地用药水平习惯差异，积极稳妥地推进基本药物制度的实施，在建立国家基本药物制度初期，政府办基层医疗卫生机构确需配备、使用非国家基本药物目录药品，暂由省级人民政府统一确定，并执行国家基本药物制度相关政策和规定。民族自治区内配备使用国家基本药物目录以外的民族药，由自治区人民政府制定相应管理办法。患者也可以凭处方到零售药店购买非基本药物，纳入报销目录的非基本药物仍然可以得到报销。国家基本药物目录将进行定期调整完善，不断优化品种数量，满足城乡居民基本用药需求。

## 二、药品分类管理

药品分类管理是国际上普遍认可与采用的管理模式。20 世纪 50 – 60 年代，西方发达国家出于用药安全和对毒性、成瘾性药品的销售、使用进行管理和控制的目的，将药品分为处方药和非处方药分别管理。不少国家通过立法对药品分类管理进行规范。随着世界医药工业和卫生保健事业的不断发展，各国都认识到实行药品分类管理对人们用药安全有效具有十分重要的作用。20 世纪 80 年代初，世界卫生组织（WHO）也向发展中国家推荐这一管理模式。目前，已有一百多个国家和地区对药品实行了分类管理。

我国原国家药品监督管理局于 1999 年 6 月和 12 月分别颁布了《处方药与非处方药分类管理办法（试行）》和《处方药与非处方药流通管理暂行规定》，对处方药与非处方药的生产、流通、使用等作出了详细要求。标志着我国正式实行了药品分类管理制度。

2001 年修订的《药品管理法》第 37 条规定“国家对药品实行处方药与非处方药分类管理制度”，将我国的药品分类管理制度以法律形式规定下来。之后，国家食品药品监督管理局出台了《非处方药注册审批补充规定》、《关于做好处方药与非处方药分类管理实施工作的通知》等规章以及《实施处方药与非处方药分类管理 2004 – 2005 年工作计划》，

对药品分类管理起到积极的推动作用。

### （一）非处方药目录的遴选

处方药和非处方药不是药品本质的属性，而是管理上的界定。处方药（简写为“R”或“$R_x$”）是必须凭执业医师或执业助理医师处方才可调配、购买和使用的药品；非处方药是指不需要凭医师处方即可自行判断、购买和使用的药品。在国外又称之为“可在柜台上买到的药物（over the counter，OTC）”，此已成为全球通用的俗称。

国家药品监督管理部门负责非处方药目录的遴选、审批、发布和调整工作。国家食品药品监督管理局组织医学、药学专家，按照“安全有效、慎重从严、结合国情、中西药并重”的指导思想，以及“应用安全、疗效确切、质量稳定、使用方便”的遴选原则，遴选、审评非处方药目录。1999 年 6 月 11 日，国家药品监督管理公布了第一批 325 个非处方药品种及活性成分，按不同剂型计算是 634 个具体品种。截至目前，国家药品监督管理部门先后遴选、公布了六批非处方药，占上市药品总数的 25% 左右。

### （二）处方药、非处方药的生产、经营和使用管理

处方药、非处方药的生产管理没有区别，企业应在取得《药品生产许可证》，及药品批准文号后生产药品。

处方药与非处方药的批发企业和经营处方药、甲类非处方药的零售企业管理规定相同，企业应取得《药品经营许可证》后方可经营药品。但经省级药品监督管理部门或其授权的药品监督管理部门批准的其它商业企业可以零售乙类非处方药。零售乙类非处方药的商业企业必须配备专职的具有高中以上文化程度，经专业培训后，由省级药品监督管理部门或其授权的药品监督管理部门考核合格并取得上岗证的人员。

国家食品药品监督管理局在 2005 年 8 月印发的《关于做好处方药与非处方药分类管理实施工作的通知》中对药品分类管理工作提出了具体要求。2006 年 1 月 1 日起，麻醉药品、放射性药品、一类精神药品、终止妊娠药品、蛋白同化制剂、肽类激素（胰岛素除外）、药品类易制毒化学品、疫苗，以及中国法律法规规定的其它药品零售企业不得经营的药品，在全国范围内药品零售企业不得经营。注射剂、医疗用毒性药品、二类精神药品、上述药品以外其它按兴奋剂管理的药品、精神障碍治疗药（抗精神病、抗焦虑、抗躁狂、抗抑郁药）、抗病毒药（反转录酶抑制剂和蛋白酶抑制剂）、肿瘤治疗药、含麻醉药品的复方口服溶液和曲马多制剂、未列入非处方药目录的抗菌药和激素，以及国家食品药品监督管理局公布的其他必须凭处方销售的药品，在全国范围内须做到凭处方销售。

处方药必须凭执业医师或执业助理医师处方才可调配、购买和使用。非处方药不需要凭执业医师或执业助理医师处方即可自行判断、购买，但要按非处方药标签和说明书所示内容使用。医疗机构根据医疗需要可以决定或推荐使用非处方药。

### （三）处方药、非处方药的标识物和广告管理

非处方药标签和说明书除符合规定外，用语应当科学、易懂，便于消费者自行判断、选择和使用。非处方药的标签和说明书必须经国家药品监督管理局批准。非处方药的包装必须印有国家指定的非处方药专有标识，必须符合质量要求，方便储存、运输和使用；每个销售基本单元包装必须附有标签和说明书。处方药只准在专业性医药报刊进行广告宣传，非处方药经审批可以在大众传播媒介进行广告宣传。

# 第八章 医疗器械监督管理法律制度

为加强对医疗器械的监督管理，保证医疗器械的安全、有效，保障人体健康和生命的安全，国务院于2000年1月4日颁布了《医疗器械监督管理条例》（以下简称《条例》）。《条例》的颁布实施，对我国依法加强医疗器械监督管理具有重要意义。

《条例》的适用范围为我国境内从事医疗器械的研制、生产、经营、使用、监督管理的单位或者个人。

## 第一节　医疗器械生产、经营和使用的管理

医疗器械的生产、经营和使用具有特殊性，国家对医疗器械生产和经营企业实行许可证制度，医疗机构在医疗器械的购置和使用过程中，也应遵守相应规定。

### 一、医疗器械的概念与分类

#### （一）概念

医疗器械，是指单独或者组合使用于人体的仪器、设备、器具、材料或者其他物品，包括所需要的软件；其用于人体体表及体内的作用不是用药理学、免疫学或者代谢的手段获得，但是可能有这些手段参与并起一定的辅助作用，其使用旨在达到下列预期目的：①对疾病的预防、诊断、治疗、监护、缓解；②对损伤或者残疾的诊断、治疗、监护、缓解、补偿；③对解剖或者生理过程的研究、替代、调节；④妊娠控制。

#### （二）分类

国家对医疗器械实行分类管理。第一类是指通过常规管理足以保证其安全性、有效性的医疗器械。第二类是指对其安全性、有效性应当加以控制的医疗器械。第三类是指植入人体，用于支持、维持生命，对人体具有潜在危险，对其安全性、有效性必须严格控制的医疗器械。

### 二、医疗器械的生产管理

#### （一）医疗器械生产企业的开办条件

开办医疗器械生产企业应当符合国家医疗器械行业发展规划和产业政策，并符合下列条件：

1. 具有与其生产的医疗器械相适应的专业技术人员。
2. 具有与其生产的医疗器械相适应的生产场地及环境。

3. 具有与其生产的医疗器械相适应的生产设备。

4. 具有对其生产的医疗器械产品进行质量检验的机构或者人员及检验设备。

开办第三类医疗器械生产企业，还应当同时具备符合质量管理体系要求的内审员不少于2名；相关专业中级以上职称或者大专以上学历的专职技术人员不少于2名。

### （二）医疗器械生产企业备案与审批

开办第一类医疗器械生产企业，应当向省级人民政府药品监督管理部门备案。开办第二类、第三类医疗器械生产企业，应当经省级人民政府药品监督管理部门审查批准，并发给《医疗器械生产企业许可证》。对无《医疗器械生产企业许可证》的，工商行政管理部门不得发给营业执照。《医疗器械生产企业许可证》有效期5年，有效期届满应当重新审查发证。

### （三）医疗器械产品注册制度

国家对医疗器械实行产品生产注册制度。

生产第一类医疗器械，由设区的市级人民政府药品监督管理部门审查批准，并发给产品生产注册证书。生产第二类医疗器械，由省级人民政府药品监督管理部门审查批准，并发给产品生产注册证书。生产第三类医疗器械，由国务院药品监督管理部门审查批准，并发给产品生产注册证书。医疗器械产品注册证书有效期4年。持证单位应当在产品注册证书有效期届满前6个月内，申请重新注册。连续停产2年以上的，产品生产注册证书自行失效。

医疗器械生产企业必须在取得医疗器械产品生产注册证书后，方可生产医疗器械。

### （四）医疗器械生产规范与强制认证

生产医疗器械，应当符合医疗器械国家标准；没有国家标准的，应当符合医疗器械行业标准。

国家对部分第三类医疗器械实行强制性安全认证制度。具体产品目录由国务院药品监督管理部门会同国务院质量技术监督部门制定。

### （五）医疗器械临床试用或临床验证

生产第二类、第三类医疗器械，应当通过临床验证。

省级人民政府药品监督管理部门负责审批本行政区域内的第二类医疗器械的临床试用或者临床验证。国务院药品监督管理部门负责审批第三类医疗器械的临床试用或者临床验证。

临床试用或者临床验证应当在省级以上人民政府药品监督管理部门指定的医疗机构进行。医疗机构进行临床试用或者临床验证，应当符合国务院药品监督管理部门的规定。

进行临床试用或者临床验证的医疗机构的资格，由国务院药品监督管理部门会同国务院卫生行政部门认定。

## 三、医疗器械的经营管理

### （一）医疗器械经营企业开办条件

医疗器械经营企业应取得《医疗器械经营企业许可证》并具备规定的条件后，才能进行医疗器械的经营。医疗器械经营企业应当符合下列条件：

1. 具有与其经营的医疗器械相适应的经营场地及环境。
2. 具有与其经营的医疗器械相适应的质量检验人员。
3. 具有与其经营的医疗器械产品相适应的技术培训、维修等售后服务能力。

（二）医疗器械经营企业备案与审批

开办第一类医疗器械经营企业，应当向省级人民政府药品监督管理部门备案。

开办第二类、第三类医疗器械经营企业，应当经省级人民政府药品监督管理部门审查批准，并发给《医疗器械经营企业许可证》。无《医疗器械经营企业许可证》的，工商行政管理部门不得发给营业执照。《医疗器械经营企业许可证》有效期5年，有效期届满应当重新审查发证。

（三）医疗器械经营企业质量管理

经营第三类医疗器械的企业应建立并有效实施质量跟踪和不良反应的报告制度。

医疗器械经营企业在经营过程中不得有下列行为：①伪造、变造、转让、出租《医疗器械经营企业许可证》；②经营质量不合格的产品；③经营未经备案或未取得《医疗器械生产企业许可证》的企业生产的医疗器械；④经营无《中华人民共和国医疗器械注册证》的医疗器械；⑤经营过期、失效或国家明令淘汰的医疗器械；⑥法律、法规、规章禁止的其它行为。

## 四、医疗器械的使用管理

医疗机构应当从取得《医疗器械生产企业许可证》的生产企业或者取得《医疗器械经营企业许可证》的经营企业购进合格的医疗器械，并验明产品合格证明；医疗机构不得使用未经注册、无合格证明、过期、失效或者淘汰的医疗器械；医疗机构对一次性使用的医疗器械不得重复使用；使用过的，应当按照国家有关规定销毁，并作记录。

# 第二节　一次性使用无菌医疗器械管理

《一次性使用无菌医疗器械监督管理办法》（暂行）于2000年8月17日经国家药品监督管理局发布。

## 一、概念

一次性使用无菌医疗器械（以下简称无菌器械）是指无菌、无热源、经检验合格，在有效期内一次性直接使用的医疗器械。

无菌器械按《一次性使用无菌医疗器械目录》实施重点监督管理。《目录》由国家药品监督管理局公布并调整。

## 二、无菌器械生产管理

（一）生产规定

**1. 生产规范**　生产无菌器械应执行国家药品监督管理局颁布的《无菌医疗器具生产

管理规范》及无菌器械的《生产实施细则》。

**2. 检验** 无菌器械必须严格按标准进行检验，未经检验或检验不合格的不得出厂。

**3. 购销记录** 生产无菌器械应按《生产实施细则》的要求采购材料、部件。企业应保存完整的采购、销售票据和记录，票据和记录应保存至产品有效期满2年。

购销记录应包括：销售或购进的单位名称，供应或采购数量、产品名称、型号规格、生产批号、灭菌批号、产品有效期等。

**4. 包装** 生产企业应从符合《生产实施细则》规定条件的单位购进接触无菌器械的包装材料或小包装，并应对产品包装的购入、储存、发放、使用等建立管理制度。不合格的无菌器械及废弃、过期的无菌器械产品包装或零部件，必须在厂内就地毁形或销毁，不得流出厂外。

企业名称变更后，无菌器械的小、中、大包装标注的企业名称应在半年之内变更。新包装启用后，旧包装即停止使用，新、旧包装不得混用。

### （二）销售规定

**1. 销售渠道** 生产企业只能销售本企业生产的无菌器械。

**2. 销售人员** 生产企业的销售人员应在销售所在地药品监督管理部门登记。销售时应出具下列证明：①加盖本企业印章的《医疗器械生产企业许可证》、《医疗器械产品注册证》的复印件及产品合格证；②加盖本企业印章和企业法定代表人印章或签字的企业法定代表人的委托授权书原件，委托授权书应明确授权范围；③销售人员的身份证。

### （三）生产变更

**1. 企业名称、负责人变更** 生产企业的企业名称、法定代表人或企业负责人发生变更的，企业应向省级药品监督管理局申请办理《医疗器械生产企业许可证》的变更手续后，向国家药品监督管理局申请办理《医疗器械产品注册证》的变更。国家、省级药品监督管理局应自受理申请之日起30个工作日内给予变更。

**2. 厂房变更** 生产企业在原厂址或异地新建、改建、扩建洁净厂房的，经所在地省级药品监督管理部门对其质量体系进行初审后，由国家药品监督管理局组织质量体系现场审查和产品抽样检测，合格后方能生产。

**3. 停产** 生产企业连续停产一年以上的，须经省级药品监督管理局对现场质量体系进行审查和产品抽查，合格后方可恢复生产，连续停产2年以上的，其产品注册证书自行失效。

**4. 质量事故** 留样观察或已售出的无菌器械产品出现质量问题，生产企业必须立即封存该批号产品，并通知有关单位停止销售和使用。造成人身伤亡事故的，要在24小时内，报告所在地省级药品监督管理部门。

### （四）生产企业不得为的行为

1. 伪造或冒用他人厂名、厂址或生产企业证件；
2. 出租或出借本生产企业有效证件；
3. 违反规定采购零部件或产品包装；
4. 伪造或变造生产购销票据、生产原始记录、产品批号；
5. 对不合格品、废弃零部件、过期或废弃产品包装不按规定处理；

6. 擅自增加产品型号、规格；
7. 企业销售人员代销非本企业生产的产品；
8. 向城乡集贸市场提供无菌器械或直接参与城乡集贸市场无菌器械交易。

## 三、无菌器械经营管理

### （一）场地、库房要求

经营企业应具有与其经营无菌器械相适应的营业场地和仓库。产品储存区域应避光、通风、无污染，具有防尘、防污染、防蚊蝇、防虫鼠和防异物混入等设施，符合产品标准的储存规定。

### （二）质量管理

**1. 质量跟踪**　经营企业应建立无菌器械质量跟踪制度，做到从采购到销售能追查到每批产品的质量情况。

**2. 购销记录**　无菌器械的购销记录必须真实、完整。购销记录应有：购销日期、购销对象、购销数量、产品名称、生产单位、型号规格、生产批号、灭菌批号、产品有效期；经办人、负责人签名等。

经营企业应保存完整的无菌器械购销记录和有效证件，无菌器械购销记录及有效证件必须保存到产品有效期满后 2 年。

**3. 不合格产品的处理**　经营企业发现不合格无菌器械，应立即停止销售，及时报告所在地药品监督管理部门。经验证为不合格的，经营企业必须及时通知该批无菌器械的经营企业和使用单位停止销售或使用。对不合格产品，应在所在地药品监督管理部门监督下予以处理。

对已销售给个人使用的不合格无菌器械，经营企业应向社会公告，主动收回不合格产品。

**4. 经营无菌器械不得有下列行为**　①经营无有效证件、证照不齐、无产品合格证的无菌器械；②伪造或冒用《医疗器械经营企业许可证》；③出租或出借《医疗器械经营企业许可证》；④经营不合格、过期或已淘汰无菌器械；⑤无购销记录或伪造、变造购销记录；⑥从非法渠道采购无菌器械；⑦向城乡集贸市场提供无菌器械或直接参与城乡集贸市场无菌器械交易。

**5. 经营不合格产品行为的认定**　经营企业经营不合格无菌器械，经营者不能指明不合格品生产者的，视为经营无产品注册证的产品；不能指明不合格品供货者的，视为从无《医疗器械经营企业许可证》的企业购进产品。

### （三）销售人员规定

经营企业销售人员销售无菌器械，应出具下列证明：①加盖本企业印章的《医疗器械经营企业许可证》、《医疗器械产品注册证》的复印件及产品合格证；②加盖本企业印章和企业法定代表人印章或签字的企业法定代表人的委托授权书原件，委托授权书应明确其授权范围；③销售人员的身份证。

## 四、无菌器械使用管理

### （一）购进渠道

医疗机构应从具有《医疗器械生产企业许可证》或《医疗器械经营企业许可证》的企业购进无菌器械。

### （二）质量管理

**1. 采购、验收制度** 医疗机构应建立无菌器械采购、验收制度，严格执行并做好记录。

（1）采购：采购记录至少应包括：购进产品的企业名称、产品名称、型号规格、产品数量、生产批号、灭菌批号、产品有效期等。按照记录应能追查到每批无菌器械的进货来源。

（2）验收：从生产企业采购无菌器械，应验明生产企业销售人员出具的证明。从经营企业采购无菌器械，应验明经营企业销售人员出具的证明。

**2. 销毁制度** 医疗机构应建立无菌器械使用后销毁制度。使用过的无菌器械必须按规定销毁，使其零部件不再具有使用功能，经消毒无害化处理，并做好记录。医疗机构不得重复使用无菌器械。

**3. 不合格产品处理** 医疗机构发现不合格无菌器械，应立即停止使用、封存，并及时报告所在地药品监督管理部门，不得擅自处理。经验证为不合格的无菌器械，在所在地药品监督管理部门的监督下予以处理。

**4. 使用不合格产品行为的认定** 医疗机构使用不合格无菌器械，不能指明不合格品生产者的，视为使用无产品注册证的产品；不能指明不合格品供货者的，视为从无《医疗器械经营企业许可证》的企业购进产品。

**5. 严重不良事件报告制度** 医疗机构使用无菌器械发生严重不良事件时，应在事件发生后 24 小时内，报告所在地省级药品监督管理部门和卫生行政部门。

**6. 医疗机构不得有下列行为** ①从非法渠道购进无菌器械；②使用小包装已破损、标识不清的无菌器械；③使用过期、已淘汰无菌器械；④使用无《医疗器械产品注册证》、无医疗器械产品合格证的无菌器械。

# 第三节 法律责任

任何单位或个人在从事医疗器械的生产、经营、使用、研制等活动中，都必须严格遵守和执行《条例》，否则，将承担相应的法律责任。

## 一、医疗器械检测

依照《条例》规定，国家对医疗器械检测机构实行资格认可制度。经国务院药品监督管理部门会同国务院质量技术监督部门认可的检测机构，方可对医疗器械实施检测。

## 二、医疗器械监督

县级以上人民政府药品监督管理部门应设有医疗器械监督员，负责对医疗器械生产企业、经营企业和医疗机构进行监督、检查。

对已经造成医疗器械质量事故或者可能造成医疗器械质量事故的产品及有关资料，县级以上药监部门可以予以查封、扣押。对不能保证安全、有效的医疗器械，由省级以上药监部门撤销其产品注册证书。被撤销产品注册证书的医疗器械不得生产、销售和使用，已经生产或者进口的，由县级以上药监部门负责监督处理。设区的市级以上药监部门违反本条例规定实施的产品注册，由国务院药品监督管理部门责令限期改正；逾期不改正的，可以撤销其违法注册的医疗器械产品注册证书，并予以公告。医疗器械广告应当经省级以上药监部门审查批准；未经批准的，不得刊登、播放、散发和张贴。医疗器械广告的内容应当以国务院药品监督管理部门或者省级药品监督管理部门批准的使用说明书为准。

医疗器械监督管理人员滥用职权、徇私舞弊、玩忽职守，构成犯罪的，依法追究刑事责任；尚不构成犯罪的，依法给予行政处分。

## 三、法律责任

### （一）未取得许可证或产品注册证书生产医疗器械的处罚

未取得《医疗器械经营企业许可证》经营第二类、第三类医疗器械的，责令停止经营，没收违法经营的产品和违法所得并处罚款；经营无产品注册证书、无合格证明、过期、失效、淘汰的医疗器械的，或者从无证的企业购进医疗器械的，责令停止经营，没收违法经营的产品和违法所得并处罚款，情节严重的，由原发证部门吊销《医疗器械经营企业许可证》。构成犯罪的，依法追究刑事责任。

未取得医疗器械产品生产注册证书进行生产的，责令停止生产，没收违法生产的产品和违法所得并处罚款；情节严重的，由省级药监部门吊销其《医疗器械生产企业许可证》；构成犯罪的，依法追究刑事责任。

### （二）骗取医疗器械产品注册证书的处罚

办理医疗器械注册申报时，提供虚假证明、文件资料、样品，或者采取其他欺骗手段，骗取医疗器械产品注册证书的，由原发证部门撤销产品注册证书，2 年内不受理其产品注册申请并处罚款；构成犯罪的，依法追究刑事责任。

### （三）生产不符合标准的医疗器械的处罚

生产不符合医疗器械国家标准或者行业标准的医疗器械的，予以警告，责令停止生产，没收违法生产的产品和违法所得并处罚款，情节严重的，由原发证部门吊销产品生产注册证书；构成犯罪的，依法追究刑事责任。

### （四）医疗机构违反规定使用医疗器械的处罚

医疗机构使用无产品注册证书、无合格证明、过期、失效、淘汰的医疗器械的，或者从无证的企业购进医疗器械的，责令改正，给予警告，没收违法使用的产品和违法所得并处罚款；医疗机构重复使用一次性使用的医疗器械的，或者对应当销毁未进行销毁的，责令改正，给予警告并处罚款；对主管人员和其他直接责任人员依法给予纪律处分；构成犯罪的，依法追究刑事责任。

（五）医疗机构或检测机构提供虚假报告的处罚

承担医疗器械临床试用或者临床验证的医疗机构提供虚假报告的，由省级以上药监部门责令改正，给予警告并处罚款；情节严重的，撤销其临床试用或者临床验证资格；医疗器械检测机构及其人员从事或者参与同检测有关的医疗器械的研制、生产、经营、技术咨询的，或者出具虚假检测报告的，由省级以上药监部门责令改正，给予警告并处罚款；情节严重的，由国务院药品监督管理部门撤销该检测机构的检测资格；对主管人员和其他直接责任人员依法给予纪律处分；构成犯罪的，依法追究刑事责任。

# 第九章　健康相关产品管理法律制度

健康相关产品是指保健食品、化妆品、涉及饮用水卫生安全产品、消毒产品等由卫生部审批的与人民身体健康密切相关的产品。《中华人民共和国食品安全法》、《化妆品标识管理规定》、《保健食品监督管理条例》、《消毒管理办法》、《生活饮用水卫生监督管理办法》等法律、法规对健康相关产品的生产、经营与使用进行了规定。

## 第一节　健康相关产品命名规定

卫生部于2001年4月下发了《健康相关产品命名规定》，对健康相关产品命名的科学与规范作出规定。

### 一、命名审批

卫生部设立的健康相关产品评审委员会对审批的保健食品、化妆品、涉及饮用水卫生安全产品、消毒产品等健康相关产品的名称进行审查。

卫生部对评审委员会作出的评审意见进行审核，对审核通过的健康相关产品名称作出批准的决定。对审核不予通过的，以书面形式告知申请者。

### 二、命名要求

#### （一）命名原则

健康相关产品命名必须符合下列原则：

1. 符合国家有关法律、法规、规章、标准、规范的规定。

2. 反映产品的真实属性，简明、易懂，符合中文语言习惯。

3. 名称由商标名、通用名、属性名三部分组成，器械类产品名称还应当有产品型号。名称顺序为商标名、型号、通用名、属性名。

#### （二）命名要求

健康相关产品的商标名、通用名、属性名、产品型号必须符合下列要求。

**1. 商标名**　应符合国家有关法规的规定，一般采用产品的注册商标。健康相关产品不得使用有夸大功能或误导消费者的商标。

**2. 通用名**　应准确、科学，可以是表明主要原料、主要功效成分或产品功能的文字，但不得使用明示或暗示治疗作用的文字。

**3. 属性名**　应表明产品的客观形态，不得使用抽象名称。但消费者已知晓其属性的传统产品，可省略属性名，如：口红、胭脂、眼影等。

**4. 产品型号** 应反映该产品的特点，如材质、体积、容量、先进程度等。

**5. 同一配方不同剂型的健康相关产品** 在命名时可采用同一商标名和通用名，但需标明不同的属性名。

**6. 产品相同口味、适用人群等不同** 健康相关产品商标名、通用名、属性名相同，但具有不同口味或为特定人群生产，适宜特定人群食用的保健食品和具有不同颜色、气味、适用人群的化妆品（如眼影、粉饼、胭脂、口红、睫毛膏、染发剂、指甲油、洗发液等），应在属性名后标识以示区别。

**7. 进口健康相关产品** 中文名称应尽量与外文名称对应。可采用意译、音译或意、音合译，一般以意译为主。

### （三）健康相关产品命名时禁止使用下列内容

1. 消费者不易理解的专业术语及地方方言。

2. 虚假、夸大和绝对化的词语，如“特效”、“高效”、“奇效”、“广谱”、“第×代”等。

3. 庸俗或带有封建迷信色彩的词语。

4. 已经批准的药品名。

5. 外文字母、汉语拼音、符号等（表示型号的除外）。如为注册商标或必须用外文字母、符号的，需在说明书中用中文说明。

## 第二节　食品安全管理法律制度

为保证食品安全，保障公众身体健康和生命安全，2009 年 2 月 28 日第十一届全国人民代表大会常务委员会第七次会议通过《中华人民共和国食品安全法》（以下简称《食品安全法》），自 2009 年 6 月 1 日起施行。根据该法制定的《中华人民共和国食品安全法实施条例》于 2009 年 7 月 2 日公布。

### 一、概念

### （一）食品

食品是指各种供人食用或者饮用的成品和原料以及按照传统既是食品又是药品的物品，但是不包括以治疗为目的的物品。

食品是人类生存和发展最重要的物质基础，食品（食物）的种植、养殖、加工、包装、贮藏、运输、销售、消费等活动应符合国家强制标准和要求，不存在可能损害或威胁人体健康的有毒有害物质，以及导致消费者病亡或者危及消费者及其后代的隐患。

### （二）食品安全

食品安全是指食品无毒、无害，符合应当有的营养要求，对人体健康不造成任何急性、亚急性或者慢性危害。

食品安全既包括生产安全，也包括经营安全；既包括结果安全，也包括过程安全；既包括现实安全，也包括未来安全。从食品属性的要求看，应包括量的安全和质的安全两个方面。近年来，我国在基本解决食品量的安全的同时，食品质的安全越来越引起全社会的关注。食品安全与生存权紧密相连，具有唯一性和强制性，通常属于政府保障或者政府强制的范畴，是企业和政府对社会最基本的责任和必须做出的承诺。自20世纪80年代以来，一些国家以及有关国际组织从社会系统工程建设的角度出发，逐步以食品安全的概念替代食品卫生、食品质量的概念，逐步以食品安全的综合立法替代卫生、质量、营养等要素立法。综合型的《食品安全法》逐步替代要素型的《食品卫生法》、《食品质量法》、《食品营养法》等，反映了时代发展的要求。

### （三）食品安全标准

安全、卫生和必要的营养是食品的基本要求，食品安全标准是强制执行的标准。

**1. 食品安全国家标准**　由国务院卫生行政部门负责制定。

**2. 食品安全地方标准**　没有食品安全国家标准的，可以制定食品安全地方标准。省级卫生行政部门组织制定食品安全地方标准，并报国务院卫生行政部门备案。

**3. 企业标准**　企业生产的食品没有食品安全国家标准或者地方标准的，应当制定企业标准，作为组织生产的依据。国家鼓励食品生产企业制定严于食品安全国家标准或者地方标准的企业标准。企业标准应当报省级卫生行政部门备案，在本企业内部适用。

**4. 食品安全标准应包括下列内容**　①食品、食品相关产品中的致病性微生物、农药残留、兽药残留、重金属、污染物质以及其他危害人体健康物质的限量规定；②食品添加剂的品种、使用范围、用量；③专供婴幼儿和其他特定人群的主辅食品的营养成分要求；④对与食品安全、营养有关的标签、标识、说明书的要求；⑤食品生产经营过程的卫生要求；⑥与食品安全有关的质量要求；⑦食品检验方法与规程；⑧其他需要制定为食品安全标准的内容。

### （四）我国《食品安全法》的调整范围

在中华人民共和国境内从事下列活动，应当遵守《食品安全法》。

1. 食品生产和加工（以下称食品生产），食品流通和餐饮服务（以下称食品经营）；

2. 食品添加剂的生产经营；

3. 用于食品的包装材料、容器、洗涤剂、消毒剂和用于食品生产经营的工具、设备（以下称食品相关产品）的生产经营；

4. 食品生产经营者使用食品添加剂、食品相关产品；

5. 对食品、食品添加剂和食品相关产品的安全管理。

6. 供食用的源于农业的初级产品（以下称食用农产品）的质量安全管理，遵守《中华人民共和国农产品质量安全法》的规定。但是，制定有关食用农产品的质量安全标准、公布食用农产品安全有关信息，应当遵守《食品安全法》的有关规定。

## 二、食品的生产经营

### （一）食品生产经营许可

国家对食品生产经营实行许可制度。从事食品生产、食品流通、餐饮服务，应当依法取得食品生产许可、食品流通许可、餐饮服务许可。

取得食品生产许可的食品生产者在其生产场所销售其生产的食品，不需要取得食品流通的许可；取得餐饮服务许可的餐饮服务提供者在其餐饮服务场所出售其制作加工的食品，不需要取得食品生产和流通的许可；农民个人销售其自产的食用农产品，不需要取得食品流通的许可。

食品生产加工小作坊和食品摊贩从事食品生产经营活动，应当符合与其生产经营规模、条件相适应的食品安全要求，保证所生产经营的食品卫生、无毒、无害，具体管理办法由省级人民代表大会常务委员会制定。

设立食品生产企业，应当预先核准企业名称，依照食品安全法的规定取得食品生产许可后，办理工商登记。其他食品生产经营者应当在依法取得相应的食品生产许可、食品流通许可、餐饮服务许可后，办理工商登记。

食品生产许可、食品流通许可和餐饮服务许可的有效期为3年。

### (二) 食品生产经营的要求

食品生产经营是指一切食品的生产、采集、收购、加工、储存、运输、陈列、供应、销售等活动。为防止在食品生产经营的各个环节中混入不利于食品安全的物质，保证食用者的身体健康，食品安全法规定了食品生产经营应当符合食品安全标准，并符合下列要求。

**1. 人员要求** 食品生产经营企业应加强对职工食品安全知识的培训，配备专职或者兼职食品安全专业技术人员、管理人员，做好对所生产经营食品的检验工作。

食品生产经营者应当建立并执行从业人员健康管理制度。患有痢疾、伤寒、病毒性肝炎等消化道传染病的人员，以及患有活动性肺结核、化脓性或者渗出性皮肤病等有碍食品安全的疾病的人员，不得从事接触直接入口食品的工作。

食品生产经营人员每年应当进行健康检查，取得健康证明后方可参加工作。

**2. 场所、设备、设施卫生要求**

(1) 具有与生产经营食品相适应的生产经营场所 食品原料处理和食品加工、包装、贮存等场所应与生产经营的食品品种、数量相适应，保持环境整洁，并与有毒、有害场所以及其他污染源保持规定的距离。

(2) 具有与生产经营的食品相适应的设备或者设施 食品消毒、更衣、盥洗、采光、照明、通风、防腐、防尘、防蝇、防鼠、防虫、洗涤以及处理废水、存放垃圾和废弃物的设备或者设施应与食品品种、数量相适应。

(3) 餐具、饮具和盛放直接入口食品的容器 使用前应当洗净、消毒，炊具、用具用后应当洗净，保持清洁。

(4) 贮存、运输和装卸食品的容器、工具和设备 应安全、无害，保持清洁，防止食品污染，并符合保证食品安全所需的温度等特殊要求，不得将食品与有毒、有害物品一同运输。

(5) 用水 应符合国家规定的生活饮用水卫生标准。

(6) 使用的洗涤剂、消毒剂 应对人体安全、无害。

(7) 食品生产经营人员应当保持个人卫生 生产经营食品时，应当将手洗净，穿戴清洁的工作衣、帽；销售无包装的直接入口食品时，应当使用无毒、清洁的售货工具。

(8) 直接入口的食品 应有小包装或者使用无毒、清洁的包装材料、餐具。

**3. 质量管理要求**

（1）具有保证食品安全的规章制度。

（2）具有合理的设备布局和工艺流程　能防止待加工食品与直接入口食品、原料与成品交叉污染，避免食品接触有毒物、不洁物。

（3）进货查验记录制度　食品生产者采购食品原料、食品添加剂、食品相关产品，应当查验供货者的许可证和产品合格证明文件；对无法提供合格证明文件的食品原料，应当依照食品安全标准进行检验；不得采购或者使用不符合食品安全标准的食品原料、食品添加剂、食品相关产品。

食品生产企业应当建立食品原料、食品添加剂、食品相关产品进货查验记录制度，如实记录食品原料、食品添加剂、食品相关产品的名称、规格、数量、供货者名称及联系方式、进货日期等内容。食品原料、食品添加剂、食品相关产品进货查验记录应当真实，保存期限不得少于 2 年。

实行统一配送经营方式的食品经营企业，可以由企业总部统一查验供货者的许可证和食品合格的证明文件，进行食品进货查验记录。

（4）检验制度　食品、食品添加剂和食品相关产品的生产者，应当依照食品安全标准对所生产的食品、食品添加剂和食品相关产品进行检验，检验合格后方可出厂或者销售。

（5）出厂检验记录制度　食品生产企业应当建立食品出厂检验记录制度，查验出厂食品的检验合格证和安全状况，并如实记录食品的名称、规格、数量、生产日期、生产批号、检验合格证号、购货者名称及联系方式、销售日期等内容。

食品出厂检验记录应当真实，保存期限不得少于 2 年。

（6）贮存要求　食品经营者应当按照保证食品安全的要求贮存食品，定期检查库存食品，及时清理变质或者超过保质期的食品。

食品经营者贮存散装食品，应当在贮存位置标明食品的名称、生产日期、保质期、生产者名称及联系方式等内容。食品经营者销售散装食品，应当在散装食品的容器、外包装上标明食品的名称、生产日期、保质期、生产经营者名称及联系方式等内容。

（7）食品召回　国家建立食品召回制度。食品生产经营者发现其生产、经营的食品不符合食品安全标准，应当立即停止生产、经营，通知相关生产经营者和消费者，召回已经上市销售的食品，并记录召回和通知情况。

（8）特定功能食品监管要求　国家对声称具有特定保健功能的食品实行严格监管。声称具有特定保健功能的食品不得对人体产生急性、亚急性或者慢性危害，其标签、说明书不得涉及疾病预防、治疗功能，内容必须真实，应当载明适宜人群、不适宜人群、功效成分或者标志性成分及其含量等；产品的功能和成分必须与标签、说明书相一致。

### （三）食品添加剂的要求

食品添加剂是指为改善食品品质和色、香、味以及为防腐、保鲜和加工工艺的需要而加入食品中的人工合成或者天然物质。

**1. 国家对食品添加剂的生产实行许可制度**　申请食品添加剂生产许可的条件、程序，按照国家有关工业产品生产许可证管理的规定执行。

**2. 使用条件**　食品添加剂应当在技术上确有必要且经过风险评估证明安全可靠，方可列入允许使用的范围。

**3. 标签、说明书和包装** 食品添加剂应当有标签、说明书和包装，标签、说明书应当根据不同产品分别标出名称、规格、净含量、生产日期、成分、生产者的名称、保质期、贮存条件等，并在标签上载明“食品添加剂”字样；食品添加剂的标签、说明书，不得含有虚假、夸大的内容，不得涉及疾病预防、治疗功能。生产者对标签、说明书上所载明的内容负责。食品添加剂的标签、说明书应当清楚、明显，容易辨识。食品添加剂与其标签、说明书所载明的内容不符的，不得上市销售。

### （四）禁止生产经营的食品要求

1. 用非食品原料生产的食品或者添加食品添加剂以外的化学物质和其他可能危害人体健康物质的食品，或者用回收食品作为原料生产的食品。

2. 致病性微生物、农药残留、兽药残留、重金属、污染物质以及其他危害人体健康的物质含量超过食品安全标准限量的食品。

3. 营养成分不符合食品安全标准的专供婴幼儿和其他特定人群的主辅食品。

4. 腐败变质、油脂酸败、霉变生虫、污秽不洁、混有异物、掺假掺杂或者感官性状异常的食品。

5. 病死、毒死或者死因不明的禽、畜、兽、水产动物肉类及其制品。

6. 未经动物卫生监督机构检疫或者检疫不合格的肉类，或者未经检验或者检验不合格的肉类制品。

7. 被包装材料、容器、运输工具等污染的食品。

8. 超过保质期的食品。

9. 无标签的预包装食品。

10. 国家为防病等特殊需要明令禁止生产经营的食品。

11. 其他不符合食品安全标准或者要求的食品。

### （五）食品中不得添加药品

生产经营的食品中不得添加药品，但是可以添加按照传统既是食品又是中药材的物质。按照传统既是食品又是中药材的物质的目录由国务院卫生行政部门制定、公布。

## 三、食品的检验

**1. 食品检验机构** 食品检验机构按照国家有关认证认可的规定取得资质认定后，方可从事食品检验活动。

**2. 食品检验制度** 食品检验实行食品检验机构与检验人负责制。食品检验报告应当加盖食品检验机构公章，并有检验人的签名或者盖章。食品检验机构和检验人对出具的食品检验报告负责。

**3. 食品安全监督** 食品安全监督管理部门对食品不得实施免检。

**4. 抽验** 县级以上质量监督、工商行政管理、食品药品监督管理部门应当对食品进行定期或者不定期的抽样检验。进行抽样检验，应当购买抽取的样品，不收取检验费和其他任何费用。

**5. 委托检验** 县级以上质量监督、工商行政管理、食品药品监督管理部门在执法工作中需要对食品进行检验的，应当委托符合规定的食品检验机构进行，并支付相关费用。

对检验结论有异议的，可以依法进行复检。

**6. 自检** 食品生产经营企业可以自行对所生产的食品进行检验，也可以委托符合本法规定的食品检验机构进行检验。

## 四、食品进出口与安全事故管理制度

### （一）食品进出口管理制度

**1. 进口食品标准** 进口的食品、食品添加剂以及食品相关产品应当符合我国食品安全国家标准。进口的食品尚无食品安全国家标准，或者首次进口的食品添加剂新品种、食品相关产品新品种，进口单位必须向国务院卫生行政部门提出申请并提交相关的安全性评估材料。国务院卫生行政部门依法作出是否准予许可的决定，并及时制定相应的食品安全国家标准。

**2. 食品入境** 进口的食品应当经出入境检验检疫机构检验合格后，海关凭出入境检验检疫机构签发的通关证明放行。

**3. 食品出境** 出口食品的安全直接关系到进口该食品国或地区消费者的身体健康与生命安全，同时影响到我国食品出口企业的商业信誉和国际市场竞争能力。出口的食品由出入境检验检疫机构进行监督、抽检，海关凭出入境检验检疫机构签发的通关证明放行。出口食品生产企业和出口食品原料种植、养殖场应当向国家出入境检验检疫部门备案。

### （二）食品安全事故管理制度

食品安全事故是指食物中毒、食源性疾病、食品污染等源于食品，对人体健康有危害或者可能有危害的事故。

**1. 食品安全事故应急预案** 县级以上地方人民政府应当根据有关法律、法规的规定和上级人民政府的食品安全事故应急预案以及本地区的实际情况，制定本行政区域的食品安全事故应急预案，并报上一级人民政府备案。

**2. 食品安全事故处置** 食品生产经营企业应当制定食品安全事故处置方案，定期检查本企业各项食品安全防范措施的落实情况，及时消除食品安全事故隐患。

（1）食品安全事故报告：一旦发生食品安全事故，事故发生单位应立即予以处置，防止事故扩大，并与接收病人进行治疗的单位及时向事故发生地县级卫生行政部门报告。发生重大食品安全事故的，接到报告的县级卫生行政部门应当按照规定向本级人民政府和上级人民政府卫生行政部门报告。县级人民政府和上级人民政府卫生行政部门应当按照规定上报。任何单位或者个人不得对食品安全事故隐瞒、谎报、缓报，不得毁灭有关证据。

（2）食品安全事故处置与信息发布：县级以上卫生行政部门接到食品安全事故的报告后，应当立即会同有关农业行政、质量监督、工商行政管理、食品药品监督管理部门进行调查处理，并采取下列措施：①开展应急救援工作，对因食品安全事故导致人身伤害的人员，卫生行政部门应当立即组织救治；②封存可能导致食品安全事故的食品及其原料，并立即进行检验；对确认属于被污染的食品及其原料，责令食品生产经营者依照相应规定予以召回、停止经营并销毁；③封存被污染的食品用工具及用具，并责令进行清洗消毒；④做好信息发布工作，依法对食品安全事故及其处理情况进行发布，并对可能产生的危害加以解释、说明。发生重大食品安全事故的，县级以上人民政府应当立即成立食品安全事故处置指挥机构，启动应急预案。

## 五、食品安全监督管理

食品安全监督管理是国家为了保证食品安全，防止食品污染及有害因素对人体的危害，保障人体健康，增强体质而实行的一种安全监督管理制度。

### （一）食品安全监督管理部门

县级以上地方人民政府组织本级卫生行政、农业行政、质量监督、工商行政管理、食品药品监督管理部门制定本行政区域的食品安全年度监督管理计划，并按照年度计划组织开展工作。

### （二）食品安全监管职责

各部门应履行各自食品安全监督管理职责，有权采取下列措施：

1. 进入生产经营场所实施现场检查。
2. 对生产经营的食品进行抽样检验。
3. 查阅、复制有关合同、票据、账簿以及其他有关资料。
4. 查封、扣押有证据证明不符合食品安全标准的食品，违法使用的食品原料、食品添加剂、食品相关产品，以及用于违法生产经营或者被污染的工具、设备。
5. 查封违法从事食品生产经营活动的场所。

县级以上农业行政部门应依照《中华人民共和国农产品质量安全法》规定的职责，对食用农产品进行监督管理。

### （三）食品安全信息统一公布制度

国家建立食品安全信息统一公布制度。下列信息由国务院卫生行政部门统一公布：①国家食品安全总体情况；②食品安全风险评估信息和食品安全风险警示信息；③重大食品安全事故及其处理信息；④其他重要的食品安全信息和国务院确定的需要统一公布的信息。

县级以上农业行政、质量监督、工商行政管理、食品药品监督管理部门依据各自职责公布食品安全日常监督管理信息等。食品安全监督管理部门公布信息，应当做到准确、及时、客观。

## 六、法律责任

### （一）未取得食品生产经营许可的处罚

未经许可从事食品生产经营活动，或者未经许可生产食品添加剂的，由有关主管部门按照各自职责分工，没收违法所得、违法生产经营的食品、食品添加剂和用于违法生产经营的工具、设备、原料等物品；违法生产经营的食品、食品添加剂货值金额不足1万元的，并处2000元以上5万元以下罚款；货值金额1万元以上的，并处货值金额5倍以上10倍以下罚款。

### （二）违反食品生产经营要求的处罚

有下列情形之一的，由有关主管部门按照各自职责分工，没收违法所得、违法生产经营的食品和用于违法生产经营的工具、设备、原料等物品；违法生产经营的食品货值金额不足1万元的，并处2000元以上5万元以下罚款；货值金额1万元以上的，并处货值金额5倍以上10倍以下罚款；情节严重的，吊销许可证。

1. 用非食品原料生产食品或者在食品中添加食品添加剂以外的化学物质和其他可能危害人体健康的物质，或者用回收食品作为原料生产食品。

2. 生产经营致病性微生物、农药残留、兽药残留、重金属、污染物质以及其他危害人体健康的物质含量超过食品安全标准限量的食品。

3. 生产经营营养成分不符合食品安全标准的专供婴幼儿和其他特定人群的主辅食品。

4. 经营腐败变质、油脂酸败、霉变生虫、污秽不洁、混有异物、掺假掺杂或者感官性状异常的食品。

5. 经营病死、毒死或者死因不明的禽、畜、兽、水产动物肉类，或者生产经营病死、毒死或者死因不明的禽、畜、兽、水产动物肉类的制品。

6. 经营未经动物卫生监督机构检疫或者检疫不合格的肉类，或者生产经营未经检验或者检验不合格的肉类制品。

7. 经营超过保质期的食品。

8. 生产经营国家为防病等特殊需要明令禁止生产经营的食品。

9. 利用新的食品原料从事食品生产或者从事食品添加剂新品种、食品相关产品新品种生产，未经过安全性评估。

10. 食品生产经营者在有关主管部门责令其召回或者停止经营不符合食品安全标准的食品后，仍拒不召回或者停止经营的。

11. 进口不符合我国食品安全国家标准的食品。

12. 进口尚无食品安全国家标准的食品，或者首次进口食品添加剂新品种、食品相关产品新品种，未经过安全性评估。

13. 出口商未遵守规定出口食品。

14. 经营被包装材料、容器、运输工具等污染的食品。

15. 生产经营无标签的预包装食品、食品添加剂或者标签、说明书不符合规定的食品、食品添加剂。

16. 食品生产者采购、使用不符合食品安全标准的食品原料、食品添加剂、食品相关产品。

17. 食品生产经营者在食品中添加药品。

### （三）违反食品质量管理规定的处罚

有下列情形之一的，由有关主管部门按照各自职责分工，责令改正，给予警告；拒不改正的，处2000元以上2万元以下罚款；情节严重的，责令停产停业，直至吊销许可证。

1. 未对采购的食品原料和生产的食品、食品添加剂、食品相关产品进行检验。

2. 未建立并遵守查验记录制度、出厂检验记录制度。

3. 制定食品安全企业标准未依照规定备案。

4. 未按规定要求贮存、销售食品或者清理库存食品。

5. 进货时未查验许可证和相关证明文件。

6. 生产的食品、食品添加剂的标签、说明书涉及疾病预防、治疗功能。

7. 安排患有痢疾、伤寒、病毒性肝炎等消化道传染病的人员，以及患有活动性肺结核、化脓性或者渗出性皮肤病等有碍食品安全的疾病的人员从事接触直接入口食品的工作。

8. 进口商未建立并遵守食品进口和销售记录制度的。

### （四）违反食品事故处置、报告规定的处罚

事故单位在发生食品安全事故后未进行处置、报告的，由有关主管部门按照各自职责分工，责令改正，给予警告；毁灭有关证据的，责令停产停业，并处2000元以上10万元以下罚款；造成严重后果的，由原发证部门吊销许可证。

### （五）被吊销许可证的单位责任人员的处罚

被吊销食品生产、流通或者餐饮服务许可证的单位，其直接负责的主管人员自处罚决定做出之日起5年内不得从事食品生产经营管理工作。食品生产经营者聘用不得从事食品生产经营管理工作的人员从事管理工作的，由原发证部门吊销许可证。

### （六）未履行食品检查、报告义务的处罚

集中交易市场的开办者、柜台出租者、展销会的举办者允许未取得许可的食品经营者进入市场销售食品，或者未履行检查、报告等义务的，由有关主管部门按照各自职责分工，处2000元以上5万元以下罚款；造成严重后果的，责令停业，由原发证部门吊销许可证。

### （七）未按要求运输食品的处罚

未按照要求进行食品运输的，由有关主管部门按照各自职责分工，责令改正，给予警告；拒不改正的，责令停产停业，并处2000元以上5万元以下罚款；情节严重的，由原发证部门吊销许可证。

### （八）食品检验机构及检验人员违反规定的处罚

食品检验机构、食品检验人员出具虚假检验报告的，由授予其资质的主管部门或者机构撤销该检验机构的检验资格；依法对检验机构直接负责的主管人员和食品检验人员给予撤职或者开除的处分。受到刑事处罚或者开除处分的食品检验机构人员，自刑罚执行完毕或者处分决定作出之日起10年内不得从事食品检验工作。食品检验机构聘用不得从事食品检验工作的人员的，由授予其资质的主管部门或者机构撤销该检验机构的检验资格。

### （九）违反宣传食品质量规定的处罚

在广告中对食品质量作虚假宣传，欺骗消费者的，依照《中华人民共和国广告法》的规定给予处罚。食品安全监督管理部门或者承担食品检验职责的机构、食品行业协会、消费者协会以广告或者其他形式向消费者推荐食品的，由有关主管部门没收违法所得，依法对直接负责的主管人员和其他直接责任人员给予记大过、降级或者撤职的处分。

### （十）政府管理机构未履行职责的处罚

县级以上地方人民政府在食品安全监督管理中未履行职责，本行政区域出现重大食品安全事故、造成严重社会影响的，依法对直接负责的主管人员和其他直接责任人员给予记大过、降级、撤职或者开除的处分。县级以上卫生行政、农业行政、质量监督、工商行政管理、食品药品监督管理部门或者其他有关行政部门不履行规定的职责或者滥用职权、玩

忽职守、徇私舞弊的，依法对直接负责的主管人员和其他直接责任人员给予记大过或者降级的处分；造成严重后果的，给予撤职或者开除的处分；其主要负责人应当引咎辞职。

（十一）民事赔偿责任规定

造成人身、财产或者其他损害的，依法承担赔偿责任。生产不符合食品安全标准的食品或者销售明知是不符合食品安全标准的食品，消费者除要求赔偿损失外，还可以向生产者或者销售者要求支付价款10倍的赔偿金。

应当承担民事赔偿责任和缴纳罚款、罚金，其财产不足以同时支付时，先承担民事赔偿责任。

## 第三节 保健食品管理法律制度

为规范保健食品注册行为，确保保健品食用安全，国家食品药品监督管理局2005年7月1日公布了《保健食品注册管理办法（试行）》。2009年，《食品安全法》颁布实施，作为《食品安全法》重要的配套法规，《保健食品监督管理条例》也将出台。其送审稿已于2009年5月31日正式公布，面向社会各界征求意见。

### 一、概念

保健食品，是指声称并经依法批准具有特定保健功能的食品。保健食品应当适宜于特定人群食用，具有调节机体功能，不以治疗疾病为目的，并且对人体不产生急性、亚急性或者慢性危害。以补充维生素、矿物质为目的的营养素补充剂纳入保健食品管理。

保健食品具有两大特征：一是安全性，即对人体不产生任何急性、亚急性或慢性危害；二是功能性，即对特定人群具有一定的调节作用。但保健食品不能治疗疾病，不能取代药物对病人的治疗作用。

### 二、保健食品产品注册管理

（一）产品注册与备案

保健食品应当依法经过国家食品药品监督管理部门审批并取得产品注册证。取得产品注册证的保健食品应当使用国家食品监督管理部门规定的保健食品标志。

营养素补充剂应当依法经国家食品药品监督管理部门安全性审查，实行备案管理。

（二）申请人

国产保健食品注册的申请人应当是在中国境内合法登记的法人或者其他组织。进口保健食品注册的申请人应当是境外合法的保健食品生产厂商。申请人应当对其申报产品的安全性和声称的功能负责。

（三）研制

申请人申请保健食品注册之前，应当按照国家有关要求开展研制工作。

（四）申报

申请保健食品注册的，应向省级食品药品监督管理部门提出申请，报送产品的研发报告、配方、生产工艺、企业标准、标签、说明书、安全性及功能性评价材料等资料、样品，并提供相关证明文件。省级食品药品监督管理部门应在受理后30日内组织开展现场核查并抽样送检，提出意见后报国家食品药品监督管理部门。

申请进口保健食品注册的，应当向国家食品药品监督管理部门提出申请。

#### （五）审评与审批

国家食品药品监督管理部门应组织对申请注册的保健食品的安全性、功能性及质量可控性等进行技术审评和行政审批，对产品说明书、企业标准进行审定。对符合要求的，决定准予注册，发给产品注册证；对不符合要求的，决定不予注册并书面说明理由。

对符合要求的进口保健食品，国家食品药品监督管理部门应当将技术审评和行政审批情况通报国家出入境检验检疫机构。

#### （六）再注册

保健食品产品注册证有效期为5年。有效期届满，需要继续生产或者进口的，申请人应当在有效期届满前3个月内申请再注册。

有下列情形之一的，不予再注册：①未在规定时限内提出再注册申请的；②其功能不在公布的功能范围内的；③在产品注册证有效期内未生产销售的；④其他不符合国家有关规定的情形的。

### 三、保健食品生产经营管理

#### （一）保健食品生产管理

**1. 保健食品生产许可**　开办保健食品生产企业，应依法取得产品注册证，向所在地省级食品药品监督管理部门提出申请。经检查符合《保健食品良好生产规范》要求，取得《保健食品生产许可证》，凭《保健食品生产许可证》到工商行政管理部门办理登记注册后，方可组织生产。《保健食品生产许可证》应当标明生产的保健食品品种。

保健食品生产企业拟增加保健食品品种的，应当经《保健食品良好生产规范》检查合格后，在《保健食品生产许可证》上予以标明。

**2. 委托生产**　经省级食品药品监督管理部门批准，具有同剂型生产条件的保健食品生产企业可以接受委托生产保健食品。

委托方对所委托生产产品的质量安全负责；受委托方应当保证生产符合《保健食品良好生产规范》并承担相应法律责任。

**3. 保健食品生产规范**　保健食品生产应当符合国家制定的《保健食品良好生产规范》要求。《保健食品良好生产规范》包括机构与人员、厂房与设施、设备、物料、卫生、验证、文件、生产管理、质量管理、投诉与安全性事件报告、自查等内容。

保健食品生产企业应当依照《食品安全法》规定建立原料进货查验记录和食品出厂检验记录，并如实记录食品生产过程的安全管理情况。记录的保存期限不得少于2年。

#### （二）保健食品经营管理

**1. 保健食品经营许可**　开办保健食品批发企业，应当向省级食品药品监督管理部门提出申请；开办保健食品零售企业，应当向所在地县级食品药品监督管理部门提出申请。经检查符合《保健食品良好经营规范》要求的，发给《保健食品经营许可证》，凭《保健食品经营许可证》到工商行政管理部门办理登记注册。

**2. 保健食品经营规范** 保健食品经营应当符合《保健食品良好经营规范》的要求。《保健食品良好经营规范》包括管理职责、人员与培训、设施与设备、进货与验收、陈列与储藏、销售与服务、质量管理、投诉与安全性事件报告、自查等内容。

保健食品经营企业应依照《食品安全法》规定建立进货查验记录制度，如实记录食品的名称、规格、数量、生产批号、保质期、供货者名称及联系方式、进货日期等内容，或者保留载有上述信息的进货票据。记录、票据的保存期限不得少于2年。

### （三）保健食品进出口管理

**1. 保健食品进口** 取得产品注册证的进口保健食品应当经出入境检验检疫机构检验合格后，海关凭出入境检验检疫机构签发的通关证明放行。

**2. 保健食品出口** 出口商出口保健食品的，应当报所在地省级食品药品监督管理部门备案，取得备案凭证后方可向出入境检验检疫机构申办出口手续。

出入境检验检疫机构应根据食品药品监督管理部门出具的备案凭证，对出口保健食品进行监督、抽检，发放通关证明。海关凭出入境检验检疫机构签发的通关证明放行。

### （四）保健食品标准

**1. 国家标准** 保健食品的食品安全国家标准由国务院卫生行政部门制定，规定保健食品及其用于保健食品的原料、辅料、包装材料、检验规范和方法等。

保健食品生产企业应当按照食品安全国家标准、国家有关规定和国家食品药品监督管理部门批准的产品配方、生产工艺进行生产，生产记录应当完整准确。

**2. 企业标准** 国家食品药品监督管理部门应当将审定的进口保健食品产品企业标准通报国家出入境检验检疫部门，作为出入境检验检疫的依据。

### （五）保健食品标签和说明书

保健食品标签、说明书内容应当与批准的内容一致。应载明适宜人群、不适宜人群、功效成分或者标志性成分及其含量等，并符合国家有关规定，不得涉及疾病预防、治疗功能。

### （六）许可证换发

《保健食品生产许可证》和《保健食品经营许可证》有效期为5年。有效期届满，需继续生产或者经营保健食品的，持证企业应当在有效期届满前30日内，向原发证部门申请换发许可证。

### （七）保健食品广告管理

保健食品广告应当经省级食品药品监督管理部门审查批准，并发给保健食品广告批准文号。未取得保健食品广告批准文号的，不得发布。

保健食品广告应当真实合法，不得含有虚假、夸大的内容，不得涉及疾病预防、治疗功能。

## 四、保健食品监督管理

### （一）管理机构及职责

县级以上地方食品药品监督管理部门负责本行政区域内保健食品生产经营企业的监督

检查工作，应建立实施监督检查的运行机制和管理制度，制定保健食品年度监督管理计划并按照年度计划组织开展工作。

### （二）安全监测

国家食品药品监督管理部门对上市后的保健食品组织实施安全性监测和评价，并及时通报国务院卫生行政部门。

保健食品安全性监测可以采取主动监测和安全性事件报告等方式。

生产经营企业和医疗卫生机构发现可能与食用保健食品有关的安全性事件时，应按照《食品安全法》有关食品安全事故处置的规定报告。

### （三）保健食品召回制度

国家建立保健食品召回制度。食品药品监督管理部门根据保健食品安全性监测与评价结果，可以采取责令召回，暂停生产、销售等措施，并予以公布。

### （四）食品药品监督管理部门有权采取的监督措施

食品药品监督管理部门应依照《保健食品良好生产规范》和《保健食品良好经营规范》，对保健食品生产经营企业进行跟踪检查，并有权采取下列措施：①进入生产经营场所实施现场检查；②对生产经营的保健食品进行抽样检验；③查阅、复制有关合同、票据、账簿、批生产记录、检验报告以及其他有关资料；④责令停止生产经营并召回不符合保健食品标准的产品；⑤查封、扣押假冒及有证据证明不符合保健食品标准的产品，违法使用的保健食品原料、食品添加剂、食品相关产品，以及用于违法生产经营或者被污染的工具、设备；⑥查封违法从事保健食品生产经营的场所。

### （五）查封与扣押

有下列情形之一的，县级以上食品药品监督管理部门可以采取查封、扣押行政强制措施：①假冒保健食品产品注册证的；②保健食品不符合标准规定的或其中擅自添加其他成分的；③保健食品产品名称、标签、说明书内容与批准的内容不符，或者违反《条例》相关规定的；④标签、说明书或销售宣传材料涉及疾病预防、治疗功能的；⑤其他有证据证明可能危害人体健康的。

采取查封、扣押行政强制措施的，应当自采取行政强制措施之日起 7 日内作出是否立案的决定；需要检验的，应当自检验报告书发出之日起 15 日内作出是否立案的决定；不符合立案条件的，应当解除行政强制措施。

### （六）检验

县级以上地方食品药品监督管理部门在监督检查时，可以按照国家食品药品监督管理部门的规定抽取样品和索取有关资料，有关单位、人员应当配合。

对可能危害人体健康的保健食品，保健食品检验机构可以补充检验方法和检验项目进行检验；对可能添加药物成分的保健食品，可以采用药品补充检验方法进行检验。

### （七）广告监督检查

**1. 监督管理机关** 工商行政管理部门依法对保健食品的广告活动进行监督管理，对违反《中华人民共和国广告法》的行为依法处理。

**2. 检查** 食品药品监督管理部门对已批准的保健食品广告发布情况进行检查。对违法发布保健食品广告情节严重的，省级食品药品监督管理部门应当予以公告。

**3. 违法广告更正**　违法发布的保健食品广告任意扩大产品适宜人群、夸大产品功效、严重欺骗和误导消费者的，国家食品药品监督管理部门或者省级食品药品监督管理部门应暂停该产品在违法广告发布地的销售，责令违法发布保健食品广告的企业在当地相应的媒体发布更正启事。违法广告更正后，食品药品监督管理部门方可恢复其销售。

## 五、法律责任

### （一）按《食品安全法》进行处罚的情形

1. 生产经营假冒注册许可保健食品的；
2. 未经许可从事保健食品生产经营活动的；
3. 未经许可委托或者接受委托生产保健食品的；
4. 经营超过有效期的保健食品的；
5. 生产销售不符合食品安全国家标准和备案的企业标准的保健食品的；
6. 非法添加可能危害人体健康的物质的；
7. 食品药品监督管理部门责令召回或停止生产经营，仍拒不召回或者停止生产经营的；
8. 保健食品未按照取得产品许可时批准的原料、配方、标准、生产工艺组织生产的；
9. 在保健食品中非法添加药物成分的；
10. 保健食品名称、标签、说明书不符合本条例有关规定的；
11. 生产经营企业未建立、执行进货查验记录制度、出厂检验记录制度等相关制度的；
12. 保健食品标签、说明书或销售宣传材料涉及疾病预防、治疗功能的。

### （二）广告违法的处罚

未取得保健食品广告批准文号发布保健食品广告的，非保健食品广告含有涉及保健食品宣传的，由工商行政管理部门依法进行处罚。

篡改经批准的保健食品广告内容的，由发给广告批准文号的食品药品监督管理部门撤销该品种的广告批准文号，一年内不受理该企业的保健食品广告审批申请，并由工商行政管理部门依法进行处罚。

### （三）申请人以不正当手段注册的处罚

申请人隐瞒有关情况或者提供虚假材料或者样品申请保健食品注册的，不予受理或者不予注册，1 年内不得申请保健食品注册。

申请人以欺骗、贿赂等不正当手段取得保健食品产品注册证的，撤销该品种保健食品注册证，5 年内不受理该申请人的保健食品注册申请。

### （四）生产经营不符合规范的处罚

保健食品生产经营企业的生产经营行为不符合《保健食品良好生产规范》和《保健食品良好经营规范》的，食品药品监督管理部门可以责令其限期整改，暂停生产经营，直至吊销《保健食品生产许可证》或者《保健食品经营许可证》。

保健食品生产者对其产品可能存在的安全性隐患，未及时向食品药品监督管理部门报告的，责令改正，给予警告；造成严重后果的，吊销《保健食品生产许可证》。

## 六、保健品审批与管理的法律衔接

1996 年 6 月 1 日，卫生部颁布了《保健食品管理办法》。1996 年至 1997 年，卫生部先后两次公布受理的保健功能为 24 项，随后又宣布暂时不受理“改善性功能”和“辅助抑制肿瘤”两项功能。按照《保健食品管理办法》规定，凡是宣称具有某种保健功能的食品，必须进行人体或动物的功能实验，并获卫生部颁发的批准证书和文号。所以，保健食品在 2003 年 7 月前由卫生部或各省、自治区、直辖市审批，核发批准文号，批准文号格式为“（省份）卫食健字［年份］4 位数字”，进口保健食品的批准文号格式是“卫进食健字××号”。

2003 年 5 月 1 日，卫生部颁布实行《保健食品检验与评价技术规范》新标准，将原来某些功能包括的内容单独列出，使受理的 22 项功能扩大为 27 项。这 27 项功能可分为两大类：一类是有关疾病预防、症状减轻、辅助药物治疗的保健功能共计 16 项，包括辅助降血压、辅助降血糖、辅助降血脂、缓解视力疲劳等；另一类有关增进人体健康、增强体质的保健功能共有 11 项，包括抗氧化、增强免疫力、缓解体力疲劳、减肥、辅助改善记忆、改善皮肤水分等。

2003 年 10 月，卫生部将保健食品的审批权移交给国家食品药品监督管理局，保健食品的批号由“卫食健字”改为“国食健字”。生产企业申报保健食品由各省市区食品药品监督管理局进行初审，由国家食品药品监督管理局终审。经过批准的产品，国家食品药品监督管理局将授予《保健食品批准证书》，并使用特定标识。

2009 年国务院公布的《保健食品监督管理条例（送审稿）》，对之前审批的保健品作了统一规定，即《条例》实施前取得的保健食品批准证书，未标明有效期的，应当自《条例》生效之日起 1 年内，按照国家食品药品监督管理部门的规定办理再注册手续。逾期不办理或者未获得审查通过的，原保健食品批准证书失效。

# 第四节　化妆品标识管理法律制度

随着社会经济的发展和人们生活水平的不断提高，化妆品已成为人们日常生活中不可缺少的生活消费品之一。然而，在美化人们生活的同时，化妆品生产或使用不当也会给接触人群的健康带来有害的影响。卫生部制定的《化妆品卫生标准》、《化妆品卫生监督条例》，分别于 1987 年 10 月、1990 年 1 月 1 日实施，但其所规定的对化妆品生产、经营和产品的卫生监督制度已不能适应目前化妆品监管需要。制定和逐步完善化妆品卫生安全法规和与之相适应的卫生标准，成为化妆品监管的当务之急。国家质量监督检验检疫总局制定的《化妆品标识管理规定》（以下简称《规定》）自 2008 年 9 月 1 日起施行，对化妆品标识的标注进行了规范。

## 一、概念

### （一）化妆品

化妆品是指以涂抹、喷、洒或者其他类似方法，施于人体（皮肤、毛发、指趾甲、口唇齿等），以达到清洁、保养、美化、修饰和改变外观，或者修正人体气味，保持良好状态为目的的产品。

### （二）化妆品标识

化妆品标识是指用以表示化妆品名称、品质、功效、使用方法、生产和销售者信息等有关文字、符号、数字、图案以及其他说明的总称。

## 二、管理机构

国家质量监督检验检疫总局（以下简称国家质检总局）在其职权范围内负责组织全国化妆品标识的监督管理工作。

县级以上地方质量技术监督部门在其职权范围内负责本行政区域内化妆品标识的监督管理工作。

## 三、化妆品标识的标注内容

### （一）化妆品名称标注

化妆品标识应当标注化妆品名称。化妆品名称一般由商标名、通用名和属性名三部分组成。

**1. 商标名**　应符合国家有关法律、行政法规的规定。

**2. 通用名**　应准确、科学，不得使用明示或者暗示医疗作用的文字，但可以使用表明主要原料、主要功效成分或者产品功能的文字。

**3. 属性名**　应表明产品的客观形态，不得使用抽象名称。约定俗成的产品名称，可省略其属性名。

**4. 规定名称**　国家标准、行业标准对产品名称有规定的，应当标注标准规定的名称。

**5. 奇特名称**　化妆品标注“奇特名称”的，应当在相邻位置，以相同字号，按规定标注产品名称，并不得违反国家相关规定和社会公序良俗。

**6. 同一名称**　同一名称的化妆品，适用不同人群，不同色系、香型的，应当在名称中或明显位置予以标明。

### （二）化妆品生产者名称、地址、加工产地标注

**1. 实际生产地**　化妆品标识应标注化妆品的实际生产加工地。化妆品实际生产加工地应当按照行政区划至少标注到省级地域。

**2. 名称和地址**　化妆品标识应标注生产者的名称和地址。生产者名称和地址应当是依法登记注册、能承担产品质量责任的生产者的名称、地址。

有下列情形之一的，生产者的名称、地址按照下列规定予以标注：

（1）依法独立承担法律责任的集团公司或者其子公司，应当标注各自的名称和地址。

（2）依法不能独立承担法律责任的集团公司的分公司或者集团公司的生产基地，可以标注集团公司和分公司（生产基地）的名称、地址，也可以仅标注集团公司的名称、地址。

（3）实施委托生产加工的化妆品，委托企业具有其委托加工的化妆品生产许可证的，应当标注委托企业的名称、地址和被委托企业的名称，或者仅标注委托企业的名称和地

址；委托企业不具有其委托加工化妆品生产许可证的，应当标注委托企业的名称、地址和被委托企业的名称。

(4) 分装化妆品应当分别标注实际生产加工企业的名称和分装者的名称及地址，并注明分装字样。

### （三）生产日期、保质期标注

化妆品标识应当清晰地标注化妆品的生产日期和保质期或者生产批号和限期使用日期。

### （四）净含量、成分标注

**1. 净含量** 化妆品标识应当标注净含量。净含量的标注依照《定量包装商品计量监督管理办法》执行。液态化妆品以体积标明净含量；固态化妆品以质量标明净含量；半固态或者黏性化妆品，用质量或者体积标明净含量。

**2. 成分** 化妆品标识应当标注全成分表。标注方法及要求应当符合相应的标准规定。

### （五）生产标准、合格证明等标注

**1. 生产标准** 化妆品标识应当标注企业所执行的国家标准、行业标准号或者经备案的企业标准号。

**2. 合格证** 化妆品标识必须含有产品质量检验合格证明。

**3. 生产许可证标志和编号** 化妆品标识应当标注生产许可证标志和编号。生产许可证标志和编号应当符合《中华人民共和国工业产品生产许可证管理条例实施办法》的有关规定。

**4. 使用说明** 化妆品根据产品使用需要或者在标识中难以反映产品全部信息时，应当增加使用说明。使用说明应通俗易懂，需要附图时须有图例示。

**5. 注意事项、警示说明** 凡使用或者保存不当容易造成化妆品本身损坏或者可能危及人体健康和人身安全的化妆品、适用于儿童等特殊人群的化妆品，必须标注注意事项、中文警示说明，以及满足保质期和安全性要求的储存条件等。

### （六）化妆品标识不得标注的内容

化妆品标识不得标注下列内容：①夸大功能、虚假宣传、贬低同类产品的内容；②明示或者暗示具有医疗作用的内容；③容易给消费者造成误解或者混淆的产品名称；④其他法律、法规和国家标准禁止标注的内容。

## 四、化妆品标识的标注形式

### （一）化妆品标识标注位置

1. 化妆品标识不得与化妆品包装物（容器）分离。

2. 化妆品标识应当直接标注在化妆品最小销售单元（包装）上。化妆品有说明书的应当随附于产品最小销售单元（包装）内。

3. 透明包装的化妆品，透过外包装物能清晰地识别内包装物或者容器上的所有或者部分标识内容的，可以不在外包装物上重复标注相应的内容。

### （二）化妆品标识的文字、大小规定

1. 化妆品标识内容应清晰、醒目、持久，使消费者易于辨认、识读。

2. 化妆品标识中除注册商标标识之外，其内容必须使用规范中文。使用拼音、少数民族文字或者外文的，应当与汉字有对应关系，并符合名称规定要求。

3. 化妆品包装物（容器）最大表面面积大于 $20cm^2$ 的，化妆品标识中强制标注内容字体高度不得小于 1.8mm。除注册商标之外，标识所使用的拼音、外文字体不得大于相应的汉字。

化妆品包装物（容器）的最大表面的面积小于 $10cm^2$ 且净含量不大于 15g 或者 15ml 的，其标识可以仅标注化妆品名称，生产者名称和地址，净含量，生产日期和保质期或者生产批号和限期使用日期。产品有其他相关说明性资料的，其他应当标注的内容可以标注在说明性资料上。

### （三）化妆品不得采用的标识标注形式

1. 利用字体大小、色差或者暗示性的语言、图形、符号误导消费者。

2. 擅自涂改化妆品标识中的化妆品名称、生产日期和保质期或者生产批号和限期使用日期。

3. 法律、法规禁止的其他标注形式。

# 第十章 中医药管理法律制度

中医药（民族医药）是我国各族人民在几千年生产生活实践和与疾病作斗争中逐步形成并不断丰富发展的医学科学，是中华民族的瑰宝。中医药和西医药互相补充、协调发展，共同担负着维护和增进人民健康的任务，是中国特色医药卫生事业不可或缺的重要组成部分。新中国成立以来，党和国家高度重视中医药工作，作为中医药事业重要内容的中医药法制建设也取得了长足的进展，逐步制定、形成了一系列旨在保护、扶持和发展中医药的方针政策。《中华人民共和国宪法》第21条明确规定“发展现代医药和我国传统医药”，为中医药发展提供了根本法律依据。

目前，我国与中医药有关的法律与法规主要有《执业医师法》、《药品管理法》、《中药品种保护条例》、《野生药材资源保护管理条例》、《中华人民共和国中医药条例》等。这些法律法规的相继颁布，对规范行业规则，促进中医药发展产生了积极的作用。

## 第一节 中医的管理

《中华人民共和国中医药条例》（以下简称《中医药条例》）于2003年4月2日由国务院发布，自2003年10月1日起施行。《中医药条例》的颁布、施行，为中医药事业的发展进一步提供了法律的保障，是中医药发展史上的一件大事。

2009年4月21日，国务院正式发布了《关于扶持和促进中医药事业发展的若干意见》（以下简称《若干意见》）。《若干意见》作为深化医药卫生体制改革的重要配套文件之一，对中医药在医改中充分发挥作用，具有重要的指导意义。为中医药事业在新世纪新阶段又好又快发展提供了坚实的制度保障，创造了更好的政策环境，在中医药发展史上具有里程碑意义。

### 一、国家发展中医药的方针、原则

#### （一）方针

国家保护、扶持、发展中医药事业，实行中西医并重的方针，鼓励中西医相互学习、相互补充、共同提高，推动中医、西医两种医学体系的有机结合，全面发展我国中医药事业。

#### （二）原则

发展中医药事业应当遵循继承与创新相结合的原则，保持和发扬中医药特色和优势，积极利用现代科学技术，促进中医药理论和实践的发展，推进中医药现代化。主要有以下五个方面。

**1. 坚持中西医并重，把中医药与西医药摆在同等重要的位置**　坚持中医药与西医药在思想认识上、法律地位上、学术发展上和实践应用上的平等地位，促进中西医药协调发展，更好地维护和增进人民健康。

**2. 坚持继承与创新的辩证统一，既要保持特色优势又要积极利用现代科技**　继承是中医药事业发展的基础，创新是中医药事业发展的动力，要在继承中医药学术的科学内涵、保持中医药特色优势的基础上，充分吸收借鉴现代科学知识和方法手段，创新发展中医药理论与实践。

**3. 坚持中医与西医相互取长补短、发挥各自优势，促进中西医结合**　要尊重我国中医与西医两种医学体系并存发展的这一特色，坚持中西医相互学习，促进中医、西医两种医学体系的有机结合，推进医学进步。

**4. 坚持统筹兼顾，推进中医药医疗、保健、科研、教育、产业、文化全面发展**　中医药事业发展要以科学发展观为指导，把中医药医疗、保健、科研、教育、产业、文化作为一个有机的整体，统筹规划，协调发展。

**5. 坚持发挥政府扶持作用，动员各方面力量共同促进中医药事业发展**　中医药事业关系民生，是我国经济社会发展的重要方面，是党和政府工作的重要内容，必须不断加强和改善领导，创新体制机制，完善制度措施，为中医药事业的发展创造物质条件和政策环境，同时中医药事业的发展也需要社会各方的关心和重视，要汇聚社会各方力量发展中医药事业。

## 二、中医药管理机构

1998 年国务院成立国家中医药管理局，负责全国中医药管理工作。国务院有关部门在各自的职责范围内负责与中医药有关的工作。

县级以上地方人民政府负责中医药管理的部门负责本行政区域内的中医药管理工作。县级以上地方人民政府有关部门在各自的职责范围内负责与中医药有关的工作。

## 三、中医医疗机构管理

### （一）管理规定

**1. 依法开办**　开办中医医疗机构，应当符合国务院卫生行政部门制定的中医医疗机构设置标准和当地区域卫生规划，并按照《医疗机构管理条例》的规定办理审批手续，取得医疗机构执业许可证后，方可从事中医医疗活动。

**2. 中医医疗服务要求**　中医医疗机构从事医疗服务活动，应当充分发挥中医药特色和优势，遵循中医药自身发展规律，运用传统理论和方法，结合现代科学技术手段，发挥中医药在防治疾病、保健、康复中的作用，为群众提供价格合理、质量优良的中医药服务。

依法设立的社区卫生服务中心（站）、乡镇卫生院等城乡基层卫生服务机构，应当能够提供中医医疗服务。

**3. 广告宣传**　发布中医医疗广告，医疗机构应当按照规定向所在地省级人民政府负责中医药管理的部门申请并报送有关材料。省级人民政府负责中医药管理的部门应当自收到有关材料之日起10个工作日内进行审查，并作出是否核发中医医疗广告批准文号的决定。对符合规定要求的，发给中医医疗广告批准文号。未取得中医医疗广告批准文号的，不得发布中医医疗广告。

发布的中医医疗广告，其内容应当与审查批准发布的内容一致。

### （二）中医医疗服务体系建设

中医医疗服务体系是我国医疗服务体系的重要组成部分。在城市，综合性中医医院、中医专科医院、综合医院中医科、社区卫生服务机构及中医门诊部和中医诊所构成了城市中医药服务网络。在农村，县级中医医院、乡镇卫生院中医科和村卫生室构成了农村中医药服务网络。

新中国成立以来，特别是改革开放以来，我国的中医医疗机构建设取得了突出成就。初步建立了中医医疗服务体系，中医药服务可及性有了较大提高。大力开展了以县中医医院为龙头、乡镇卫生院为枢纽、村卫生室为基础的农村三级中医药服务网络建设，推进以社区为基础的新型城市中医药服务体系建设，社会力量兴办中医医疗机构发展迅速。截止到2008年，全国有中医医院3115所，床位40.09万张，72%的乡镇卫生院、34%的村卫生室、92%的社区卫生服务中心和54.7%的社区卫生服务站能为群众提供中医药服务。

目前，城乡基层中医医疗服务体系还十分薄弱，基础条件差，人才匮乏，需要加强建设。一是要加强综合医院、乡镇卫生院和社区卫生服务中心的中医科室建设，有条件的县以上综合医院和乡镇卫生院、社区卫生服务中心都要设置中医科和中药房，配备中医药专业技术人员、基本中医诊疗设备和必备中药。二是要积极发展社区卫生服务站、村卫生室的中医药服务，基本实现每个社区卫生服务站、村卫生室都能够提供中医药服务。三是要在其他医疗卫生机构中积极推广使用中医药适宜技术。四是要通过中央和地方共同努力，进一步加大公立中医医院的改造建设力度。

健全城乡基层医疗服务体系是深化医药卫生体制改革五项重点工作之一，《医药卫生体制改革近期重点实施方案（2009～2011年）》中提出加强基层医疗卫生机构建设，其中中央重点支持2000所左右县级医院建设，包含了中医医院，在2009年安排的县级医院建设项目中，中医医院的比例占了近1/5；在改扩建5000所中心乡镇卫生院、支持边远地区村卫生室建设以及新建、改造3700所城市社区卫生服务中心和1.1万个社区卫生服务站的措施中也都将中医科室和中药服务能力建设作为重要内容。这些与中医医疗服务体系今后的建设目标是一致的。

### （三）非公立中医医疗机构的扶持政策

非公立中医医疗机构是中医医疗服务体系中不可或缺的重要组成部分，具有中医专科专病优势突出、服务方式多样、运行机制灵活等特点。但在发展中还存在机构规模普遍较小，综合服务能力不高；人才结构单一，缺乏可持续发展的人才梯队；服务水平和质量参差不齐，还需加强规范管理以及在医保定点、税收及人员职称评定、人员培训、科研立项等方面还不能享受公立医疗机构同等待遇等许多问题和困难。

《中共中央国务院关于深化医药卫生体制改革的意见》和《国务院关于扶持和促进中医药事业发展的若干意见》，对非公立中医医疗机构的发展提出新的政策措施。一是积极促进非公立中医医疗机构发展，形成投资主体多元化、投资方式多样化的办医格局。鼓励民营资本依法举办非营利性中医院，落实非营利性医院（包括非营利性中医院）税收优惠政策；二是非公立中医医疗机构在医保定点、科研立项、职称评定和继续教育等方面，与公立中医医疗机构享受同等待遇，对其在服务准入、监督管理等方面一视同仁；三是鼓励有资质的中医专业技术人员特别是名老中医依法开办中医诊所或个体行医；四是允许符合条件的药品零售企业举办中医坐堂医诊所。

### （四）药品零售企业举办中医坐堂医诊所的政策措施

“坐堂医”是中医传统的行医方式，方便群众看病就医。自2007年7月开始，中医药局和卫生部在全国选择了48个地区开展了药品零售企业设置中医坐堂医诊所试点工作，制定了供试点地区使用的《中医坐堂医诊所管理办法》和《中医坐堂医诊所基本标准》。

药品零售企业申请设置中医坐堂医诊所应具有《药品经营质量管理规范认证证书》、《药品经营许可证》和营业执照；有独立的中药饮片营业区，饮片区面积不得少于50平方米；中药饮片质量可靠，品种齐全，数量不少于400种；应当设置相对独立的诊室，诊室数量不超过2个，每个诊室的建筑面积不少于10平方米。诊所中配备的医师应当是取得中医类别中医执业医师资格后，在医疗机构从事5年以上临床工作的医师。允许中医医师将“坐堂中医诊所”作为第二执业地点进行注册。目前，只允许中医坐堂医诊所提供中药饮片服务。

## 四、中医技术人员管理

### （一）管理规定

**1. 依法执业**　中医从业人员，应当依照有关卫生管理的法律、行政法规、部门规章的规定通过资格考试，并经注册取得执业证书后，方可从事中医服务活动。

以师承方式学习中医学的人员以及确有专长的人员，应当按照国务院卫生行政部门的规定，通过执业医师或者执业助理医师资格考核考试，并经注册取得医师执业证书后，方可从事中医医疗活动。

**2. 规范执业**　中医从业人员应当遵守相应的中医诊断治疗原则、医疗技术标准和技术操作规范。全科医师和乡村医生应当具备中医药基本知识以及运用中医诊疗知识、技术，处理常见病和多发病的基本技能。

### （二）将农村具有中医药一技之长的人员纳入乡村医生管理的政策措施

为充分发挥农村具有中医药一技之长的人员在农村卫生服务中的作用，弥补农村中医药服务人员不足，根据时任国务院副总理吴仪同志关于解决具有一技之长和实际本领中医（含民族医）人员执业资格认定问题的指示精神，从2007年4月开始，中医药局会同卫生部先后在7个省（区）54个县市开展了两批农村中医药一技之长人员纳入乡村医生管理试点工作。试点表明，将农村中具有中医药一技之长人员纳入乡村医生管理在一定程度上解决了农村居民看病就医问题，发挥了中医药简便验廉的作用，受到了农村居民的欢迎。

纳入乡村医生管理的农村中医药一技之长人员应具备以下条件。①经多年中医实践，在某一中医专业领域具有特长，临床疗效较好；②得到农村居民认可；③2004年1月1日时年龄在40周岁至65周岁之间；④有村卫生室同意聘任其执业的意向。

符合上述条件的人员提出申请，通过临床技能考核、群众评议、社会公示、岗前培训等程序取得乡村医生执业证书后，在聘请其执业的村卫生室为执业地点开展执业证书上注明的临床技术专长服务，在乡村医生基本用药目录规定的范围内使用与其临床技术专长相关的药品。经注册执业的一技之长中医人员自种、自采、自用中草药，按照《关于加强乡村中医药技术人员自种自采自用中草药管理的通知》（国中医药发〔2006〕44 号）的相关规定执行。

## 五、中医药教育管理

我国已初步建立起了包括院校教育、师承教育、继续教育在内的多形式、多层次、多途径的中医药教育体系。目前，全国有高等中医药院校（含民族医药院校）47 所，另有 89 所西医高校和 134 所非医药类院校开设中医药专业，全国高等中医药院校本、专科在校生约 35 万人。具有中医执业医师（含助理执业医师）资格人员 60 余万人，注册中医医师 37 万多人。

### （一）中医药教育改革

在中医药院校教育发展过程中，显现出中医药专业招生规模迅速扩大与结构不合理、教育质量下降之间以及中医药教育供给与需求之间的矛盾；中医药专业毕业生，特别是中医临床专业毕业生中医理论功底不牢，专业技能不扎实，也引起社会强烈反响。因此，中医药院校教育改革十分必要和紧迫。

教育改革的主要内容包括：一是明确中医药院校教育改革的主要方向、任务、保障措施，遵循中医药教育发展规律，适应社会需求，不断调整中医药高等教育结构和规模。二是通过改革试点，提高中医类本科生的中医药理论水平和临床能力。三是开展中医药院校教育质量评价。四是加强中医药重点学科、专业和课程建设。推动中医药理论创新和学术进步，提高中医临床疗效，培养一批优秀领军人物和学科带头人。五是加强中医药职业教育。开展中医药职业教育调研，与中医药职业技能岗位鉴定相衔接，制定中医药职业技能培训基本要求，加强中医药职业院校实训基地建设。

### （二）中医药师承教育

师承教育是千百年来中医药人才培养的重要途径，也是传承中医药学术思想、经验和技术专长的有效方式。历代中医药名家的独到经验需要一代又一代的后学者长期跟师实践，通过口传心授，反复揣摩，才能逐步领会，掌握真谛。师承教育符合中医药人才成长规律，直到今天仍然发挥着重要的作用。目前师承教育主要有两个层次。一是通过师承教育的方式，系统掌握中医药基本理论和技能，按照执业医师法的有关规定参加执业医师资格考试，取得执业资格。二是通过老中医药专家学术经验继承工作，继承老中医药专家的学术经验和技术专长，培养高层次中医药人才。

我国从 1990 年开始，开展了全国老中医药专家学术经验继承工作，前三批共遴选了指导老师 1603 名，培养出继承人 2285 名。目前，第四批继承工作已启动，遴选了指导老师 530 名、继承人 1052 名。在第四批继承工作中，符合条件的还可以申请临床医学专业学位，已有 643 名继承人取得了申请临床医学专业学位的资格。

今后，中医药师承教育制度将进一步完善。全国老中医药专家学术经验继承将与学位教育相衔接；将实施基层名老中医药专家学术经验继承工作，传承基层名老中医药专家学术经验和技术专长，培养一批基层中医药人才；将开展中医学术流派传承工作，建立一批中医学术流派工作室，研究中医学术流派，培养中医学术流派继承人；将进一步探索院校教育与师承教育相结合的人才培养新模式。

（三）基层中医药人才培训

基层中医药人才相对不足，队伍整体素质偏低，无学历和低学历者占较高比例，中医药服务水平不高，技术骨干匮乏，不能满足人民群众对中医药的服务需求。为了加强基层中医药人才队伍建设，从2005年开始，国家中医药管理局实施了乡村医生中医专业中专学历教育项目和乡镇卫生院中医临床技术骨干培训项目，约9万名在岗无学历的以中医药知识与技能为主及应用中西医两法的乡村医生参加了中医专业中专学历教育，对2万名乡镇卫生院中医临床技术骨干进行了培训。实施了中医类别全科医师岗位培训工作，已有1000余名师资和5000余名社区中医药人员参加了培训。

今后，加强基层中医药人才队伍建设的措施主要有：一是制定保障农村中医药人员“下得去、留得住、用得上”的政策措施。制定为农村免费定向培养中医药人才方案和面向基层中医药人才招聘计划。将农村一技之长中医药人员纳入乡村医生管理。完善基层中医药人员资格准入、职称评聘和相关保障制度，提高基层中医药人员待遇。二是加强基层中医药人员学历教育。继续实施乡村医生中医专业中专学历教育项目，接收5万余名在岗无学历的乡村医生参加中医专业中专学历教育；开展农村基层中医专业大专学历教育试点工作，接收5000名具有中等学历的乡村中医药人员接受中医专业大专学历教育。三是加强基层中医药技术骨干培养。开展县级中医临床技术骨干培训，通过集中理论学习和专科进修的方式在全国为县级中医院及医疗机构培养5000～10000名中医临床技术骨干。开展中医类别全科医师岗位培训、规范化培训和骨干培训。四是加强中医药基本知识与技能培训和适宜技术推广。对30万名已注册的在岗乡村医生（其中，以中医药知识技能为主的10万人）进行中医药基本知识与技能培训，掌握中医药基本知识和农村常见病、多发病的中医药防治技术，达到乡村医生中医药知识与技能基本要求。对在城市社区卫生服务机构工作的非中医药类医技人员进行中医药知识与技能培训。开展面向农村、社区基层的中医适宜技术推广工作。

## 第二节　中药的管理

1987年10月，国务院发布了《野生药材资源保护管理条例》，规定了野生药材资源的保护利用基本原则和措施。《中医药条例》、《若干意见》、《中药现代化发展纲要》等是加强中药管理，指导中药产业发展的规范性与纲领性文件。

中药的研制、生产、经营、使用和监督管理则依照《中华人民共和国药品管理法》执行。

### 一、中药资源保护

（一）保护原则

《野生药材资源保护管理条例》规定：国家对野生药材资源实行保护、采猎相结合的原则，并创造条件开展人工种养。

### （二）保护药材名录

为保护野生药材资源，我国已将169种药用植物列入国家珍稀濒危保护植物名录，162种药用动物列入国家重点保护野生动物名录。涉及这些动植物的药材在药典中将被停止使用或代用。国务院在1993年发出《关于禁止犀牛角和虎骨贸易的通知》，取消了虎骨和犀牛角的药用标准，1995年版药典已删除了熊胆、豹骨和玳瑁这三种动物类药材。2005版药典中，则取消了野山参，并收入林下参予以代用。

国家对重点保护的野生药材物种分为三级管理。共收载了野生药材物种76种，中药材42种。其中一级保护野生药材物种4种，中药材4种；二级保护野生药材物种27种，中药材17种；三级保护野生药材物种45种，中药材22种。

**1. 一级保护野生药材物种** 系指濒临灭绝状态的稀有珍贵野生药材物种。包括豹骨、羚羊角、鹿茸（梅花鹿）。

**2. 二级保护野生药材物种** 系指分布区域缩小，资源处于衰竭状态的中药野生药材物种。包括鹿茸（马鹿）、麝香（3个品种）、熊胆（2个品种）、穿山甲、蟾酥（2个品种）、蛤蟆油、金钱白花蛇、乌梢蛇、蕲蛇、蛤蚧、甘草（3个品种）、黄连（3个品种）、人参、杜仲、厚朴（2个品种）、黄柏（2个品种）、血竭。

**3. 三级保护野生药材物种** 系指资源严重减少的主要常用野生药材物种。包括川贝母（4个品种）、伊贝母（2个品种）、刺五加、黄芩、天冬、猪苓、龙胆（4个品种）、防风、远志（2个品种）、胡黄连、肉苁蓉、秦艽（4个品种）、细辛（3个品种）、紫草（2个品种）、五味子（2个品种）、蔓荆子（2个品种）、诃子（2个品种）、山茱萸、石斛（5个品种）、阿魏（2个品种）、连翘、羌活（2个品种）。

### （三）保护措施

**1. 对一级保护野生药材物种的管理** 国家禁止采猎一级保护野生药材物种。一级保护野生药材物种属于自然淘汰的，其药用部分由各级药材公司负责经营管理，但不得出口。

**2. 对二、三级保护野生药材物种的管理** 采猎、收购二、三级保护野生药材物种必须按照批准的计划执行。采猎者必须有采药证，需要进行采伐或狩猎的，必须申请采伐证或狩猎证。不得在禁止采猎区、禁止采猎期采猎二、三级保护野生药材物种，并不得使用禁用工具进行采猎。二、三级保护野生药材物种属于国家计划管理的品种，由中国药材公司统一经营管理，其余品种有产地县药材公司或其委托单位按照计划收购。二、三级保护野生药材物种的药用部分，除国家另有规定外，实行限量出口。

## 二、中药现代化

国务院为了加强对中药现代化工作的宏观指导，加快中药产业发展，推动中医药更加广泛地走向世界，以国务院办公厅名义于2002年转发了由科技部、国家计划委员会、国家经济贸易委员会、卫生部、国家药品监督管理局、国家知识产权局、国家中医药管理局、中国科学院等八部门联合制定的《中药现代化发展纲要（2002～2010年）》（以下简称《纲要》）。

《纲要》实施以来，中药产业不断壮大。中药从丸、散、膏、丹等传统剂型，发展到现在的滴丸、片剂、膜剂、胶囊等40多种剂型，9000余个品种，中药产品种类、数量、生产工艺水平有了很大提高，2007年中药工业总产值近1800亿元。中药农业已成为农村产业结构调整、农民增收、生态保护的重要措施。中药产业在一些地区已经成为新的经济增长点。

2010版药典一部共收载中药品种2165种，其中新增1019种，修订634种，收载附录112个，新增14个，修订47个。离子色谱、二氧化硫残留量测定法、黄曲霉素测定法等成熟的现代分析技术被进一步扩大应用，药品的安全性保障得到进一步加强。

## 三、中药管理

中药的生产、应用与西药有着很大的不同。国家中医药管理部门、卫生行政部门根据中药的特点加强中药管理，提高中药质量，主要采取了以下措施。

### （一）医疗机构中药使用管理

**1. 加强医院中药饮片质量的管理** 国家中医药管理局、卫生部于2007年3月12日印发了《医院中药饮片管理规范》，对各级各类医院中药饮片的采购、验收、保管、调剂、临方炮制、煎煮等管理作了明确规定。

**2. 加强中药饮片处方的管理** 卫生部2007年制定了《处方管理办法》，国家中医药管理局2009年印发了《关于中药饮片处方用名和调剂给付有关问题的通知》，进一步明确了中药饮片处方书写、调剂给付等规范要求，保证临床疗效。

**3. 加强中药饮片调剂质量的管理** 国家中医药管理局组织开展小包装中药饮片推广使用试点，2008年组织编写并下发了《小包装中药饮片医疗机构应用指南》，开展了培训和推广使用工作。

**4. 加强中药煎药室的管理** 卫生部、国家中医药管理局制定了《医疗机构中药煎药室管理规范》，于2009年3月下发，并组织研发了新型中药煎药机。

**5. 加强中成药应用的管理** 国家中医药管理局于2009年8月发布了《中成药临床应用指导原则（意见征求稿）》，对中成药应用进行规范。

**6. 加强医疗机构中药制剂的管理** 为制定更加规范、符合中医药特点的医疗机构中药制剂管理和使用办法，国家中医药管理局与国家食品药品监督管理局于2009年分赴部分省、市、县级中医（民族医）医疗机构及乡镇卫生院、村卫生室，对医疗机构中药制剂工作展开实地调研。

### （二）加强中药管理的措施

1. 针对中药饮片生产、销售环节，推动制定饮片质量标准和建立饮片购销制度。

2. 健全和完善中药临床使用管理制度，加强医疗机构采购、验收、保管中药饮片等管理制度建设，研究制定中成药临床应用原则和医疗机构中药制剂注册、调剂使用等政策。

3. 进一步推广使用新型煎药机、小包装中药饮片，加强医疗机构中药煎药室及小包装中药饮片应用管理。

4. 推动建立中药质量管理的协调机制，就中药饮片、中成药、医疗机构院内制剂的生产、销售和临床使用等方面，与食品药品监督管理局等部门加强政策协调，推动中药质量的提高。

## 第三节 民族医药的管理

民族医药是中国少数民族的传统医药。《中华人民共和国宪法》规定，国家发展医疗卫生事业，发展现代医药和我国传统医药。这里指的传统医药，包括中医药、民族医药和民间医药三个组成部分。

民族医药是传统医药的重要组成部分，在历史上为民族地区的繁荣和发展做出了重要的贡献，并留下了许多经典著作，著名的有藏族的《晶珠本草》、《四部医典》，蒙古族的《蒙医本草学》、《碧光琉璃医鉴》，傣族的《档哈雅》等。

近年来，中国民族医药发掘整理和科学研究取得了一定的进展。中国已有35个民族发掘整理了本民族医学资料，对19个民族的83种医药文献进行了发掘整理，其中羌、侗、毛南等少数民族的医药文献发掘整理是新中国成立以来第一次。我国已经出版了《中国民族药志》、《朝医学》等100多部民族医药著作。还组织进行了《中华本草》藏、蒙、维、傣4种民族药卷的编纂工作，收录藏药396种、蒙药422种、维吾尔药423种、傣药400种，具有较高的科学性和权威性。

截至2006年底，全国有藏、蒙、维、傣、壮、朝、苗、瑶、回、彝、土家、布依、侗、哈萨克、羌共15个民族设本民族医药的医院。目前，全国民族药企业156家，品种906个，涵盖了藏医药、蒙医药、维医药、傣医药、彝医药、苗医药和壮医药等7种民族药。民族医药以其鲜明的特色疗效和相对低廉的服务价格，受到了民族地区广大群众的欢迎。

目前，全国共有14所教育机构开展了藏、蒙古、维吾尔、傣、朝鲜、壮、苗等民族医药专业和中医专业民族医药方向教育，在校生约1.7万人；藏、蒙古、维吾尔、傣4种民族医已经开展了医师资格考试，全国民族医执业医师和执业助理医师总数为5418人。藏医、蒙医均已开展了博士、硕士学位教育。民族医药继续教育得到重视，近十年在全国老中医药专家学术经验继承工作中，共有55人次民族医药指导老师培养了76名继承人。开展了乡村医生民族医中专学历教育和乡镇卫生院民族医临床技术骨干人才培养工作。

2010版中国药典一部共收载民族习用药材16种，民族验方29种。

### 一、四大民族医药

#### （一）藏医药

藏族医学已有1200多年文字记载的历史，其理论体系认为“隆”（气），“赤巴”（火）、“培根”（水、土）是构成人体的三大元素（三因学说），任何一个元素的盛衰都会引起疾病发生。藏医学以其独特的“三因学说”、“人体七大物质”和“三种排泄物”为基础理论，在多个学科领域都有自己独特的建树。藏医主要分布在西藏以及青海、四川、甘肃、云南等地。

目前有药用记录的藏药达2294种。常用的有300多种，其中植物类200余种，占

70%；动物类40余种，占12%；矿物类40余种，占14%。2010年《中华人民共和国药典》一部收载藏族习用药材小叶莲、毛诃子、余甘子、独一味、洪连、藏菖蒲、翼首草共9种，藏族验方制剂二十五味松石丸、二十五味珊瑚丸、十一味能消丸、十二味翼首散、十三味榜嘎散、十五味沉香丸、十六味冬青丸、七十味珍珠丸、七味铁屑丸、八味沉香散、九味石灰华散、五味麝香丸、仁青芒觉、仁青常觉、洁白丸、催汤丸共16种。

### （二）蒙医药

蒙医药理论体系的显著特点是以阴阳五元学说为指导的整体观和对六基症的辨证施治。六基症理论把引起疾病的主要原因归纳为“赫依、希拉、巴达干、血液、黄水、粘虫”六种，把疾病的本质归纳为寒热两种，把发病部位归纳为脏腑、黑脉、白脉、五官等。蒙医理论明确指出发病本身的内条件指三根七素，即内因；致病因素指外界因素，即外缘。正常情况下，三根七素各有特点，共同担负着人体正常生理功活动，保持对立统一的相对平衡状态。这是人体健康的基本原因。在各种致病因素的影响下，三根出现偏盛偏衰等反常状态而失去平衡时，就产生疾病，这是病理活动的基本原因。蒙医主要分布在内蒙古、辽宁、吉林、黑龙江、青海、新疆等地。

2010年《中华人民共和国药典》收载蒙药广枣、冬葵果、沙棘（蒙藏）、草乌叶、4种，蒙药验方制剂七味广枣丸、七味葡萄散、八味清心沉香散、八味檀香散、三子散、三味蒺藜散、五味沙棘散、五味清浊散、六味木香散、六味安消散（蒙藏验方）、四味土木香散共11种。

### （三）维吾尔族医药

维吾尔医药成为独特的理论体系已有上千年的历史。维吾尔医药学主要是由气质学说、体液学说、器官学说组成。它认为，人体的病灶主要是由气质失调，异常黑胆质所致。要治病，首先要清除病体内的异常黑胆质。维医维药对预防肿瘤、心血管病、皮肤病、糖尿病有独特效果。维医主要分布在乌鲁木齐、喀什、和田、吐鲁番等新疆地区。2010年《中华人民共和国药典》收载维药天山雪莲、菊苣、黑种草子3种。

### （四）傣医药

傣医药学认为自然界存在风、土、水、火“四塔”，而人体同样由风（气）、水（血）、火、土“四塔”构成。四者平衡则身体健康，四者不平衡人则生病。“四塔”理论是傣医药进行疾病诊断、治疗的理论基础。傣医还根据当地气候特点，将一年分为冷、热、雨三季，选用不同的方药治疗不同季节的疾病。傣医治疗疾病，除采用内服、外用，内外合治三种治法外，还有一些独特的治疗方法。如睡药、敷药、蒸药、薰药、研磨药、刺药等。1983年国家确定傣医药为中国四大民族医药之一。2010版药典收载傣族习用药材亚乎奴，验方制剂雅叫哈顿散。另外，有民族习用药材榼藤子、景颇族胡蜂酒被收入2010版药典。

## 二、民族医药法规

民族医药尚没有专门的法规，其管理参照《中医药条例》进行。2007年12月18日，国家中医药管理局、国家民委、卫生部、国家发展和改革委、教育部、科技部、财政部、人事部、劳动和社会保障部、食品药品监督管理局、知识产权局等11个部委局在北京联合发布了《关于切实加强民族医药事业发展的指导意见》（以下简称《意见》）。

《意见》提出了针对目前普遍存在的民族医医疗机构基础条件较差的现状，要切实加大投入，改善就医条件；根据本地区的实际情况和当地群众对民族医药服务的需求，在有条件的综合性医院、乡镇卫生院、社区卫生服务中心设立民族医科（室）。

国务院《关于扶持和促进中医药事业发展的若干意见》中指出，要加快民族医药发展，应做好以下工作。一是要全面贯彻《关于切实加强民族医药事业发展的指导意见》，加强对落实情况的督导。二是推进民族医药服务能力建设，加强国家级民族医临床研究基地和民族医重点专科、重点学科建设，加强民族医医院基础设施建设、改善就医条件。三是加强民族医药教育，重视民族医药人才队伍建设，支持民族医药老专家学术经验继承工作。四是支持重要民族医药文献的校勘、注释和出版，开展民族医特色诊疗技术、单验方等整理研究，加强民族医药的科学研究，筛选推广一批民族医药适宜技术，推动民族医药的继承发展。五是完善民族医药从业人员准入制度。完善藏医、蒙医、维医、傣医国家医师资格考试，开展朝医、壮医医师资格考试试点。六是建设民族药研发基地，促进民族医药产业发展。

# 第十一章 传染病防治法律制度

传染病防治法律制度是国家为预防、控制和消除传染病的发生与流行，保障人体健康而颁布、实施的法律、法规等规范性文件的总称。我国的《传染病防治法》（修订草案）由十届全国人大常委会第八次会议审议通过，于2004年12月实施。另外，涉及饮用水、食品、消毒和献血等卫生法律法规，如《中华人民共和国国境卫生检疫法》、《消毒管理办法》、《生活饮用水卫生监督管理办法》、《传染病防治法实施办法》、《突发公共卫生事件与传染病疫情监测信息报告管理办法》、《艾滋病防治条例》等均属于传染病防治法律制度范畴，它们中的某些条款规定了与传染病防治有关的内容。

## 第一节　传染病预防和控制

传染病防治应遵循预防为主、防治结合、分类管理的原则。与传染病的流行过程相对应，传染病的防治包括管理传染源、切断传播途径、保护易感人群以及对传染病患者的治疗等几个环节。

### 一、传染病分类

《传染病防治法》将传染病分为甲类、乙类和丙类。

甲类传染病是指：鼠疫、霍乱。共2种，为强制管理的传染病。

乙类传染病是指：传染性非典型肺炎、艾滋病、病毒性肝炎、脊髓灰质炎、人感染高致病性禽流感、麻疹、流行性出血热、狂犬病、流行性乙型脑炎、登革热、炭疽、细菌性和阿米巴性痢疾、肺结核、伤寒和副伤寒、流行性脑脊髓膜炎、百日咳、白喉、新生儿破伤风、猩红热、布鲁氏菌病、淋病、梅毒、钩端螺旋体病、血吸虫病、疟疾。共25种，为严格管理的传染病。

丙类传染病是指：流行性感冒、流行性腮腺炎、风疹、急性出血性结膜炎、麻风病、流行性和地方性斑疹伤寒、黑热病、包虫病、丝虫病，除霍乱、细菌性和阿米巴性痢疾、伤寒和副伤寒以外的感染性腹泻病、手足口病。共11种，为监测管理的传染病。

上述规定以外的其他传染病，根据其暴发、流行情况和危害程度，需要列入乙类、丙类传染病的，由国务院卫生行政部门决定并予以公布。

乙类传染病中传染性非典型肺炎、炭疽中的肺炭疽和人感染高致病性禽流感，采取甲类传染病的预防、控制措施。其他乙类传染病和突发原因不明的传染病需要采取甲类传染病的预防、控制措施的，由国务院卫生行政部门及时报经国务院批准后予以公布、实施。

## 二、传染病预防

### （一）国家对传染病预防的主要制度

**1. 实行有计划的预防接种制度** 预防接种是控制和消除某些传染病的有效手段之一，是贯彻预防为主方针、保护易感者的重要措施。国家实行有计划的预防接种，特别是对儿童实行预防接种制度，从制度上保障了控制和消除对人群、尤其是对儿童危害较严重的传染病的目的。

**2. 建立传染病监测制度** 国家设立预防保健机构和疾病控制机构并配备人员，承担一定区域的传染病预防、控制和疫情管理工作。

**3. 建立传染病预警制度** 各级卫生行政部门和疾控中心对传染病的发生、流行进行检测，并发出预警，根据情况予以公布。

### （二）国家对传染病预防的具体措施

预防是传染病防治工作中的主要措施，是国家对传染病实行预防为主的方针的具体体现。为此《传染病防治法》规定了以下具体措施：

**1. 开展群众性爱国卫生活动** 对群众进行卫生健康教育，并采取消除鼠害和病媒昆虫等传播传染病的危害因素等措施，对传染病的发生防患于未然。

**2. 传染源的有效管理** 禁止传染病病人、病原携带者和疑似传染病病人在治愈或者排除传染病疑似前，从事易使该传染病扩散的工作。

**3. 加强公共卫生管理** 各级政府有计划地建造和改造公共卫生设施，对污水、污物、粪便进行无害化处理，改善饮用水的卫生条件，使饮用水符合国家规定的卫生标准。

## 三、传染病疫情信息报告

疫情报告是传染病管理的重要组成部分，也是预防和控制传染病的重要环节。及时、全面、准确地掌握疫情，对科学地制定传染病的预防、发生、控制的对策与措施具有重要意义。

### （一）疫情报告

**1. 疫情报告人** 各级各类医疗机构、疾病预防控制机构、采供血机构均为责任报告单位。其执行职务的人员和乡村医生、个体开业医生均为责任疫情报告人，必须按照传染病防治法的规定进行疫情报告，履行法律规定的义务。

**2. 疫情报告时限** 责任报告单位和责任疫情报告人发现甲类传染病和乙类传染病中的肺炭疽、传染性非典型肺炎、脊髓灰质炎、人感染高致病性禽流感病人或疑似病人时，或发现其他传染病和不明原因疾病暴发时，应于2小时内将传染病报告卡通过网络报告；未实行网络直报的责任报告单位应于2小时内以最快的通讯方式（电话、传真）向当地县级疾病预防控制机构报告，并于2小时内寄送出传染病报告卡。

对其他乙、丙类传染病病人、疑似病人和规定报告的传染病病原携带者在诊断后，实行网络直报的责任报告单位应于24小时内进行网络报告；未实行网络直报的责任报告单位应于24小时内寄送出传染病报告卡。

县级疾病预防控制机构收到无网络直报条件责任报告单位报送的传染病报告卡后，应于2小时内通过网络进行直报。

（二）调查

接到甲类传染病、传染性非典型肺炎和乙类传染病中艾滋病、肺炭疽、脊髓灰质炎的疑似病人、病原携带者及其密切接触者等疫情报告的地方疾病预防控制机构，应立即派专业人员赶赴现场进行调查。接到其他乙类、丙类传染病暴发、流行疫情报告后，应在12小时内派专业人员赶赴现场进行调查。

（三）信息管理和通报

各级各类医疗机构指定的部门和人员，负责本单位突发公共卫生事件和传染病疫情报告卡的收发和核对，设立传染病报告登记簿，统一填报有关报表。

县级疾病预防控制机构负责本辖区内突发公共卫生事件和传染病疫情报告卡、报表的收发、核对、疫情的报告和管理工作。

各级疾病预防控制机构应建立突发公共卫生事件和传染病疫情定期分析通报制度，常规监测时每月不少于三次疫情分析与通报，紧急情况下需每日进行疫情分析与通报。

国境口岸所在地卫生行政部门指定的疾病预防控制机构和港口、机场、铁路等疾病预防控制机构及国境卫生检疫机构，发现国境卫生检疫法规定的检疫传染病时，应当互相通报疫情。

发现人畜共患传染病时，当地疾病预防控制机构和农、林部门应当互相通报疫情。

国务院卫生行政部门应当及时通报和公布突发公共卫生事件和传染病疫情，省（自治区、直辖市）人民政府卫生行政部门根据国务院卫生行政部门的授权，及时通报和公布本行政区域内的突发公共卫生事件和传染病疫情。

## 四、传染病控制

在传染病防治工作中，当传染病发生、暴发或流行时，需要组织和调集各种力量，采取强有力的控制措施，阻止传染病的扩散和蔓延。《传染病防治法》规定，中华人民共和国领域内的一切单位和个人，必须接受疾病预防控制机构、医疗机构有关传染病的调查、检验、采集样本、隔离治疗等预防、控制措施，如实提供有关情况。控制措施的科学制定和实施是预防工作成败的关键。具体措施包括以下几个方面。

（一）一般措施

医疗机构对病人、病原携带者和疑似病人应当采取强制隔离治疗、医学观察、医学干预等措施，必要时，可由公安机关协助医疗机构采取强制隔离治疗措施。

1. 医疗机构发现甲类传染病时，应当及时采取下列措施：

（1）对病人、病原携带者，予以隔离治疗，隔离期限根据医学检查结果确定；

（2）对疑似病人，确诊前在指定场所单独隔离治疗；

（3）对医疗机构内的病人、病原携带者、疑似病人的密切接触者，在指定场所进行医学观察和采取其他必要的预防措施。

拒绝隔离治疗或者隔离期未满擅自脱离隔离治疗的，可以由公安机关协助医疗机构采取强制隔离治疗措施。

2. 医疗机构发现乙类或者丙类传染病病人，应当根据病情采取必要的治疗和控制传播措施。

3. 医疗机构对本单位内被传染病病原体污染的场所、物品以及医疗废物，必须依照法律、法规的规定实施消毒和无害化处置。

4. 对已经发生甲类传染病病例的场所或者该场所内的特定区域的人员，所在地的县级以上地方人民政府可以实施隔离措施，并同时向上一级人民政府报告；接到报告的上级人民政府应当即时作出是否批准的决定。上级人民政府作出不予批准决定的，实施隔离措施的人民政府应当立即解除隔离措施。

### （二）紧急措施

传染病暴发、流行时，县级以上地方人民政府报经上一级政府决定，可以采取非常措施：

1. 限制或者停止集市、集会、影剧演出或者其他人群聚集的活动；
2. 停工、停业、停课；
3. 临时征用房屋、交通工具；
4. 封闭或者封存被传染病病原体污染的公共饮用水源、食品以及相关物品；
5. 控制或者扑杀染疫野生动物、家畜家禽；
6. 封闭可能造成传染病扩散的场所。

县级以上地方政府接到下一级政府关于采取前款所列紧急措施报告时，应当在 24 小时内作出决定。紧急措施的解除，由原决定机关决定并宣布。

### （三）特殊措施

特殊措施主要有以下几种情况。

**1. 宣布疫区和疫区封锁** 甲类、乙类传染病暴发流行时，县级以上地方政府报经上一级地方政府决定，可以宣布疫区，在疫区内采取紧急措施，并可以对出入疫区的人员、物资和交通工具实施卫生检疫。国务院可以决定并宣布跨省、自治区、直辖市的疫区。经省、自治区、直辖市政府决定，可以对甲类传染病疫区实施封锁；封锁大、中城市的疫区或者跨省、自治区、直辖市的疫区，以及封锁疫区导致中断干线交通或者封锁国境的，由国务院决定。

疫区封锁的解除，由原决定机关决定并宣布。

**2. 人员调用** 发生重大传染病疫情时，国务院卫生行政部门有权全国范围或者跨省、自治区、直辖市范围内，地方各级政府卫生行政部门有权在本行政区域内，紧急调集人员或者调用储备物资，临时征用房屋、交通工具以及相关设施、设备。

**3. 尸体处理** 患甲类传染病、炭疽死亡的，应当将尸体立即进行卫生处理，就近火化。患其他传染病死亡的，必要时，应当将尸体进行卫生处理后火化或者按照规定深埋。为了查找传染病病因，医疗机构在必要时可以按照国务院卫生行政部门的规定，对传染病病人尸体或者疑似传染病病人尸体进行解剖查验，并应当告知死者家属。

## 第二节　传染病防治监督

对传染病防治进行监督是传染病防治的一项重要措施。其具体内容可以由各级政府卫生行政部门、传染病管理监督员和传染病管理检查监督员实施。

### 一、传染病防治监督管理机关及其职责

《传染病防治法》规定，执行传染病防治监督管理职权的机关是各级政府卫生行政部门和受国务院卫生行政部门委托的其他有关部门（如铁路、交通部门）的卫生主管机构，各级政府卫生行政部门对传染病防治工作实施统一监督管理，其职权是：

（一）对传染病的预防、治疗、监测、控制和疫情管理措施进行监督、检查；

（二）责令被检查单位或个人限期改进传染病防治管理工作；

（三）对违反传染病防治法的行为给予行政处罚。

### 二、传染病管理监督员及其职责

传染病管理监督员由各级政府卫生行政部门、受国务院卫生行政部门委托的其他有关部门卫生主管机构、各级各类疾病控制机构设立，并由省级以上政府卫生行政部门聘任、发给证件。其任务是执行卫生行政部门或者其他有关部门卫生主管机构交给的传染病监测管理工作。传染病管理监督员的职责是：

（一）监督、检查《传染病防治法》及其实施办法的执行情况；

（二）进行现场调查，并写出书面报告；

（三）对违法单位和个人提出处罚建议；

（四）执行卫生行政部门和有关部门卫生主管机构交付的任务；

（五）提出预防、控制传染病措施的建议。

### 三、传染病管理检查员及其职责

传染病管理检查员由各类医疗保健机构设立，并由县级以上地方政府卫生行政部门批准、发给证件。其任务是负责检查本单位及责任地段的传染病防治管理工作，并向有关疾病控制机构报告检查结果。传染病管理检查员的职责是：

（一）宣传《传染病防治法》及其实施办法，检查本单位和责任地段的传染病防治措施的实施和疫情报告执行情况；

（二）对本单位及责任地段的传染病防治工作进行技术指导；执行卫生行政部门和卫生防控机构对本单位及责任地段提出的改进传染病防治管理工作的意见；

（三）定期向卫生行政部门指定的卫生防控机构汇报工作情况，遇到紧急情况及时报告。

## 第三节　消毒管理

卫生部于2001年12月29日通过了《消毒管理办法》，于2002年7月1日起施行。

### 一、医疗卫生单位的消毒

（一）各医疗卫生单位须设立由主要负责人负责的消毒隔离管理机构，负责本单位消毒技术指导和监督、监测工作，建立消毒隔离常规，并接受所在地区卫生防控机构的

监督。

（二）医疗卫生人员必须接受消毒灭菌技术培训，掌握消毒知识，牢固树立消毒隔离观念，严格执行消毒灭菌常规。

（三）伸入组织、器官的医疗用品必须达到灭菌。接触皮肤、黏膜的器械和用品要达到消毒。各种注射、穿刺、采血器具必须一人一用一灭菌。凡一次性使用的医疗卫生用品，用后必须及时回收，由单位集中进行无害化处理或销毁。

（四）医疗卫生单位要使用经卫生部批准的药械进行消毒，定期监测消毒效果。空气、物体表面和医疗用品必须达到卫生标准。

（五）医疗卫生单位的污水按国家现行医院污水排放标准执行。污物、运送病人的车辆、工具等必须进行消毒处理。

## 二、疫源地消毒

（一）卫生部门或消毒站接到甲类传染病消毒通知，必须立即赶赴现场进行彻底消毒。

（二）对必须消毒的乙类传染病，在接到传染病消毒通知后，城区 24 小时；郊区 48 小时内由卫生防控人员进行终末消毒。对暂不能入院的乙类传染病人，由基层卫生防控人员负责指导病家自行消毒。

## 三、消毒产品管理

### （一）消毒产品生产

消毒产品应符合国家有关规范、标准和规定。消毒剂、消毒器械、卫生用品、一次性使用医疗用品的生产企业应取得所在地省级卫生行政部门发放的卫生许可证，方可从事消毒产品的生产。消毒产品生产企业卫生许可证的生产项目分为消毒剂类、消毒器械类、卫生用品类和一次性使用医疗用品类。许可证有效期为 4 年，每年复核一次。

卫生用品和一次性使用医疗用品在投放市场前应当向省级卫生行政部门备案。省级卫生行政部门对符合要求的，发给备案凭证。备案文号格式为：（省、自治区、直辖市简称）卫消备字（发证年份）第 XXXX 号。备案凭证在全国范围内有效。进口卫生用品和一次性使用医疗用品在首次进入中国市场销售前应当向卫生部备案。卫生部对符合要求的，发给备案凭证。备案文号格式为：卫消备进字（发证年份）第 XXXX 号。

生产消毒剂、消毒器械应当取得卫生部颁发的消毒剂、消毒器械卫生许可批件。卫生部对批准的产品，发给消毒剂、消毒器械卫生许可批件，批准文号格式为：卫消字（年份）第 XXXX 号。卫生部对申请进口消毒剂、消毒器械的，批准进口的，发给进口消毒剂、消毒器械卫生许可批件，批准文号格式为：卫消进字（年份）第 XXXX 号。消毒剂、消毒器械卫生许可批件的有效期为 4 年。

### （二）消毒产品经营

经营者采购消毒产品时，应当索取下列有效证件：

1. 生产企业卫生许可证复印件；

2. 产品备案凭证或者卫生许可批件复印件。

有效证件的复印件应当加盖原件持有者的印章。

（三）禁止生产经营下列消毒产品

1. 无生产企业卫生许可证、产品备案凭证或卫生许可批件的；

2. 产品卫生质量不符合要求的。

## 四、消毒监督管理

（一）各级卫生行政部门领导消毒监督管理，各级卫生防控部门执行消毒监督管理工作。

（二）各级卫生防控部门设立消毒监督机构，负责管辖地区各单位的消毒监督管理工作。指定专业人员担任消毒监督员，由同级卫生行政部门发给证书。

（三）消毒监督机构的职责是开展对本辖区的消毒监督管理、技术指导和培训工作，对不履行或违反本办法规定的单位或个人给予适当处罚。

（四）消毒监督员执行任务时，有权向被监督单位或个人了解情况，索取有关资料，进入现场采样检查，任何单位或个人不得拒绝或隐瞒。监督人员有义务对所提供的情况保守秘密。

（五）消毒监督机构有权对消毒剂、洗消剂、消毒器械和医疗用品实行卫生管理，凡从事该项生产的部门必须由当地省、市、自治区和省会市级以上卫生防控部门报卫生部批准后，方可投产、刊登广告和销售。各级消毒监督机构不得参与消毒药械的生产和监制工作。

# 第四节　生活饮用水卫生管理

## 一、供水单位的卫生要求

《生活饮用水卫生监督管理办法》规定，无论是市政供水、自建集中式供水，还是二次供水必须符合国家生活饮用水卫生标准。

（一）供水单位必须取得卫生许可证方可供水。

（二）供、管水人员必须全部每年进行健康查体和卫生知识培训，取得合格证后方可上岗。

（三）供水单位新建、改建、扩建的饮用水工程项目，应当符合卫生要求，选址、设计审查、竣工验收必须有建设、卫生行政部门参加。

（四）有健全的卫生管理组织制度和水污染事故应急预案。

（五）有水质净化消毒设施及必要的水质检验仪器、设备和人员，使用水处理器、消毒剂、净水剂、管件（头）等涉水产品必须索取省级以上卫生行政部门批件。

## 二、生活饮用水水质卫生要求

生活饮用水是供水单位供给居民作为饮水和生活用水，该水的水质必须确保居民终生饮用安全。

（一）生活饮用水中不得含有病原微生物。

（二）生活饮用水中化学物质不得危害人体健康。

（三）生活饮用水中放射性物质不得危害人体健康。

（四）生活饮用水的感官性状良好。

（五）生活饮用水应经消毒处理。

（六）生活饮用水水质应符合水质常规指标及限值和水质非常规指标及限值卫生要求。

（七）农村小型集中式供水和分散式供水因条件限制，水质部分指标可暂按农村小型集中式供水和分散式供水部分水质指标及限值执行，其余指标仍按规定执行。

（八）当发生影响水质的突发性公共事件时，经市级以上人民政府批准，感官性状和一般化学指标可适当放宽。

（九）当饮用水中含有规定所列指标时，可参考生活饮用水水质参考指标及限值评价。

### 三、监督管理

国家实行饮用水卫生监督制度。

（一）集中式供水必须取得县级以上政府卫生行政部门颁发的卫生许可证。供水单位新建、改建、扩建的饮用水工程项目，应当符合卫生要求，选址、设计审查、竣工验收必须有建设、卫生行政部门参加。

（二）县级以上卫生行政部门负责本行政区域饮用水卫生监督检测工作。

（三）县级以上卫生行政部门应当做好新建、改建、扩建的饮用水工程项目的预防性卫生监督监测工作。

（四）县级以上卫生行政部门设饮用水卫生监督员，负责饮用水卫生监督工作。

## 第五节　常见传染病防治的法律规定

### 一、艾滋病

艾滋病（AIDS）是从英语 Acquired Immune Deficiency Syndrome 字头的缩写形式音译过来的，即“获得性免疫缺陷综合征”。其致病病源是人类免疫缺乏病毒（HIV），潜伏期5～10年。

艾滋病是性接触传染病，主要传播途径是性交和液体交换，一般性的接触不会导致传染。艾滋病的迅速传播已经引起全世界的极大关注。许多国家纷纷从本国实际情况出发，制定了检测和管理艾滋病的政策和法律，以防止艾滋病的传入和蔓延。

#### （一）我国艾滋病防治

我国发现艾滋病后，国家高度重视预防和控制艾滋病的工作：一是组建了艾滋病防控组织机构；二是开展健康教育，宣传和科研工作；三是广泛开展国际合作，在 WHO 的协助下共同制定了中国预防和控制艾滋病中长期规划；四是加强立法，将艾滋病管理工作逐步纳入法制化轨道。

#### （二）艾滋病监测管理的法律规定

**1. 监测管理的对象**　已确认的艾滋病病人、艾滋病病毒感染者、疑似艾滋病病人及与前两类密切接触者以及被艾滋病病毒污染或可能造成艾滋病传播的血液及其制品、毒株、生物制品、动物及其他物品均为监测管理对象。

**2. 监测管理的机构**　各级人民政府卫生行政部门主管辖区内的艾滋病监测管理工作。

**3. 监测管理的内容**　第一，疫情收集、整理、分析；第二，重点人群的血清学检查；第三，流行病学因素调查、分析。

**4. 监测管理的措施**　第一，加强国境卫生检疫工作，禁止艾滋病患者入境；第二，对可疑的高危人群做好监测工作；第三，严禁任何单位和个人从国外进口或带入被艾滋病病毒污染或可能造成艾滋病传播的血液和血液制品、毒株、生物制品、动物及其他物品。如需进口，须报经卫生部审查批准。第四，医疗保健机构发现艾滋病患者时，应立即采取消毒隔离措施，并送往指定的医疗单位治疗。同时，立即向当地卫生行政部门报告。

### （三）违反艾滋病监测管理规定的法律责任

我国《艾滋病监测管理的若干规定》明确规定，对隐瞒病情不申报，逃避查验的；已知系艾滋病病人或感染者，有传播艾滋病行为的；瞒报携带被艾滋病病毒污染或可能造成艾滋病传播的血液或血液制品、毒株、生物制品、动物及其他物品入境的；拒绝执行为预防和控制艾滋病流行所采取的各种措施的单位和个人，由卫生行政部门给予罚款，并采取强制预防、治疗和消毒措施。对于违反规定引起艾滋病传播或者有引起艾滋病传播严重危险的，由司法机关依法追究刑事责任。

## 二、结核病

结核病是经呼吸道传播的慢性传染病，主要发生在肺部。结核病在全球的广泛流行，已成为重大的公共卫生问题和社会问题。我国是世界上22个结核病高负担国家之一，现有结核患者约500万人，居世界第二位，其中80%的患者在农村。

为了有效遏制全球结核病流行，近年来，我国各级政府采取措施加大防治力度，制定了一系列的防治计划和各项有关规定。我国实行有计划的卡介苗接种制度。

### （一）结核病控制机构

国务院卫生行政部门设卫生部结核病控制中心与分中心；省、自治区、直辖市及所辖市（地）、县卫生行政部门设结核病防治机构，或指定医疗预防保健机构承担结核病防治机构的职责。

### （二）预防接种

各级卫生行政部门负责制定本地区卡介苗接种工作规划、目标，并组织实施。各级各类医疗预防保健机构都有义务按规定承担所在地区、单位或指定区域的卡介苗接种任务。卡介苗接种人员必须经过专门技术培训，经县级以上结核病防治机构考核合格后方可从事接种工作。并应当将接种情况及时填入统一发放的计划免疫接种证和预防接种卡片。

卡介苗接种发生差错事故或发生严重异常反应时，必须立即采取措施进行抢救和治疗，并如实报告当地县级卫生防控机构，不得延误或隐瞒不报。

### （三）调查与报告

结核病防治机构和指定的医疗预防保健机构，应当按规定进行结核病疫情和传染源的调查。发生结核病暴发流行的地区和单位，应当积极配合当地结核病防治机构和指定的医疗预防保健机构的流行病学调查工作。

医疗预防保健机构和个体开业医生对确诊的病人，必须按规定时间向当地结核病防治机构和指定的医疗预防保健机构报出《结核病报告卡》。

（四）治疗

治疗结核病广泛推荐采用 DOTS 方法，即病人每次用药均在医务人员的观察下进行，发现有漏服情况时应及时补上，通俗的说法就是“看着病人吃药，直至病人痊愈”，其目的就是要保证病人正规治疗，避免耐药结核菌的产生和播散。DOTS 措施应由结核病防治专业机构负责组织落实。我国规定，肺结核病人要转至结防机构实行“归口管理”。全国结核病防治规划（2001－2010）要求 2010 年全国以县（市）为单位，实施现代结核病控制策略（DOTS）的覆盖率达到 95% 以上。

肺结核治疗原则是“早期、联用、足量、规律、全程”。目前，全国大部分省市对传染性肺结核病人都是免费“组合式药”治疗，即初治病人使用四联药物（异烟肼、利福平、乙胺丁醇、吡嗪酰胺），复治病人使用五联药物（以上四种药再加链霉素）。肺结核采用药物疗法，初治病人需治疗 6 个月，复治病人需治疗 8 个月。经过有规律的全程治疗，一般患者都可以治愈。

（五）控制传染

结核病防治机构和指定的医疗预防保健机构，对下列从业人员中患有传染性结核病的，应当按规定通知其单位和当地卫生监督管理机构：①饮用水的生产、管理、供应等工作；②饮食服务行业的经营、服务等工作；③托幼机构的体育、教育等工作；④食品行业的生产、加工、销售、运输及保管等工作；⑤美容、整容等工作；⑥其他与人群接触密切的工作。

## 第六节　法律责任

### 一、地方各级人民政府及其有关部门的违法责任

（一）地方各级人民政府未依照本法的规定履行报告职责，或者隐瞒、谎报、缓报传染病疫情，或者在传染病暴发、流行时，未及时组织救治、采取控制措施的，由上级人民政府责令改正，通报批评；造成传染病传播、流行或者其他严重后果的，对负有责任的主管人员，依法给予行政处分；构成犯罪的，依法追究刑事责任。

（二）县级以上人民政府卫生行政部门违反本法规定，有下列情形之一的，由本级人民政府、上级人民政府卫生行政部门责令改正，通报批评；造成传染病传播、流行或者其他严重后果的，对负有责任的主管人员和其他直接责任人员，依法给予行政处分；构成犯罪的，依法追究刑事责任。

1. 未依法履行传染病疫情通报、报告或者公布职责，或者隐瞒、谎报、缓报传染病疫情的；

2. 发生或者可能发生传染病传播时未及时采取预防、控制措施的；

3. 未依法履行监督检查职责，或者发现违法行为不及时查处的；

4. 未及时调查、处理单位和个人对下级卫生行政部门不履行传染病防治职责的举报的；

5. 违反本法的其他失职、渎职行为。

（三）县级以上人民政府有关部门未依照本法的规定履行传染病防治和保障职责的，由本级人民政府或者上级人民政府有关部门责令改正，通报批评；造成传染病传播、流行或者其他严重后果的，对负有责任的主管人员和其他直接责任人员，依法给予行政处分；构成犯罪的，依法追究刑事责任。

## 二、疾病预防控制机构的违法责任

疾病预防控制机构违反本法规定，有下列情形之一的，由县级以上人民政府卫生行政部门责令限期改正，通报批评，给予警告；对负有责任的主管人员和其他直接责任人员，依法给予降级、撤职、开除的处分，并可以依法吊销有关责任人员的执业证书；构成犯罪的，依法追究刑事责任。

（一）未依法履行传染病监测职责的；

（二）未依法履行传染病疫情报告、通报职责，或者隐瞒、谎报、缓报传染病疫情的；

（三）主动收集传染病疫情信息，或者对传染病疫情信息和疫情报告未及时进行分析、调查、核实的；

（四）发现传染病疫情时，未依据职责及时采取本法规定的措施的；

（五）故意泄露传染病病人、病原携带者、疑似传染病病人、密切接触者涉及个人隐私的有关信息、资料的。

## 三、医疗机构的违法责任

医疗机构违反本法规定，有下列情形之一的，由县级以上人民政府卫生行政部门责令改正，通报批评，给予警告；造成传染病传播、流行或者其他严重后果的，对负有责任的主管人员和其他直接责任人员，依法给予降级、撤职、开除的处分，并可以依法吊销有关责任人员的执业证书；构成犯罪的，依法追究刑事责任。

（一）未按照规定承担本单位的传染病预防、控制工作、医院感染控制任务和责任区域内的传染病预防工作的。

（二）未按照规定报告传染病疫情，或者隐瞒、谎报、缓报传染病疫情的。

（三）发现传染病疫情时，未按照规定对传染病病人、疑似传染病病人提供医疗救护、现场救援、接诊、转诊的，或者拒绝接受转诊的。

（四）未按照规定对本单位内被传染病病原体污染的场所、物品以及医疗废物实施消毒或者无害化处置的。

（五）未按照规定对医疗器械进行消毒，或者对按照规定一次使用的医疗器具未予销毁，再次使用的。

（六）在医疗救治过程中未按照规定保管医学记录资料的。

（七）故意泄露传染病病人、病原携带者、疑似传染病病人、密切接触者涉及个人隐私的有关信息、资料的。

# 第十二章 公共卫生监管法律制度

公共卫生包括公共场所卫生、生活饮用水卫生、食品卫生、学校卫生、劳动卫生、职业病防治、放射卫生、化妆品卫生、保健用品卫生、国境卫生检疫、特殊人群卫生保健、传染病管理和突发公共卫生事件应急处理等范畴。本章重点讲述公共场所卫生和突发公共卫生事件应急处理内容。

## 第一节 公共场所卫生管理

公共场所，是指人群聚集，并供公众从事各种社会活动使用的一切有围护结构的公用建筑物、场所或设施的总称。按其用途大致可分为生活服务设施、文娱体育设施、公共福利设施、公共交通设施四类。目前并没有将所有的公共场所都纳入法定监督对象，如集贸市场、邮电局、证券交易所营业厅等。

### 一、法定管理的公共场所

按照《公共场所卫生管理条例》的规定，我国法定的公共场所主要指下列公共场所：

（一）宾馆、饭馆、旅店、招待所、车马店、咖啡馆、酒吧、茶座。

（二）公共浴室、理发店、美容店。

（三）影剧院、录像厅（室）、游艺厅（室）、舞厅、音乐厅。

（四）体育场（馆）、游泳场（馆）、公园。

（五）展览馆、博物馆、美术馆、图书馆。

（六）商场（店）、书店。

（七）候诊室、候车（机、船）室、公共交通工具。

根据《公共场所卫生管理条例实施细则》的规定，饭店的监督范围和内容系指安装空调设施的就餐场所的环境卫生状况；公园的监督范围系指有围护结构的公共场所；公共交通工具系指国内运送旅客的飞机、火车、轮船；商场（店）、书店系指城市营业面积在300平方米以上，县、乡、镇营业面积在200平方米以上的场所。未达到上述规定条件的暂时没有纳入监督检测的范围。

### 二、公共场所应符合国家卫生标准和要求的项目

（一）空气、微小气候（湿度、温度、风速）。

（二）水质。

（三）采光、照明。

（四）噪音。

（五）顾客用具和卫生设施。

国家对公共场所以及新建、改建、扩建的公共场所的选址和设计实行“卫生许可证”制度。“卫生许可证”由县以上卫生行政部门签发。

## 三、卫生管理

（一）公共场所的主管部门应当建立卫生管理制度，配备专职或者兼职卫生管理人员，对所属经营单位（包括个体经营者，下同）的卫生状况进行经常性检查，并提供必要的条件。

（二）经营单位应当负责所经营的公共场所的卫生管理，建立卫生责任制度，对本单位的从业人员进行卫生知识的培训和考核工作。

（三）公共场所直接为顾客服务的人员，持有“健康合格证”方能从事本职工作。患有痢疾、伤寒、病毒性肝炎、活动期肺结核、化脓性或者渗出性皮肤病以及其他有碍公共卫生的疾病的，治愈前不得从事直接为顾客服务的工作。

（四）经营单位须取得“卫生许可证”后，方可向工商行政管理部门申请登记，办理营业执照。在本条例实施前已开业的，须经卫生防控机构验收合格后，补发“卫生许可证”。“卫生许可证”两年复核一次。

（五）公共场所因不符合卫生标准和要求造成危害健康事故的，经营单位应妥善处理，并及时报告卫生防控机构。

## 四、公共场所卫生监督

### （一）公共场所卫生监督机构及其职责

1. 各级卫生防控机构，负责管辖范围内的公共场所卫生监督工作。

2. 卫生防控机构根据需要设立公共场所卫生监督员，执行卫生防控机构交给的任务。公共场所卫生监督员由同级人民政府发给证书。

3. 卫生防控机构对公共场所的卫生监督职责：

（1）对公共场所进行卫生监测和卫生技术指导。

（2）监督从业人员健康检查，指导有关部门对从业人员进行卫生知识的教育和培训。

4. 对新建、扩建、改建的公共场所的选址和设计进行卫生审查，并参加竣工验收。

5. 对违反《公共场所卫生管理条例》的单位和个人进行行政处罚。

### （二）公共场所卫生监督员及其职责

卫生监督员有权对公共场所进行现场检查，索取有关资料，经营单位不得拒绝或隐瞒。卫生监督员对所提供的技术资料有保密的责任。公共场所卫生监督员在执行任务时，应佩戴证章、出示证件。职责是：

1. 对管辖范围内公共场所进行卫生监督检测和卫生技术指导。

2. 宣传卫生知识，指导和协助有关部门对从业人员进行卫生知识培训。

3. 根据有关规定对违反《公共场所卫生管理条例》有关条款的单位和个人提出处罚建议。

4. 参加对新建、扩建、改建的公共场所的选址和设计卫生审查和竣工验收。

5. 对公共场所进行现场检查，索取有关资料，包括取证照相、录音、录像等，调查处理公共场所发生的危害健康事故。卫生监督员对所提供的技术资料有保密的责任。

6. 执行卫生监督机构交付的其他任务。

## 第二节 学校卫生法律制度

为提高学生的健康水平，国务院及有关部门相继颁布了《关于全日制学校的教学、劳动和生活安排的规定》、《高等学校学生体质健康卡片》、《中、小学学生体质健康卡片》等30余项学校卫生方面的规范性文件。经国务院批准，国家教育委员会和卫生部联合制定了《学校卫生工作条例》。教育部、卫生部还制定了许多规章。

### 一、学校卫生的概念和工作任务

#### （一）学校卫生的概念

学校卫生，是指根据儿童和青少年生长发育的特点，通过制定相应的法律规定，提出相应的学校卫生要求和卫生标准，消除各种不利于儿童和青少年学习和生活的因素，创造良好的学校教育环境，保护和促进学生的正常发育、身心健康，以实现德、智、体全面发展的社会主义教育目标的卫生活动。

#### （二）学校卫生工作的任务

《学校卫生工作条例》规定，学校卫生工作的任务主要是：监测学生的健康水平，对学生进行健康教育，培养学生良好的卫生习惯；改善学校卫生环境和教学卫生条件；加强对传染病、学生常见病的预防和治疗。学校作为社会制度或文化系统的存在，不仅是教育系统，也是社会体系、政治体系和经济体系。学校卫生工作任务的完成，很大程度上是在履行其社会职能。因此，必须注重于学生的身体、心理和社会适应等综合能力，协调学校教育和社会生活环境之间的互动联系，采取科学的学校卫生保健措施。

### 二、学校卫生工作要求

#### （一）教学卫生

**1. 教学和作息时间** 根据我国教育部和卫生部的规定，学生每日学习时间（包括自习）为：小学不超过6个学时，中学不超过8个学时，大学不超过10个学时。学校还必须保证学生有课间休息的时间，课间休息时间应当至少保证有10分钟。

**2. 劳动卫生** 学校应当根据学生的年龄，组织学生参加适当的劳动，安排适当的劳动工种和劳动量。对参加劳动的学生，要进行安全生产教育，严格遵守操作规程。学校要采取必要的安全和卫生防护措施。

#### （二）教学设施卫生

1. 学校在新建、改建、扩建校舍时，其选址、设计应当符合国家的卫生标准，并取得当地卫生行政部门的许可，竣工验收应当有当地卫生行政部门参加。

2. 学校教学建筑、环境噪声、室内微小气候、采光、照明等环境质量以及黑板、课桌椅的设置应当符合国家有关标准。

3. 学校应当按照有关规定为学生提供充足的符合卫生标准的饮用水。

4. 学校体育场地和器材应当符合卫生和安全要求。

5. 设置厕所和洗手设施；寄宿制学校还应当为学生提供相应的洗漱、洗澡等卫生设施。

### （三）学生健康管理

**1. 建立与健全卫生管理的综合组织网络**　学校应当建立与健全卫生管理的综合组织网络，充分发挥学校保健科（室）、学校爱国卫生运动委员会、学校红十字少年组织、班级卫生值日等组织机构的作用，制订学校卫生规章制度，建立由师生共同参与、各司其职的学校卫生岗位责任制。

**2. 完善学生健康管理制度**　学校要有完善的学生健康管理制度，建立学生体质健康卡片，应当纳入学生档案。学校要配备可以处理一般伤病事故的医疗用品。

## 三、学校卫生工作管理

### （一）学校卫生管理机构

各级教育行政部门负责学校卫生工作的行政管理。普通高等学校、中等专业学校、技工学校和规模较大的农业中学、职业中学、普通中小学，可以设立卫生管理机构。普通高等学校设校医院或者卫生科，校医院应当设保健科。

### （二）区域性中小学生卫生保健机构

经本地区卫生行政部门批准，教育行政部门可以成立区域性中小学生卫生保健机构。其主要任务是，调查研究本地区中小学生体质健康状况，开展中小学生常见疾病的预防与矫治，开展中小学卫生技术人员的技术培训和业务指导。

### （三）疾病预防控制机构的任务

各级疾病预防控制机构，对学校卫生工作承担下列任务：实施学校卫生监测，掌握本地区学生生长发育和健康状况；掌握学生常见病、传染病、地方病动态；制定学生常见病、传染病、地方病的防治计划；对本地区学校卫生工作进行技术指导，开展学校卫生服务。

## 四、学校卫生工作监督

### （一）学校卫生工作监督机构及其职责

《学校卫生工作条例》规定，县以上卫生行政部门对学校卫生工作行使监督职权。其职责是：对新建、改建、扩建校舍的选址、设计实行卫生监督；对学校内影响学生健康的学习、生活、劳动、环境、食品等方面的卫生和传染病防治工作实行卫生监督；对学生使用的文具、娱乐器具、保健用品实行卫生监督。

国务院卫生行政部门可以委托国务院其他有关部门的卫生主管机构，在本系统内根据上述职责行使学校卫生监督职权。

（二）学校卫生监督员职责

行使学校卫生监督职权的机构设立学校卫生监督员，由省级以上卫生行政部门聘任并发给学校卫生监督员证书。学校卫生监督员执行卫生行政部门或者其他有关部门交付的学校卫生监督任务。学校卫生监督员在执行任务时应出示证件，在进行卫生监督时，有权查阅与卫生监督有关的资料，搜集与卫生监督有关情况，被监督的单位或者个人应当给予配合。学校卫生监督员对所掌握的资料、情况负有保密责任。

## 第三节　突发公共卫生事件应急处理

突发公共卫生事件（以下简称突发事件），是指突然发生，造成或者可能造成社会公众健康严重损害的重大传染病疫情、群体性不明原因疾病、重大食物和职业中毒以及其他严重影响公众健康的事件。2003 年 5 月 9 日，国务院公布《突发公共卫生事件应急条例》；2003 年 11 月 7 日，卫生部公布《突发公共卫生事件与传染病疫情监测信息报告管理办法》，对突发公共卫生事件应急处理、疫情监测与报告等进行规定。

### 一、突发公共卫生事件分级

根据突发公共卫生事件性质、危害程度、涉及范围，突发公共卫生事件划分为特别重大（Ⅰ级）、重大（Ⅱ级）、较大（Ⅲ级）和一般（Ⅳ级）。

（一）特别重大突发公共卫生事件（Ⅰ级）

1. 肺鼠疫、肺炭疽在大、中城市发生并有扩散趋势，或肺鼠疫、肺炭疽疫情波及 2 个以上的省份，并有进一步扩散趋势。

2. 发生传染性非典型肺炎、人感染高致病性禽流感病例，并有扩散趋势。

3. 涉及多个省份的群体性不明原因疾病，并有扩散趋势。

4. 发生新传染病或我国尚未发现的传染病发生或传入，并有扩散趋势，或发现我国已消灭的传染病重新流行。

5. 发生烈性病菌株、毒株、致病因子等丢失事件。

6. 周边以及与我国通航的国家和地区发生特大传染病疫情，并出现输入性病例，严重危及我国公共卫生安全的事件。

7. 国务院卫生行政部门认定的其它特别重大突发公共卫生事件。

（二）重大突发公共卫生事件（Ⅱ级）

1. 在一个县（市）行政区域内，一个平均潜伏期内（6 天）发生 5 例以上肺鼠疫、肺炭疽病例；或者相关联的疫情波及 2 个以上的县（市）。

2. 发生传染性非典型肺炎、人感染高致病性禽流感疑似病例。

3. 腺鼠疫发生流行，在一个市（地）行政区域内，一个平均潜伏期内多点连续发病 20 例以上，或流行范围波及 2 个以上市（地）。

4. 霍乱在一个市（地）行政区域内流行，1 周内发病 30 例以上，或波及 2 个以上市（地），有扩散趋势。

5. 乙类、丙类传染病波及2个以上县（市），1周内发病水平超过前5年同期平均发病水平2倍以上。

6. 我国尚未发现的传染病发生或传入，尚未造成扩散。

7. 发生群体性不明原因疾病，扩散到县（市）以外的地区。

8. 发生重大医源性感染事件。

9. 预防接种或群体预防性服药出现人员死亡。

10. 一次食物中毒人数超过100人并出现死亡病例，或出现10例以上死亡病例。

11. 一次发生急性职业中毒50人以上，或死亡5人以上。

12. 境内外隐匿运输、邮寄烈性生物病原体、生物毒素造成我境内人员感染或死亡的。

13. 省级以上人民政府卫生行政部门认定的其它重大突发公共卫生事件。

### （三）较大突发公共卫生事件（Ⅲ级）

1. 发生肺鼠疫、肺炭疽病例，一个平均潜伏期内病例数未超过5例，流行范围在一个县（市）行政区域以内。

2. 腺鼠疫发生流行，在一个县（市）行政区域内，一个平均潜伏期内连续发病10例以上，或波及2个以上县（市）。

3. 霍乱在一个县（市）行政区域内发生，1周内发病10～29例，或波及2个以上县（市），或市（地）级以上城市的市区首次发生。

4. 一周内在一个县（市）行政区域内，乙、丙类传染病发病水平超过前5年同期平均发病水平1倍以上。

5. 在一个县（市）行政区域内发现群体性不明原因疾病。

6. 预防接种或群体预防性服药出现群体心因性反应或不良反应。

7. 一次发生急性职业中毒10～49人，或死亡4人以下。

8. 市（地）级以上人民政府卫生行政部门认定的其它较大突发公共卫生事件。

### （四）一般突发公共卫生事件（Ⅳ级）

1. 腺鼠疫在一个县（市）行政区域内发生，一个平均潜伏期内病例数未超过10例。

2. 霍乱在一个县（市）行政区域内发生，1周内发病9例以下。

3. 一次食物中毒人数30～99人，未出现死亡病例。

4. 县级以上人民政府卫生行政部门认定的其它一般突发公共卫生事件。

## 二、突发公共卫生事件应急组织体系及其职责

突发事件发生后，国务院设立全国突发事件应急处理指挥部，由国务院有关部门和军队有关部门组成，国务院主管领导人担任总指挥，负责对全国突发事件应急处理的统一领导、统一指挥。国务院卫生行政主管部门和其他有关部门，在各自的职责范围内做好突发事件应急处理的有关工作。

突发事件发生后，省、自治区、直辖市人民政府成立地方突发事件应急处理指挥部，省、自治区、直辖市人民政府主要领导人担任总指挥，负责领导、指挥本行政区域内突发事件应急处理工作。

县级以上地方人民政府卫生行政主管部门，具体负责组织突发事件的调查、控制和医

疗救治工作。县级以上地方人民政府有关部门，在各自的职责范围内做好突发事件应急处理的有关工作。

## 三、预防与应急准备

### （一）突发公共卫生事件预案的制定

国务院卫生行政主管部门按照分类指导、快速反应的要求，制定全国突发事件应急预案，报请国务院批准。

省、自治区、直辖市人民政府根据全国突发事件应急预案，结合本地实际情况，制定本行政区域的突发事件应急预案。

### （二）应急准备

**1. 监测和预警** 县级以上地方人民政府应当建立和完善突发事件监测与预警系统。县级以上各级人民政府卫生行政主管部门，应当指定机构负责开展突发事件的日常监测，并确保监测与预警系统的正常运行。监测与预警工作应当根据突发事件的类别，制定监测计划，科学分析、综合评价监测数据。对早期发现的潜在隐患以及可能发生的突发事件，应当依照规定的报告程序和时限及时报告。

**2. 应急储备** 县级以上各级人民政府应当加强急救医疗服务网络的建设，配备相应的医疗救治药物、技术、设备和人员，提高医疗卫生机构应对各类突发事件的救治能力。

**3. 医疗服务** 市级以上地方人民政府应当设置与传染病防治工作需要相适应的传染病专科医院，或者指定具备传染病防治条件和能力的医疗机构承担传染病防治任务。县级以上地方人民政府卫生行政主管部门，应当定期对医疗卫生机构和人员开展突发事件应急处理相关知识、技能的培训，定期组织医疗卫生机构进行突发事件应急演练，推广最新知识和先进技术。

## 四、报告与信息发布

国家建立突发事件应急报告制度。国务院卫生行政主管部门制定突发事件应急报告规范，建立重大、紧急疫情信息报告系统。

### （一）报告内容和时限

1. 有下列情形之一的，省、自治区、直辖市人民政府应当在接到报告1小时内，向国务院卫生行政主管部门报告：①发生或者可能发生传染病暴发、流行的；②发生或者发现不明原因的群体性疾病的；③发生传染病菌种、毒种丢失的；④发生或者可能发生重大食物和职业中毒事件的。

2. 获得突发公共卫生事件相关信息的责任报告单位和责任报告人，应当在2小时内以电话或传真等方式向属地卫生行政部门指定的专业机构报告，具备网络直报条件的要同时进行网络直报，不具备网络直报条件的，应采用最快的通讯方式将《突发公共卫生事件相关信息报告卡》报送属地卫生行政部门指定的专业机构，接到《突发公共卫生事件相关信息报告卡》的专业机构，应对信息进行审核，确定真实性，2小时内进行网络直报，同时以电话或传真等方式报告同级卫生行政部门。

接到突发公共卫生事件相关信息报告的卫生行政部门应当尽快组织有关专家进行现场

调查，如确认为实际发生突发公共卫生事件，应根据不同的级别，及时组织采取相应的措施，并在2小时内向本级人民政府报告，同时向上一级人民政府卫生行政部门报告。

### （二）突发公共卫生事件通报

国务院卫生行政主管部门应当根据发生突发事件的情况，及时向国务院有关部门和各省、自治区、直辖市人民政府卫生行政主管部门以及军队有关部门通报。

突发事件发生地的省、自治区、直辖市人民政府卫生行政主管部门，应当及时向毗邻省、自治区、直辖市人民政府卫生行政主管部门通报。接到通报的省、自治区、直辖市人民政府卫生行政主管部门，必要时应当及时通知本行政区域内的医疗卫生机构。县级以上地方人民政府有关部门，已经发生或者发现可能引起突发事件的情形时，应当及时向同级人民政府卫生行政主管部门通报。

### （三）突发公共卫生事件信息发布

国家建立突发事件的信息发布制度。国务院卫生行政主管部门负责向社会发布突发事件的信息。必要时，可以授权省、自治区、直辖市人民政府卫生行政主管部门向社会发布本行政区域内突发事件的信息。信息发布应当及时、准确、全面。

## 五、应急处理

### （一）应急预案启动

突发事件发生后，卫生行政主管部门应当组织专家对突发事件进行综合评估，初步判断突发事件的类型，提出是否启动突发事件应急预案的建议。

在全国范围内或者跨省、自治区、直辖市范围内启动全国突发事件应急预案，由国务院卫生行政主管部门报国务院批准后实施。省、自治区、直辖市启动突发事件应急预案，由省、自治区、直辖市人民政府决定，并向国务院报告。

全国突发事件应急处理指挥部对突发事件应急处理工作进行督察和指导，地方各级人民政府及其有关部门应当予以配合。省、自治区、直辖市突发事件应急处理指挥部对本行政区域内突发事件应急处理工作进行督察和指导。

### （二）应急处理措施

**1. 突发公共卫生事件的评价** 省级以上人民政府卫生行政主管部门或者其他有关部门指定的突发事件应急处理专业技术机构，负责突发事件的技术调查、确证、处置、控制和评价工作。医疗卫生机构、监测机构和科学研究机构，应当服从突发事件应急处理指挥部的统一指挥，相互配合、协作，集中力量开展相关的科学研究工作。

**2. 人员和疫区的控制** 突发事件应急处理指挥部根据突发事件应急处理的需要，可以对食物和水源采取控制措施。县级以上地方人民政府卫生行政主管部门应当对突发事件现场等采取控制措施，宣传突发事件防治知识，及时对易受感染的人群和其他易受损害的人群采取应急接种、预防性投药、群体防护等措施。参加突发事件应急处理的工作人员，应当按照预案的规定，采取卫生防护措施，并在专业人员的指导下进行工作。

### （三）相关部门和机构的责任

国务院卫生行政主管部门或者其他有关部门指定的专业技术机构，有权进入突发事件现场进行调查、采样、技术分析和检验，对地方突发事件的应急处理工作进行技术指导，有关单位和个人应当予以配合；任何单位和个人不得以任何理由予以拒绝。对新发现的突发传染病、不明原因的群体性疾病、重大食物和职业中毒事件，国务院卫生行政主管部门应当尽快组织力量制定相关的技术标准、规范和控制措施。

医疗卫生机构应当对因突发事件致病的人员提供医疗救护和现场救援，对就诊病人必须接诊治疗，并书写详细、完整的病历记录；对需要转送的病人，应当按照规定将病人及其病历记录的复印件转送至接诊的或者指定的医疗机构。医疗机构收治传染病病人、疑似传染病病人，应当依法报告所在地的疾病预防控制机构。接到报告的疾病预防控制机构应当立即对可能受到危害的人员进行调查，根据需要采取必要的控制措施。

传染病暴发、流行时，街道、乡镇以及居民委员会、村民委员会应当组织力量，团结协作，群防群治，协助卫生行政主管部门和其他有关部门、医疗卫生机构做好疫情信息的收集和报告、人员的分散隔离、公共卫生措施的落实工作，向居民、村民宣传传染病防治的相关知识。

## 六、法律责任

### （一）对县级以上卫生行政部门违反突发事件管理规定的处罚

**1. 对突发事件隐瞒、缓报、谎报的处罚** 县级以上地方人民政府及其卫生行政主管部门对突发事件隐瞒、缓报、谎报或者授意他人隐瞒、缓报、谎报的，对政府主要领导人及其卫生行政主管部门主要负责人，依法给予降级或者撤职的行政处分；造成传染病传播、流行或者对社会公众健康造成其他严重危害后果的，依法给予开除的行政处分；构成犯罪的，依法追究刑事责任。

**2. 对突发事件不配合调查的处罚** 突发事件发生后，县级以上地方人民政府及其有关部门对上级人民政府有关部门的调查不予配合，或者采取其他方式阻碍、干涉调查的，对政府主要领导人和政府部门主要负责人依法给予降级或者撤职的行政处分；构成犯罪的，依法追究刑事责任。

**3. 突发事件调查、控制、救治工作中失职、渎职的处罚** 县级以上各级人民政府卫生行政主管部门和其他有关部门在突发事件调查、控制、医疗救治工作中玩忽职守、失职、渎职的，由本级人民政府或者上级人民政府有关部门责令改正、通报批评、给予警告；对主要负责人、负有责任的主管人员和其他责任人员依法给予降级、撤职的行政处分；造成传染病传播、流行或者对社会公众健康造成其他严重危害后果的，依法给予开除的行政处分；构成犯罪的，依法追究刑事责任。

### （二）医疗卫生机构违反突发事件管理规定的处罚

医疗卫生机构有下列行为之一的，由卫生行政主管部门责令改正、通报批评、给予警告；情节严重的，吊销《医疗机构执业许可证》；对主要负责人、负有责任的主管人员和其他直接责任人员依法给予降级或者撤职的纪律处分；造成传染病传播、流行或者对社会公众健康造成其他严重危害后果，构成犯罪的，依法追究刑事责任。

1. 未依照规定履行报告职责，隐瞒、缓报或者谎报的；
2. 未依照规定及时采取控制措施的；

3. 未依照规定履行突发事件监测职责的；

4. 拒绝接诊病人的；

5. 拒不服从突发事件应急处理指挥部调度的。

### （三）有关单位或个人违反突发事件管理规定的处罚

在突发事件应急处理工作中，有关单位和个人未依照有关规定履行报告职责，隐瞒、缓报或者谎报，阻碍突发事件应急处理工作人员执行职务，或者不配合调查、采样、技术分析和检验的，对有关责任人员依法给予行政处分或者纪律处分；触犯《中华人民共和国治安管理处罚条例》，构成违反治安管理行为的，由公安机关依法予以处罚；构成犯罪的，依法追究刑事责任。

在突发事件发生期间，散布谣言、哄抬物价、欺骗消费者，扰乱社会秩序、市场秩序的，由公安机关或者工商行政管理部门依法给予行政处罚；构成犯罪的，依法追究刑事责任。

# 第十三章 母婴保健法律制度

保障母亲和儿童的健康权利是各国政府和人民共同关心的社会问题，“儿童优先，母亲安全”已成为国际社会的共识。孕产妇死亡率、婴儿死亡率、5岁以下儿童死亡率、平均期望寿命是衡量一个国家、一个地区经济、文化发展水平的重要指标，是社会文明进步的重要标志。

为保障母亲和婴儿健康，提高出生人口素质，我国于1994年10月颁布了《中华人民共和国母婴保健法》（以下简称《母婴保健法》），自1995年6月1日起实施。2001年国务院又颁布了《中华人民共和国母婴保健法实施办法》，此外还有一系列有关母婴保健的规范性文件。这些法律、法规和规范性文件组成了我国母婴保健的法律制度体系。

## 第一节　母婴保健服务

### 一、母婴保健的概念

母婴保健是指医疗保健机构运用医学科学技术，为公民提供婚前保健、孕产期保健和婴儿保健服务，保障母婴健康，提高出生人口素质。

### 二、母婴保健技术服务事项

母婴保健技术服务主要包括下列事项：①有关母婴保健的科普宣传、教育和咨询；②婚前医学检查；③产前诊断和遗传病诊断；④助产技术；⑤实施医学上需要的节育手术；⑥新生儿疾病筛查；⑦有关生育、节育、不育的其他生殖保健服务。

### 三、婚前保健

婚前保健是指医疗保健机构为准备结婚的男女双方在结婚登记前所进行的婚前卫生指导、婚前卫生咨询和婚前医学检查服务工作。婚前保健是妇幼保健工作的主要内容之一。

#### （一）婚前保健服务

医疗保健机构应当为公民提供婚前保健服务。婚前保健服务包括婚前卫生指导、婚前卫生咨询和婚前医学检查三项内容。

**1. 婚前卫生指导**　对准备结婚的男女双方进行以生殖健康为核心、与结婚和生育有关的生殖保健知识的宣传教育。主要是关于性卫生知识、新婚避孕知识及计划生育指导、受孕前的准备、环境和疾病对后代影响等孕前保健知识、遗传病的基本知识、影响婚育的有关疾病的基本知识。

**2. 婚前卫生咨询**　医师与服务对象面对面地交谈，为服务对象提供有关婚配、生育保健等方面科学的信息，对可能产生的后果进行指导，并提出适当的建议。

**3. 婚前医学检查**　在实行婚前医学检查的地区，准备结婚的男女双方在办理结婚登记前，应当到医疗、保健机构进行婚前医学检查。婚前医学检查包括询问病史、体格及相关检查。婚前医学检查项目由国务院卫生行政部门规定。婚前医学检查的疾病主要包括严重遗传性疾病、指定传染病和有关精神病。

### （二）婚前医学检查的医疗机构

从事婚前医学检查的医疗、保健机构，由其所在地设区的市级人民政府卫生行政部门进行审查；符合条件的，在其《医疗机构执业许可证》上注明。

申请从事婚前医学检查的医疗、保健机构应当具备下列条件：①分别设置专用的男、女婚前医学检查室，配备常规检查和专科检查设备；②设置婚前生殖健康宣传教育室；③具有符合条件的进行男、女婚前医学检查的执业医师。

### （三）婚前医学检查证明

经婚前医学检查，医疗、保健机构应当出具婚前医学检查证明。

婚前医学检查证明应当列明是否发现下列疾病：①在传染期内的指定传染病；②在发病期内的有关精神病；③不宜生育的严重遗传性疾病；④医学上认为不宜结婚的其他疾病。

婚前医学检查发现上述前三项疾病的，医师应当向当事人说明情况，提出预防、治疗以及采取相应医学措施的建议。当事人依据医生的医学意见，可以暂缓结婚，也可以自愿采用长效避孕措施或者结扎手术；医疗、保健机构应当为其治疗提供医学咨询和医疗服务。

接受婚前医学检查的人员对检查结果持有异议的，可以申请医学技术鉴定，取得医学鉴定证明。在实行婚前医学检查的地区，婚姻登记机关在办理结婚登记时，应当查验婚前医学检查证明或者医学鉴定证明。

## 四、孕产期保健

孕产期保健是指医疗保健机构为从怀孕开始至产后42天内的孕产妇及胎儿、婴儿提供的医疗保健服务。孕产期保健是母婴保健的中心环节。

### （一）孕产期保健服务

医疗保健机构应当为育龄妇女提供孕产期保健服务。孕产期保健服务包括母婴保健指导、孕妇及产妇保健、胎儿保健和新生儿保健四项内容。

**1. 母婴保健指导**　对孕育健康后代以及严重遗传性疾病和碘缺乏病等地方病的发病原因、治疗和预防方法提供医学意见。

**2. 孕妇及产妇保健**　为孕妇、产妇提供卫生、营养、心理等方面的咨询和指导以及产前定期检查等医疗保健服务。

**3. 胎儿保健**　为胎儿生长发育进行监护，提供咨询和医学指导。

**4. 新生儿保健**　为新生儿生长发育、哺乳和护理提供医疗保健服务。

### （二）孕产期保健服务项目

医疗、保健机构应当为孕产妇提供下列医疗保健服务：

1. 为孕产妇建立保健手册（卡），定期进行产前检查；
2. 为孕产妇提供卫生、营养、心理等方面的医学指导与咨询；
3. 对高危孕妇进行重点监护、随访和医疗保健服务；
4. 为孕产妇提供安全分娩技术服务；
5. 定期进行产后访视，指导产妇科学喂养婴儿；
6. 提供避孕咨询指导和技术服务；
7. 对产妇及其家属进行生殖健康教育和科学育儿知识教育；
8. 其他孕产期保健服务。

### （三）医学指导和产前诊断

医疗、保健机构发现孕妇患有下列严重疾病或者接触物理、化学、生物等有毒、有害因素，可能危及孕妇生命安全或者可能严重影响孕妇健康和胎儿正常发育的，应当对孕妇进行医学指导和下列必要的医学检查：

1. 严重的妊娠合并症或者并发症；
2. 严重的精神性疾病；
3. 国务院卫生行政部门规定的严重影响生育的其他疾病；
4. 孕妇有下列情形之一的，医师应当对其进行产前诊断：①羊水过多或者过少的；②胎儿发育异常或者胎儿有可疑畸形的；③孕早期接触过可能导致胎儿先天缺陷的物质的；④有遗传病家族史或者曾经分娩过先天性严重缺陷婴儿的；⑤初产妇年龄超过35周岁的。

### （四）医学意见

**1. 不宜生育** 生育过严重遗传性疾病或者严重缺陷患儿的，再次妊娠前，夫妻双方应当按照有关规定到县级以上医疗、保健机构进行医学检查。医疗、保健机构应当向当事人介绍有关遗传性疾病的知识，给予咨询、指导。对诊断患有医学上认为不宜生育的严重遗传性疾病的，医师应当向当事人说明情况，并提出医学意见。

**2. 终止妊娠** 经产前诊断，有下列情形之一的，医师应当向夫妻双方说明情况，并提出终止妊娠的医学意见：①胎儿患严重遗传性疾病的；②胎儿有严重缺陷的；③因患严重疾病，继续妊娠可能危及孕妇生命安全或者严重危害孕妇健康的。

依照《母婴保健法》规定，施行终止妊娠或者结扎手术，应当经本人同意，并签署意见。本人无行为能力的，应当经其监护人同意，并签署意见。

### （五）严禁进行医学需要外的胎儿性别鉴定

严禁采用技术手段对胎儿进行性别鉴定。对怀疑胎儿可能为伴性遗传病，需要进行性别鉴定的，由省级人民政府卫生行政部门指定的医疗、保健机构按照国务院卫生行政部门的规定进行鉴定。

### （六）住院分娩

国家提倡住院分娩。医疗、保健机构应当按照国务院卫生行政部门制定的技术操作规范，实施消毒接生和新生儿复苏，预防产伤及产后出血等产科并发症，降低孕产妇及围产儿发病率、死亡率。

没有条件住院分娩的，应当由经县级地方人民政府卫生行政部门许可并取得家庭接生员技术证书的人员接生。高危孕妇应当在医疗、保健机构住院分娩。

(七) 出生医学证明

医疗保健机构和从事家庭接生的人员应按照国务院卫生行政部门的规定，出具统一制发的新生儿出生医学证明；有产妇和婴儿死亡以及新生儿出生缺陷情况的，应当向卫生行政部门报告。

《出生医学证明》是具有法律效力的重要医学文书。依法规范发放《出生医学证明》，对于规范出生人口登记，依法加强母婴保健工作具有重要意义。

## 五、婴儿保健

### (一) 新生儿医疗保健服务

医疗、保健机构应当按照国家有关规定开展新生儿先天性、遗传性代谢病筛查、诊断、治疗和监测。

医疗、保健机构应当按照规定进行新生儿访视，建立儿童保健手册（卡），定期对其进行健康检查，提供有关预防疾病、合理膳食、促进智力发育等科学知识，做好婴儿多发病、常见病防治等医疗保健服务。

### (二) 预防接种

医疗、保健机构应当按照规定的程序和项目对婴儿进行预防接种。婴儿的监护人应当保证婴儿及时接受预防接种。

### (三) 母乳喂养

国家推行母乳喂养。医疗、保健机构应当为实施母乳喂养提供技术指导，为住院分娩的产妇提供必要的母乳喂养条件。

医疗、保健机构不得向孕产妇和婴儿家庭宣传、推荐母乳代用品。母乳代用品产品包装标签应当在显著位置标明母乳喂养的优越性。

母乳代用品生产者、销售者不得向医疗、保健机构赠送产品样品或者以推销为目的有条件地提供设备、资金和资料。

妇女享有国家规定的产假。有不满1周岁婴儿的妇女，所在单位应当在劳动时间内为其安排一定的哺乳时间。

## 六、技术鉴定

母婴保健医学技术鉴定委员会分为省、市、县三级。负责对婚前医学检查、遗传病诊断和产前诊断结果有异议的进行医学技术鉴定。国家不设技术鉴定组织，因此省级鉴定为终级鉴定。医学技术鉴定实行回避制度。凡与当事人有利害关系，可能影响公正鉴定的人员，应当回避。

医学技术鉴定组织的组成人员，由卫生行政部门提名，同级人民政府聘任。从事医学技术鉴定的人员，必须具有临床经验和医学遗传学知识，并具有主治医师以上的专业技术职务和良好的医德医风。

公民对许可的医疗保健机构出具的婚前医学检查、遗传病诊断、产前诊断结果有异议的，需要进一步确诊时，可在接到检查或者诊断结果之日起15日内向所在地县级或者设区的市级母婴保健医学技术鉴定委员会提出书面鉴定申请。母婴保健医学技术鉴定委员会应当在接到鉴定申请之日起30日内作出医学技术鉴定意见，并及时通知当事人。当事人对鉴定意见仍有异议的，可在接到鉴定意见通知书之日起15日内向上一级母婴保健医学技术鉴定委员会申请再鉴定，省级医学技术鉴定组织的鉴定为终级技术鉴定。

## 第二节　医疗保健机构管理

医疗保健机构是指依据《母婴保健法》开展母婴保健业务的各级妇幼保健机构以及卫生行政部门批准并登记注册的医疗机构。

### 一、母婴保健机构

医疗保健机构开展母婴保健技术服务须取得执业许可。县级以上地方人民政府卫生行政部门管理本行政区域内的母婴保健工作；省级人民政府卫生行政部门指定的医疗保健机构负责本行政区域内的母婴保健监测和技术指导；医疗保健机构开展婚前医学检查、遗传病诊断、产前诊断以及施行结扎手术和终止妊娠手术的，必须符合国务院卫生行政部门规定的条件和技术标准，并经县级以上地方人民政府卫生行政部门许可。

### 二、母婴保健工作人员

从事遗传病诊断、产前诊断的人员，必须经过省级人民政府卫生行政部门的考核，并取得相应的合格证书；从事婚前医学检查、施行结扎手术和终止妊娠手术的人员以及从事家庭接生的人员，必须经过县级以上地方人民政府卫生行政部门的考核，并取得相应的合格证书。上述人员在取得合格证书后，方可开展相应的母婴保健技术工作。

从事母婴保健工作的人员应当严格遵守职业道德，为当事人保守秘密。

## 第三节　母婴保健监督及法律责任

《母婴保健法》对各级人民政府卫生行政部门、母婴保健监督员的职责和法定地位做出了明确的规定，实现了母婴保健管理工作的规范化，为广大妇女、儿童的身体健康提供了法律保障。

### 一、母婴保健监督机构及其职责

#### （一）国务院卫生行政部门及其职责

中华人民共和国卫生部主管全国母婴保健工作，并对全国母婴保健工作实施监督管理。其主要职责是：

1. 制定母婴保健法及本办法的配套规章和技术规范；

2. 按照分级分类指导的原则，制定全国母婴保健工作发展规划和实施步骤；

3. 组织推广母婴保健及其他生殖健康的适宜技术；

4. 对母婴保健工作实施监督。

### （二）县级以上卫生行政部门及其职责

县级以上地方人民政府卫生行政部门负责本行政区域内的母婴保健监督管理工作，并实施监督管理。其主要职责是：

1. 依照母婴保健法及实施办法以及国务院卫生行政部门规定的条件和技术标准，对从事母婴保健工作的机构和人员实施许可，并核发相应的许可证书；

2. 对母婴保健法及实施办法的执行情况进行监督检查；

3. 对违反母婴保健法及实施办法的行为，依法给予行政处罚；

4. 负责母婴保健工作监督管理的其他事项。

## 二、母婴保健监督员及其职责

母婴保健监督员是指在《母婴保健法》规定的监督范围内进行执法监督的人员。县级以上地方人民政府卫生行政部门根据需要可以设立母婴保健监督员。母婴保健监督员从卫生行政部门和妇幼保健院中聘任，由同级人民政府卫生行政部门审核发证，并报上一级卫生行政部门备案。其主要职责是：

1. 监督检查《母婴保健法》及实施办法的执行情况；

2. 对违反《母婴保健法》及实施办法的单位和个人提出处罚意见；

3. 提出改进母婴保健工作的建议；

4. 完成卫生行政部门交给的其他监督检查任务；

5. 参与有关案件的处理。

## 三、法律责任

### （一）超范围从事母婴保健技术工作的处罚

医疗、保健机构或者人员未取得母婴保健技术许可，擅自从事婚前医学检查、遗传病诊断、产前诊断、终止妊娠手术和医学技术鉴定或者出具有关医学证明的，由卫生行政部门给予警告，责令停止违法行为，没收违法所得；违法所得5000元以上的，并处违法所得3倍以上5倍以下的罚款；没有违法所得或者违法所得不足5000元的，并处5000元以上2万元以下的罚款。

### （二）违反规定进行胎儿性别鉴定的处罚

取得有关相应合格证书，从事母婴保健工作的人员违反规定，出具有关虚假医学证明或者进行胎儿性别鉴定的，由医疗保健机构或者卫生行政部门根据情节给予行政处分；情节严重的，依法取消执业资格。有下列情形之一的，由原发证部门撤销相应的母婴保健技术执业资格或者医师执业证书：①因延误诊治，造成严重后果的；②给当事人身心健康造成严重后果的；③造成其他严重后果的。

### （三）出具虚假医学证明文件的处罚

从事母婴保健技术服务的人员出具虚假医学证明文件的，依法给予行政处分；有下列情形之一的，由原发证部门撤销相应的母婴保健技术执业资格或者医师执业证书：①因延误诊治，造成严重后果的；②给当事人身心健康造成严重后果的；③造成其他严重后果的。

### （四）刑事责任

未取得国家颁发的有关合格证书，施行终止妊娠手术或者采取其他方法终止妊娠，致人死亡、残疾、丧失或者基本丧失劳动能力的，依法追究刑事责任。

取得有关相应合格证书，从事母婴保健工作的人员，由于严重不负责任造成就诊人员死亡或者严重损害就诊人员身体健康的，依法追究刑事责任。

# 第十四章　献血法律制度

献血法律制度是指为保证临床用血需要和安全，保障献血者和用血者身体健康而制定的法律规范的总称。1997 年 12 月 29 日第八届全国人大常委会第 29 次会议通过了《中华人民共和国献血法》(以下简称《献血法》)，自 1998 年 10 月 1 日起施行。其后，卫生部制定了《医疗机构临床用血管理办法》、《临床输血技术规范》、《血站管理办法》等规章，对公民献血、血站采血、医疗机构用血等行为进行规范。

## 第一节　献　血

我国实行无偿献血制度。公民献血行为是一种“我为人人，人人为我”的社会共济行为，是履行社会义务、尊重社会公共道德、发扬救死扶伤人道主义精神的重要体现。公民献血制度的完善程度，体现了一个国家公民的文化知识程度、道德水准和社会公共道德水平的高低。

### 一、无偿献血制度

无偿献血制度，是指达到一定年龄的健康公民自愿提供自身的血液、血浆或其他血液成分用于临床，而不索取任何报酬的制度。

### 二、无偿献血的主体

我国《献血法》规定，国家提倡 18 ~ 55 周岁的健康公民自愿献血。鼓励国家工作人员、现役军人和高等学校在校学生率先献血，为树立社会新风尚作表率。

### 三、献血工作的组织与领导

献血法规定，地方各级人民政府领导本行政区域内的献血工作。县级以上各级人民政府卫生行政部门监督管理献血工作。各级红十字会依法参与、推动献血工作。

国家机关、军队、社会团体、企业事业组织、居民委员会、村民委员会，应当动员和组织本单位或本居住区的适龄公民参加献血。

献血法同时规定，各级人民政府应采取措施广泛宣传献血的意义，普及献血的科学知识，开展预防和控制经血液途径传播疾病的教育。广播、电视、报刊等大众传播媒体应当积极开展献血的社会公益性宣传，增强公民自愿献血的意识，树立无偿献血的社会责任感。医疗卫生教育机构应利用各种形式的宣传工具进行健康教育。

### 四、无偿献血的其它规定

血站采集血液后，对献血者发给国务院卫生行政部门制作的《无偿献血证》，任何单位和个人不得伪造、涂改、出卖、转让和出售《无偿献血证》。

无偿献血者临床需要用血时，可免交用于血液的采集、储存、分离、检验等规定的费用；无偿献血者的配偶和直系亲属临床需要用血时，可以按照省、自治区、直辖市人民政府的规定享受用血费用减免等优惠待遇。

各级人民政府和各级红十字会对积极参加献血和在献血工作中作出显著成绩的单位和个人，给予表彰、奖励。

## 第二节 采血与供血

卫生部《血站管理办法》于2005年11月17日发布，自2006年3月1日起施行。对血站的设置、登记、执业、管理与监督进行了规定。

### 一、概念

血液，是指全血、血液成分和特殊血液成分。

脐带血，是指与孕妇和新生儿血容量和血循环无关的，由新生儿脐带扎断后的远端所采集的胎盘血。

脐带血造血干细胞库，是指以人体造血干细胞移植为目的，具有采集、处理、保存和提供造血干细胞的能力，并具有相当研究实力的特殊血站。

### 二、采供血机构设置与执业登记

血站是指不以营利为目的，采集、提供临床用血的公益性卫生机构。

血站分为一般血站和特殊血站。一般血站包括血液中心、中心血站和中心血库。特殊血站包括脐带血造血干细胞库和卫生部根据医学发展需要批准、设置的其他类型血库。

#### （一）一般血站的设置与执业登记

**1. 血站的设置**

血液中心、中心血站和中心血库由地方人民政府设立。血液中心应当设置在直辖市、省会市、自治区首府市。中心血站应当设置在设区的市。中心血库应当设置在中心血站服务覆盖不到的县级综合医院内。

直辖市、省会市、自治区首府市已经设置血液中心的，不再设置中心血站；尚未设置血液中心的，可以在已经设置的中心血站基础上加强能力建设，履行血液中心的职责。同一行政区域内不得重复设置血液中心、中心血站。血站与单采血浆站不得在同一县级行政区域内设置。

血站因采供血需要，在规定的服务区域内设置分支机构，应当报所在省级人民政府卫生行政部门批准；设置固定采血点（室）或者流动采血车的，应当报省级人民政府卫生行政部门备案。为保证辖区内临床用血需要，血站可以设置储血点储存血液。储血点应当具备必要的储存条件，并由省级卫生行政部门批准。

**2. 血站的执业登记**

血站开展采供血活动，应当向所在省级人民政府卫生行政部门申请办理执业登记，取得《血站执业许可证》。没有取得《血站执业许可证》的，不得开展采供血活动。《血站执业许可证》有效期为3年。

（1）执业登记程序：血站申请办理执业登记必须填写《血站执业登记申请书》。省级人民政府卫生行政部门在受理血站执业登记申请后，应当组织有关专家或者委托技术部门，根据《血站质量管理规范》和《血站实验室质量管理规范》，对申请单位进行技术审查，并提交技术审查报告。省级人民政府卫生行政部门应当在接到专家或者技术部门的技术审查报告后20日内对申请事项进行审核。审核合格的，予以执业登记，发给卫生部统一样式的《血站执业许可证》及其副本。

（2）有下列情形之一的，不予执业登记：①《血站质量管理规范》技术审查不合格的；②《血站实验室质量管理规范》技术审查不合格的；③血液质量检测结果不合格的。

执业登记机关对审核不合格、不予执业登记的，将结果和理由以书面形式通知申请人。

（3）再次执业登记：《血站执业许可证》有效期满前3个月，血站应当办理再次执业登记，并提交《血站再次执业登记申请书》及《血站执业许可证》。

省级人民政府卫生行政部门应当根据血站业务开展和监督检查情况进行审核，审核合格的，予以继续执业。未通过审核的，责令其限期整改；经整改仍审核不合格的，注销其《血站执业许可证》。未办理再次执业登记手续或者被注销《血站执业许可证》的血站，不得继续执业。

## （二）特殊血站的设置与执业登记

**1. 特殊血站的设置**

卫生部根据全国人口分布、卫生资源、临床造血干细胞移植需要等实际情况，统一制定我国脐带血造血干细胞库等特殊血站的设置规划和原则。申请设置脐带血造血干细胞库等特殊血站的，应当按照卫生部规定的条件向所在地省级人民政府卫生行政部门申请。省级人民政府卫生行政部门组织初审后报至卫生部。卫生部对脐带血造血干细胞库等特殊血站设置审批按照申请的先后次序进行。

**2. 特殊血站的执业登记**

脐带血造血干细胞库等特殊血站执业，应当向所在地省级人民政府卫生行政部门申请办理执业登记。省级卫生行政部门应当组织有关专家和技术部门，按照卫生部制定的脐带血造血干细胞库等特殊血站的基本标准、技术规范，对申请单位进行技术审查及执业验收。审查合格的，发给《血站执业许可证》，并注明开展的业务。《血站执业许可证》有效期为3年。脐带血造血干细胞库等特殊血站在《血站执业许可证》有效期满后继续执业的，应当在《血站执业许可证》有效期满前3个月向原执业登记的省级人民政府卫生行政部门申请办理再次执业登记手续。

未取得《血站执业许可证》的，不得开展采供脐带血造血干细胞等业务。

## 三、采血管理与供血管理

### （一）采血管理

采血是以采血器材与人体发生直接接触的活动，对这一活动各个环节进行严格规范和管理，是保障献血者的身体健康，保证血液质量以及用血者用血安全的重要前提。

**1. 采血来源** 血站采血前应当对献血者身份进行核对并进行登记，献血者应当按照要求出示真实的身份证明。任何单位和个人不得组织冒名顶替者献血，血站严禁采集冒名顶替者的血液。血站在采血前，必须对献血者按照《献血者健康检查标准》进行免费健康检查，健康检查不合格的，不得采集其血液。血站采集血液应当遵循自愿和知情同意的原则，并对献血者履行规定的告知义务。血站应当建立献血者信息保密制度，为献血者保密。

**2. 采血操作规定** 血站开展采供血业务应当实行全面质量管理，严格遵守《中国输血技术操作规程》、《血站质量管理规范》和《血站实验室质量管理规范》等技术规范和标准。血站工作人员应当符合岗位执业资格的规定，并接受血液安全和业务岗位培训与考核，领取岗位培训合格证书后方可上岗。血站工作人员每人每年应当接受不少于75学时的岗位继续教育。

血站应当建立人员岗位责任制度和采供血管理相关工作制度，并定期检查、考核各项规章制度和各级各类人员岗位责任制的执行和落实情况。血站工作人员岗位培训与考核由省级以上人民政府卫生行政部门负责组织实施。

血站各业务岗位工作记录应当内容真实、项目完整、格式规范、字迹清楚、记录及时，由操作者签名。记录内容需要更改时，应当保持原记录内容清晰可辨，注明更改内容、原因和日期，并在更改处签名。献血、检测和供血的原始记录应当至少保存10年，法律、行政法规和卫生部另有规定的，依照有关规定执行。

血站使用的药品、体外诊断试剂、一次性卫生器材应当符合国家有关规定。

血站应当保证所采集的血液由具有血液检测实验室资格的实验室进行检测。对检测不合格或者报废的血液，血站应当严格按照有关规定处理。

血站对献血者每次采集血液量一般为200毫升，最多不得超过400毫升，两次采集间隔期不少于六个月，严禁对献血者超量、频繁采集血液。

血站应当根据医疗机构的用血计划，积极开展成分血制备，并指导临床上推广应用成分血。血站不得采集血液制品生产用原料血浆。

### （二）供血管理

血站应保证发出的血液质量符合国家有关标准，其品种、规格、数量、活性、血型无差错；未经检测或者检测不合格的血液，不得向医疗机构提供。血站向公民供血必须执行国家有关临床用血收费的规定。

血液的包装、储存、运输应当符合《血站质量管理规范》的要求。血液包装袋上应当标明：①血站的名称及其许可证号；②献血编号或者条形码；③血型；④血液品种；⑤采血日期及时间或者制备日期及时间；⑥有效日期及时间；⑦储存条件。

血站应当建立质量投诉、不良反应监测和血液收回制度。应当制定紧急灾害应急预案，并从血源、管理制度、技术能力和设备条件等方面保证预案的实施。在紧急灾害发生时服从县级以上人民政府卫生行政部门的调遣。

无偿献血的血液必须用于临床，不得买卖。血站、医疗机构不得将无偿献血者的血液出售给单采血浆或者血液制品生产单位。血站剩余成分血浆由省级人民政府卫生行政部门协调血液制品生产单位解决。

特殊血型的血液需要从外省、自治区、直辖市调配的，由省级人民政府卫生行政部门批准。实施中由需方血站对血液进行再次检验，以保证血液质量。因科研或者特殊需要而进行血液调配的，由省级人民政府卫生行政部门批准。出于人道主义、救死扶伤的目的，需要向中国境外医疗机构提供血液及特殊血液成分的，应当严格按照有关规定办理手续。

## 第三节　临床用血的管理

临床用血是医疗过程中必不可少的环节。无偿献血的最终目的是将血液应用于临床，以挽救伤病者的生命，维护其健康。因此，加强临床用血管理是十分必要的。卫生部1999年1月5日发布《医疗机构临床用血管理办法》（以下简称《办法》），对临床用血的原则、管理作出规定。

### 一、临床用血的原则

医疗机构临床用血应当遵照合理、科学的原则，制定用血计划，不得浪费和滥用血液。

临床用血包括使用全血和成分血。医疗机构不得使用原料血浆，除批准的科研项目外，不得直接使用脐带血。

为了最大限度地发挥血液的功效，根据国际上惯用的做法，《办法》规定，医疗机构应针对医疗实际需要积极推行血液成分输血。医疗机构临床成分输血比例，应当达到卫生部规定的要求。成分输血是将采集的血液进行分离，分别储存，然后针对不同患者的不同需要输入血液的不同成分，这一做法可以使血液得以充分利用，减少浪费。成分血的广泛应用，将会剩余大量血浆，剩余的血浆也不得浪费，要充分利用。为了能更加合理、科学地利用血液，国家鼓励临床用血新技术的研究和推广。

### 二、临床用血的管理

医疗机构临床用血，由县级以上人民政府卫生行政部门指定的血站供给。医疗机构开展的患者自身储血、自体输血除外。医疗机构应当设立由医院领导、业务主管部门及相关科室负责人组成的临床输血管理委员会，负责临床用血的规范管理和技术指导，开展临床合理用血、科学用血的教育和培训。二级以上医疗机构应设立输血科（血库），在本院临床输血管理委员会领导下，负责本单位临床用血的计划申报，储存血液，对本单位临床用血制度执行情况进行检查，并参与临床有关疾病的诊断、治疗与科研。

医疗机构要指定医务人员负责血液的收领、发放工作，要认真核查血袋包装，核查内容如下：血站的名称及其许可证号；献血者的姓名（或条形码）、血型；血液品种；采血日期及时间；有效期及时间；血袋编号（或条形码）；储存条件。血液包装不符合国家规定的卫生标准和要求应拒领拒收。

医疗机构对验收合格的血液，应当认真作好入库登记，按不同品种、血型、规格和采血日期（或有效期），分别存放于专用冷藏设施内储存。经办人要签名和签署入库时间。禁止接受不合格血液入库。

医疗机构的储血设施应当保证完好，全血、红细胞、代血浆冷藏温度应当控制在2℃～6℃，血小板应当控制在20℃～24℃（6小时内输注），储血保管人员应当作好血液冷藏温度的24小时监测记录。储血环境应当符合卫生学标准。

医疗机构对临床用血必须进行核查，不得将不符合国家规定的血液用于临床。为保证应急用血需要时，医疗机构可以临时采集血液，但应确保采血用血安全。对平诊患者和择期手术患者，经治医师应当动员患者自身储血、自体输血，或者动员亲友献血。

公民临床用血时需交付用于血液的采集、储存、分离、检验等费用。

## 三、临床输血技术规范

医疗机构的医务人员应当严格执行《临床输血技术规范》。

### （一）输血准备

**1. 输血适应证**　凡患者血红蛋白低于100g/L和血球压积低于30%的属输血适应证。临床医师和输血医技人员应严格掌握输血适应证，减少不必要的输血。正确应用成熟的临床输血技术和血液保护技术，包括成分输血和自体输血等。

**2. 输血申请**　患者病情需要输血治疗时，经治医师应当根据医院规定履行申报手续，逐项填写《临床输血申请单》，由上级医师核准签字。

临床输血一次用血、备血量超过2000毫升时要履行报批手续，需经输血科医师会诊，由科室主任签名后报医务处（科）批准（急诊用血除外）。急诊用血事后应当按照以上要求补办手续。

**3. 输血同意**　决定输血治疗前，经治医师应向患者或家属说明输血目的、输同种异体血可能发生的输血反应和经血液传播疾病的可能性，由医患双方共同签署用血志愿书或输血治疗同意书。《输血治疗同意书》入病历。无家属签字的无自主意识患者的紧急输血，应报医院职能部门或主管领导同意、备案，并记入病历。

**4. 采集血样**　确定输血后，医护人员持输血申请单和贴好标签的试管，当面核对患者姓名、性别、年龄、病案号、病室/门诊、床号、血型和诊断，采集血样。并由医护人员或专门人员将受血者血样与输血申请单于预定日期前交送输血科（血库），双方再次逐项核对，做好输血准备。

**5. 配血、备血**　输血科（血库）要逐项核对输血申请单、受血者和供血者ABO血型（正、反定型），并常规检查患者Rh（D）血型（急诊抢救患者紧急输血时Rh（D）检查可除外），正确无误时可进行交叉配血及备血。

**6. 领血、发血**　医疗机构的临床科室应当有专人持配血单（卡）领取临床用血。领血时，按规定认真核查，不符合要求的应当拒绝领用。

输血科发血时，应当认真检查领血单（卡）的填写项目，合格后方可发血。未按规定办理申报手续的不得发血。

（二）输血

1. 输血前由两名医务人员核对交叉配血报告单及血袋标签各项内容，检验血袋有无破损渗漏，血液颜色是否正常。经核对血型、品种、规格及采血时间（有效期）无误后，方可进行输血治疗，并将输血情况详细记入病历。

2. 输血时，由两名医护人员带病历共同到患者床边核对患者姓名、性别、年龄、病案号、病室/门诊、床号、血型等。确认与配血报告相符，再次核对血液后，用符合标准的输血器进行输血。

3. 取回的血应尽快输用，不得自行贮血。输用前将血袋内的成分轻轻混匀，避免剧烈震荡。血液内不得加入其它药物，如需稀释，只能用静脉注射生理盐水。

4. 输血前后用静脉注射生理盐水冲洗输血管道。连续输用不同供血者的血液时，前一袋血输尽后，用静脉注射生理盐水冲洗输血器，再接下一袋血继续输注。

5. 输血过程中应先慢后快，再根据病情和年龄调整输注速度并严密观察受血者有无输血不良反应。如出现异常情况应及时处理，减慢或停止输血，及时检查、治疗或抢救，并查找原因，做好记录。

6. 疑为溶血性或细菌污染性输血反应，应立即停止输血，用静脉注射生理盐水维护静脉通路，及时报告上级医师，在积极治疗抢救的同时，认真按照输血管理办法的有关规定做好核对检查。

7. 输血完毕，医护人员将输血记录单（交叉配血报告单）贴在病历中，对有输血反应的应逐项填写输血反应回报单连同血袋一并送回输血科（血库）保存、备查。

## 第四节 血液制品的管理

血液制品是特指各种人血浆蛋白制品，是医疗急救及战伤抢救必不可少且较为贵重的药品。输入不合格血液制品会引起艾滋病、各型病毒性肝炎（甲型除外）、梅毒等疾病的传播，会给人民健康造成极大的损害。为加强对血液制品的管理，预防和控制经血液途径传播的疾病，保证血液制品的质量，根据药品管理法和传染病防治法，国务院于 1996 年 12 月 30 日发布了《血液制品管理条例》（以下简称《条例》）。

### 一、血液制品的管理机关

《条例》规定，国务院卫生行政部门对全国的原料血浆的采集、供应和血液制品的生产、经营活动实施监督管理；县级以上地方各级人民政府卫生行政部门对本行政区域内的原料血浆的采集、供应和血液制品的生产、经营活动，依照《条例》的相关规定实施监督管理。

### 二、原料血浆的管理

原料血浆，是指由单采血浆站采集的专用于血液制品生产原料的血浆。国家实行单采血浆站统一规划、设置的制度。

### （一）单采血浆站的设置与审批

单采血浆站，是指根据地区血源资源，按照有关标准和要求并经严格审批而设立，采集供应血液制品生产用原料血浆的单位。

**1. 单采血浆站的设置** 单采血浆站由血液制品生产单位设置或者由县级人民政府卫生行政部门设置，专门从事单采血浆活动，具有独立法人资格。其他任何单位和个人不得从事单采血浆活动。

**2. 单采血浆站应具备的条件** 设立单采血浆站，应当具备下列条件：①符合单采血浆站布局、数量、规模的规划；②具有与所采集原料血浆相适应的卫生专业技术人员；③具有与所采集原料血浆相适应的场所及卫生环境；④具有识别供血浆者的身份识别系统；⑤具有与所采集原料血浆相适应的单采血浆机械及其他设施；⑥具有对所采集原料血浆进行质量检验的技术人员以及必要的仪器设备。

**3. 单采血浆站的审批程序**

（1）国务院卫生行政部门根据经核准的全国生产用原料血浆的需求，对单采血浆站的布局、数量和规模制定总体规划，负责供浆、购浆区域范围的划分；

（2）省级人民政府卫生行政部门根据国务院卫生行政部门的总体规划，制定本行政区域内单采血浆站的设置规划和采集血浆的区域规划；负责本行政区域供浆、购浆区域范围的划分、单采血浆站的设置以及原料血浆供应能力和供应量的审批，并报国务院卫生行政部门备案；

（3）申请设置单采血浆站的，由县级人民政府卫生行政部门初审，经设区的市、自治州人民政府卫生行政部门或者省级人民政府设立的派出机关的卫生行政机构审查同意，报省级人民政府卫生行政部门审批；经审查符合条件的，由省级人民政府卫生行政部门核发《单采血浆许可证》，并报国务院卫生行政部门备案。

单采血浆站只能在批准（划定）的地域范围内，对供血者进行筛查和采集血浆；一个采血区域内只能设立一个单采血浆站。

### （二）单采血浆的管理

**1. 单采血浆的采集** 单采血浆站必须对供血浆者进行健康检查，检查合格的，由县级人民政府卫生行政部门发给《供血浆证》。《供血浆证》不得涂改、伪造、转让。

单采血浆站在采集血浆前，必须对供血浆者进行身份识别并核实其《供血浆证》，确认无误的，方可按照规定程序进行健康检查和血液化验。对检查、化验合格的，按照有关技术操作标准及程序采集血浆，并建立供血浆者健康检查及供血浆记录档案；对检查、化验不合格的，由单采血浆站收缴其《供血浆证》，并由所在地县级人民政府卫生行政部门监督销毁。严禁采集无《供血浆证》者的血浆。

**2. 单采血浆的供应** 单采血浆站只能向一个与其签订质量责任书的血液制品生产单位供应原料血浆，严禁向其他任何单位供应原料血浆。国家禁止出口原料血浆。

**3. 单采血浆的器材要求** 单采血浆站必须使用单采血浆机械采集血浆，严禁手工操作采集血浆。采集的血浆必须按单人份冰冻保存，不得混浆，不得用于临床。

单采血浆站必须使用具有产品批准文号并经国家药品生物制品检定机构逐批检定合格的体外诊断试剂以及合格的一次性采血浆器材，并于使用后销毁并记录。

**4. 单采血浆的包装、储存和运输要求**　单采血浆站采集的原料血浆的包装、储存、运输，必须符合国家规定的卫生标准和要求。

**5. 其他要求**　单采血浆站必须按照《传染病防治法》及其《实施办法》等有关规定，严格执行消毒管理和疫情上报制度。

## 三、血液制品生产经营单位的管理

### （一）血液制品生产经营单位的设置

新建、改建或者扩建血液制品生产单位，经国务院卫生行政部门根据总体规划进行立项审查同意后，由省级人民政府卫生行政部门审核批准。

血液制品生产单位必须具备《药品生产许可证》并达到国务院药品监督管理部门制定的《药品生产质量管理规范》的标准，经国务院卫生行政部门审查合格，并依法向工商行政管理部门申请营业执照后，方可从事血液制品的生产活动。

严禁血液制品生产单位出让、出租、出借以及与他人共用《药品生产许可证》和产品批准文号。

开办血液制品经营单位，必须具备与所经营的血液制品相适应的冷藏条件和熟悉所经营的产品品种的业务人员，必须经省级人民政府卫生行政部门审核批准。

### （二）血液制品生产管理

血液制品生产单位生产国内已经生产的品种，必须向国务院卫生行政部门申请产品批准文号。国内尚未生产的品种，必须按照国家有关新药审批的程序和要求申报。

血液制品生产单位在原料血浆生产前，必须使用有产品批准文号并经国家药品生物制品检定机构逐批检定合格的体外诊断试剂，对每一份血浆进行复检，并作检测记录。原料血浆经复检不合格的，不得投料生产，并必须在省级药品监督员监督下按照规定的程序和方法予以销毁并作记录；原料血浆经复检发现有经血液途径传播疾病的，必须通知供应血浆的单采血浆站，并及时上报所在地省级人民政府卫生行政部门。

血液制品出厂前，必须经过质量检验；经检验不符合国家标准的，严禁出厂。血液制品生产经营单位生产、包装、储存、运输、经营血液制品，应当符合国家规定的卫生标准和要求。

# 第五节　法律责任

对违反献血法有关规定的，视情节轻重，分别承担行政责任、民事责任和刑事责任。

## 一、行政责任

有下列行为之一的，由县级以上人民政府卫生行政部门予以取缔，没收违法所得，可以并处10万元以下罚款：①非法采集血液的；②血站、医疗机构出售无偿献血的血液的；③非法组织他人出卖血液的。

血站违反有关操作规程和制度采集血液，由县级以上地方人民政府卫生行政部门责令改正；给献血者健康造成损害的，对直接责任的主管人员和其他直接责任人员，依法给予行政处分。

临床用血的包装、储存、运输、不符合国家规定的卫生标准和要求的，由县级以上人民政府卫生行政部门责令改正，给予警告，可以并处一万元以下罚款。

血站违反《献血法》规定，向医疗机构提供不合格血液的，由县级以上地方人民政府卫生行政部门责令改正；情节严重，造成经血液途径传播的疾病传播或者有传播危险的，限期整顿，对直接责任的主管人员和其他直接责任人员，依法给予行政处分。

医疗机构违反《献血法》规定，将不符合卫生标准的血液用于患者，给患者造成损害的，对直接责任的主管人员和其他直接责任人员，依法给予行政处分。

卫生行政部门及其工作人员在献血、用血监督管理工作中玩忽职守，尚未构成犯罪的，依法给予行政处分。

## 二、民事责任

《献血法》规定，血站违反有关操作规程和制度采集血液，给献血者健康造成损害的；医疗机构的医务人员违反《献血法》规定，将不符合国家规定标准的血液用于患者，给患者健康造成损害的，应当依法赔偿。

## 三、刑事责任

《献血法》规定，非法采集血液的，血站、医疗机构出售无偿献血的血液，非法组织他人出卖血液；血站违反有关操作规程和制度采集血液，给献血者健康造成损害的；血站向医疗机构提供不合格血液，情节严重，造成经血液途径传播的疾病传播，或者有传播危险的；医疗机构将不符合卫生标准的血液用于患者，给患者造成损害的；卫生行政部门及其工作人员在献血、用血监督管理工作中玩忽职守；构成犯罪的，依法追究刑事责任。

# 第十五章 公民生命健康权益保护法律制度

公民生命健康权益是人类最基本的权利，是人类文明发展最宝贵的财富。建立、健全公民生命健康权益保护法律制度对于保护和推动社会进步具有重要作用。

## 第一节 红十字法律制度

我国的红十字法律制度是国际人道主义法、国际红十字运动基本原则与中国宪法和相关法律相结合的产物，亦即国家依据国际人道主义法及有关规则，结合我国实际情况，制定的一部确保中国红十字事业发展的国家法律。

### 一、中国红十字法律制度的诞生

中国红十字会成立很早，立法却很迟。中国红十字会是国际红十字组织的重要成员，1985 年当选为红十字会与红新月会国际联合会执行理事，1989 年又成为该会副主席。为与国际惯例做法一致，履行日内瓦公约的要求，适应国际红十字运动发展的趋势，使国内红十字事业的发展更好地为社会主义现代化建设服务，1993 年 10 月 31 日，《中华人民共和国红十字会法》（以下简称《红十字会法》）经八届全国人大常务委员会第四次会议正式通过。

《红十字会法》的颁布施行是划时代的事件，从此结束了中国红十字工作长期没有法律保障的状态，标志着中国红十字事业进入了新的历史发展阶段。

### 二、中国红十字会的性质与组织体制

《红十字会法》以法律形式明确了中国红十字会的地位、性质和作用等重大问题，给中国红十字会注入了新的生命力，开辟了广阔的发展道路。

#### （一）中国红十字会的宗旨

保护人的生命和健康，发扬人道主义精神，促进和平进步事业。

#### （二）中国红十字会的地位和性质

中国红十字会使用白底红十字标志。“中国红十字会是中华人民共和国统一的红十字组织，是从事人道主义工作的社会救助团体”。这是根据国际和国内社会发展的新形势，对红十字会作出的新规定，大大拓宽了红十字会的性能和活动范围。

#### （三）中国红十字会的工作原则

中国红十字会遵守宪法和法律，遵循国际红十字与红新月运动确立的基本原则；依照

中国参加的日内瓦公约及其附加议定书和中国红十字会章程，独立自主地开展工作。

（四）中国红十字会与人民政府的关系

人民政府对红十字会给予支持和资助，保障红十字会依法履行职责，并对其活动进行监督；红十字会协助人民政府开展与其职责有关的活动。

（五）中国红十字会的组织体制

县级以上按行政区域建立地方各级红十字会，全国性行业根据需要可以建立行业红十字会。全国建立中国红十字会总会。

各级红十字会理事会由会员代表大会民主选举产生。理事会民主选举产生会长和副会长。各级红十字会会员代表大会闭会期间，由理事会执行会员代表大会的决议。理事会向会员代表大会负责并报告工作，接受其监督。上级红十字会指导下级红十字会工作。

中国红十字会总会设名誉会长和名誉副会长。名誉会长和名誉副会长由中国红十字会总会理事会聘请。

中国红十字会总会具有社会团体法人资格；地方各级红十字会、行业红十字会依法取得社会团体法人资格。

## 三、中国红十字会的职责与权利

（一）职责

1. 开展救灾的准备工作；在自然灾害和突发事件中，对伤病人员和其他受害者进行救助；

2. 普及卫生救护和防病知识，进行初级卫生救护培训，组织群众参加现场救护；参与输血献血工作，推动无偿献血；开展其他人道主义服务活动；

3. 开展红十字青少年活动；

4. 参加国际人道主义救援工作；

5. 宣传国际红十字和红新月运动的基本原则和日内瓦公约及其附加议定书；

6. 依照国际红十字和红新月运动的基本原则，完成人民政府委托事宜；

7. 依照日内瓦公约及其附加议定书的有关规定开展工作。

（二）权利

1. 红十字会有权处分其接受的救助物资；在处分捐赠款物时，应当尊重捐赠者的意愿。

2. 在自然灾害和突发事件中，执行救助任务并标有红十字标志的人员、物资和交通工具有优先通行的权利。

3. 任何组织和个人不得拒绝、阻碍红十字会工作人员依法履行职责。

在自然灾害和突发事件中，以暴力、威胁方法阻碍红十字会工作人员依法履行职责的，依照刑法有关规定追究其刑事责任；阻碍红十字会工作人员依法履行职责未使用暴力、威胁方法的，比照治安管理处罚法第十九条的规定处罚。

4. 红十字会为开展救助工作，可以进行募捐活动。红十字会接受用于救助和公益事业的捐赠物资，按照国家有关规定享受减税、免税的优惠待遇。

## 第二节　初级卫生保健法律制度

初级卫生保健是世界卫生组织提出的一项全球性战略目标，得到了联合国和世界大多数国家和政府的认可。近年来我国政府高度重视初级卫生保健事业，各地按照国家的总体部署，积极推进本地区的初级卫生保健工作。

### 一、初级卫生保健的基本内容

初级卫生保健是指最基本的、人人都能够得到的、体现社会平等权利的、人民群众和政府都负担得起的卫生保健服务。

"2000 年人人享有初级保健"是 1977 年提出的世界卫生组织（WHO）全球战略目标。为推动这一目标的实现，1978 年世界卫生组织和联合国儿童基金会在前苏联哈萨克首府阿拉木图召开国际初级卫生保健会议并发表了《阿拉木图宣言》。该宣言阐释了初级卫生保健制度的内涵、实施意义等方面的内容。

初级卫生保健即第一保健，主要从增进健康、预防疾病、及时治疗、康复服务等四方面来，解决卫生保健问题。初级卫生保健的具体内容因国家或地区以及社区的不同有所区别，但最基本的内容主要有以下八个方面：①针对当前主要卫生问题以及预防和控制方法，开展卫生宣传和健康教育。②改进食品卫生，增进必要的营养。③提供充足的安全饮用水和基本的环境卫生设施。④开展妇幼保健和计划生育工作。⑤对主要的传染病进行预防接种。⑥预防和控制地方病。⑦常见病和伤残的及时处理。⑧保证基本的药物的供应。

### 二、初级卫生保健的基本原则和指标

在《阿拉木图宣言》中，明确指出了初级卫生保健的基本原则和指标。

#### （一）初级卫生保健的基本原则

**1. 合理布局原则**　人们接受卫生保健的社会应该均等，覆盖范围包括城郊居民、乡村和某一地区的人口，特别是贫困地区弱势人群。

**2. 社区参与原则**　社区主动参与有关本地区卫生保健的决策及各部门协调行动。

**3. 预防为主原则**　卫生保健的重点是预防疾病和促进健康，而非治疗工作，必须找出和消除对人的生命健康产生间接和直接影响的因素。

**4. 适宜技术原则**　卫生保健体系中所需用的技术和方法能被接受，并考虑到投入最少、成本最低、产生效益最大的模式或进行技术的推广和采纳、资源的利用和分配。

**5. 综合利用原则**　卫生保健知识是所有保健工作的一部分，它与每个人的住房、教育、营养和饮用水一样，是人类生活中最低、最基本的需要，这些内容的综合利用，需要个人的奋斗和国家的全面规划。

#### （二）初级卫生保健指标

世界卫生组织为全球制定了最低卫生保健指标，以检查全球卫生战略的进展和评价其成果。最低卫生保健指标包括：

1. 享有卫生保健战略已得到政府认可，并成为官方一级的政策；平均分配足够的资源；社区高度参加；为国家卫生发展建立一套适宜的发展体系及管理程序。

2. 吸收人民群众及社团参加卫生战略的实施机构，广泛听取群众的需要和要求；卫生事宜的决策权下放到各个行政单位。

3. 有不少于5%的国民生产总值用于卫生事业。

4. 有适当比例的卫生经费用于地方卫生保健，即用于除医院以外的第一级卫生任务，其中包括社区保健、卫生中心保健、诊疗所保健等。

5. 卫生资源分配公开，即人力、经费、设施等按人口、地区，城乡公平分配。

6. 发达国家的卫生经费有不少于0.7%转拨给不发达国家，以支持这些国家实施人人享有卫生保健战略。

7. 全体居民享有初级卫生保健，至少达到：在家中或步行15分钟的距离之内有安全饮用水，以及在家中或在邻近地方有适当的卫生设备；实施白喉、破伤风、百日咳、麻疹、脊髓灰质炎和结核的免疫接种；步行或坐车1小时的距离内有当地的卫生保健机构。能够得到20种基本药物；有经过培训的人员接生，以及护理儿童至少到1岁的措施。

8. 儿童的营养状况：90%以上的新生儿的出生体重达到2500克；90%以上的儿童体重符合其相应年龄组的体重标准。

9. 婴儿死亡率下降到50%以下。

10. 平均期望寿命在60岁以上。

11. 成年男女受教育比例超过70%。

12. 人均国民生产总值超过500美元。

## 三、我国的初级卫生保健法律制度

在我国，由于城乡之间卫生资源和经济状况的差别，初级卫生保健工作发展不平衡，城乡居民所享有的卫生保健有一定的差距。随着城市居民卫生保障体系的建立，我国将农村居民作为实施初级卫生保健的重点。1990年，卫生部等五个部委联合制定了我国农村实现“2000年人人享有卫生保健”的规划目标、评价指标以及初级卫生保健工作管理程序。确定了十三个初级卫生保健指标和最低线标准预定值，也大体统一了全国不同地区实施初级卫生保健的进程。

在总结20世纪90年代全面开展初级卫生保健工作经验的基础上，2002年卫生部等七个部门印发了《中国农村初级卫生保健发展纲要（2001～2010年）》，确定了农村初级卫生保健的总目标，提出了到2010年初级卫生保健应达到的主要发展目标、主要任务、政府职责、实施策略和保障措施等内容。目前，山西、江苏、福建、山东、湖南、重庆、云南七个省（市）颁布了初级卫生保健的地方性法规，27个省（区或市）和新疆生产建设兵团制定了新一轮的初级卫生保健发展规划。经过努力，全国初级卫生保健规划目标取得了阶段性发展，重大传染病得到有效控制。与2000年比较，居民期望寿命由71.4岁提高到2005年73.0岁，2006年农村孕产妇住院分娩率由65.2%提高到85%，提前实现2010年65%目标。婴儿死亡率由2003年25.5‰下降到2007年15.3‰，孕产妇死亡率由2003年51.3/10万下降到2007年36.6/10万。截止2007年底，农村累计改水受益人口达到9亿人左右，占农村总人口的92.8%。农村自来水普及率由2003年58.2%提高到2007年的

64.1%，卫生厕所普及率由50.9%提高到57.0%。

## 第三节　医疗保障法律制度

医疗保障制度是指一个国家或地区为取得预定健康目标，通过筹集分配和使用卫生保健基金，有组织地为群众和个人提出各种医疗卫生保健服务的所有制度的总和。通常，一个国家或地区社会经济状况、生活条件、卫生水准和医疗服务原则决定了该国或地区实行何种医疗保障制度体系。

建立健全医疗保障制度，为全体公民提供最基本的卫生保健服务，是维护公民生命健康权益的内容之一。我国不断推进医疗卫生体制改革，医疗保障制度逐步建立和完善。

### 一、我国医疗保障制度改革

我国政府一直高度重视人民群众的身体健康，新中国成立之初，就建立起公费医疗制度和劳保医疗制度。随着时间的推移，公费、劳保医疗制度固有的弊端日益显现出来。特别是我国实行改革开放以后，原有的计划经济体制逐步向社会主义市场经济体制转轨，公费、劳保医疗制度赖以存在的经济基础发生了根本性变化。对原有的医疗保障制度进行改革成为大势所趋，势在必行。从上世纪90年代初开始的医疗保障制度改革，大致可以分为三个阶段。

#### （一）第一个阶段是制度的探索期

我国医疗保险制度改革的正式启动，是以1994年江苏镇江和江西九江的“两江”试点为标志的。1996年，在40多个城市扩大试点，进一步探索统账结合的具体方式和运行机制。根据试点反映出的问题和情况，国务院在总结经验、完善政策的基础上，于1998年颁布了《关于建立城镇职工基本医疗保险制度的决定》，正式在全国范围内开展城镇职工基本医疗保险制度改革。这一阶段的主要任务是改革原有的公费、劳保医疗制度，为在全国范围内建立与社会主义初级阶段生产力水平相适应的、以社会统筹和个人账户相结合为主要模式的、覆盖全体城镇职工的基本医疗保险制度探索路子，积累经验。

#### （二）第二个阶段是制度的建设期

1998年国务院颁布44号文件后，开始在全国范围内推进改革，并逐步把城镇灵活就业人员、非公有制经济从业人员以及农民工纳入到基本医疗保险体系之中。根据形势发展的需要，在充分调研论证的基础上，2007年，国务院颁布了《关于开展城镇居民基本医疗保险试点的指导意见》，提出到2010年在全国全面推开城镇居民医疗保险制度，把基本医疗保险覆盖到全体城镇居民。

与此同时，新型农村合作医疗制度和城乡社会医疗救助制度普遍建立。2002年，党中央、国务院下发了《进一步加强农村卫生工作的决定》，部署在全国建立新型农村合作医疗制度，并提出到2010年，在全国农村基本建立起新型农村合作医疗制度。2003年和2005年，分别开展了农村医疗救助制度和城市医疗救助制度试点。

2008年《中共中央国务院关于深化医药卫生体制改革的意见》、2009年《国务院关于医药卫生体制改革近期重点实施方案（2009～2011年）》相继公开发布，提出要建立覆盖城乡居民的基本医疗保障体系，为群众提供安全、有效、方便、价廉的医疗卫生服务，实现人人享有基本医疗卫生服务。

这一阶段的主要任务是初步建立起“全民医保”的3+1制度框架：即三大公立医疗保险（包括城镇职工医保、城镇居民医保、新农合）加上城乡医疗救助制度“四大板块”，共同组成基本医疗保障体系，分别覆盖城镇就业人口、城镇非就业人口、农村人口和城乡困难人群。“全民医保”，是医疗保障体系走向完善的目标。

### （三）第三个阶段是制度的完善期

即从2011年到2020年，这一阶段的主要任务是在以“四大板块”为主体的覆盖城乡的医疗保障体系普遍建立的基础上，不断完善制度，逐步实现制度的合理衔接和管理的集约化，提高统筹层次，缩小保障差距，消除制约人力资源自由流动的制度性障碍。统一规划、统筹协调城乡基本医疗保险、补充医疗保险、商业健康保险、社会医疗救助等各项制度，基本形成保障层次分明、制度边界清晰、保障功能完善的医疗保障体系。

经过长期不懈的努力，我国基本医疗保障制度建设已经基本完成了前两个阶段的目标任务，取得了令世人瞩目的伟大成果，实现了历史性跨越。

## 二、现阶段我国医疗保障制度实施概况

现阶段我国医疗保障体系坚持广覆盖、保基本、可持续的原则，从重点保障大病起步，逐步向门诊小病延伸，不断提高保障水平。逐步建立国家、单位、家庭和个人责任明确、分担合理的多渠道筹资机制，实现社会互助共济。随着经济社会发展，将逐步提高筹资水平和统筹层次，缩小保障水平差距，最终实现制度框架的基本统一，探索建立城乡一体化的基本医疗保障管理制度。

2009年新医改方案确定了医保具体目标，即“2011年，基本医疗保障制度全面覆盖城乡居民，3年内使城镇职工和居民基本医疗保险及新型农村合作医疗参保率提高到90%以上；2010年，对城镇居民医保和新农合的补助标准提高到每人每年120元。”并指出“将规范基本医疗保障基金管理。各类医保基金要坚持以收定支、收支平衡、略有结余的原则；合理控制城镇职工医保基金、城镇居民医保基金的年度结余和累计结余。新农合统筹基金当年结余率原则上控制在15%以内，累计结余不超过当年统筹基金的25%。”

据统计，2009年，超过12亿中国公民享有了基本的医疗保障。其中，城镇职工和居民参加医保人数超过3.9亿人，参加新型农村合作医疗人数超过8.15亿人。

### （一）城镇职工基本医疗保险制度

城镇职工基本医疗保险制度自1998年确立以来，以低水平、广覆盖的方式推开，保证了社会各层次收入水平人群的基本医疗需求，尤其是实质性地防止了部分城镇职工看不起病因病致贫的问题。同时，国家对城镇职工基本医疗保险制度强制性推行，依法律手段为每个城镇职工平等地获得医疗就诊提供了保障。

至2007年底，全国城镇职工2.7亿，基本医疗保险参保人数1.8亿人，占66.7%。全年基金收入2214.2亿元，基金支出1551.7亿元。医疗保险覆盖率低，统筹层次低，异地就医、异地结算等问题是医疗保险制度的主要制约因素。当前，解决国有关闭破产企

业、困难企业等职工和退休人员，以及非公有制经济组织从业人员和灵活就业人员的基本医疗保险问题，解决城乡流动的农民工基本医疗保险关系转移接续、异地安置的退休人员异地就医结算服务，是城镇职工基本医疗保险制度亟待完善的地方。

### （二）城镇居民基本医疗保险制度

城镇居民基本医疗保险制度是由政府组织、引导和支持，家庭（个人）、集体和政府多方筹资，以大病统筹为主的城镇居民基本医疗保险制度，以保证城镇居民“小病及时治疗，慢病及时防治，大病及时救助”。

2007 年，国务院发布《关于开展城镇居民基本医疗保险试点的指导意见》。“城镇居民医保”这一新的医保形式正式启动，并在部分城市进行试点。

**1. 参保范围**　覆盖人群主要包括老人和孩子在内的城镇非从业人员。2008 年年底，大学生群体也纳入到“城镇居民医保”的试点中。目前，“城镇居民医保”所覆盖人群包括城镇的老人、小孩、其他无业人员和在校大学生四类人员。

2007 年，共有 88 个城市开展了“城镇居民医保”试点，2008 年新增试点城市 229 个。到 2008 年底，全国“城镇居民医保”的参保人数超过 1 亿人，达到了 1.18 亿人，参保率约为 39.3%。2009 年将全面推开城镇居民医保制度，将在校大学生全部纳入城镇居民医保范围。同时，老人、残疾人和儿童的基本医疗保险问题将作为重点加以解决。

**2. 缴费和补助**　城镇居民基本医疗保险以家庭缴费为主，政府给予适当补助。参保居民按规定缴纳基本医疗保险费，享受相应的医疗保险待遇。

2007 年试点启动时，政府每人每年补贴 40 元；2008 年时，政府补助提升到不低于 80 元。按照“新医改方案”的要求，到 2010 年，国家对“城镇居民医保”的补助标准将提高到每人每年 120 元，并适当提高个人缴费标准。

**3. 赔付标准**　新医改方案对赔付标准提出的目标为，到 2010 年，“城镇居民医保”的最高支付限额将提高到当地居民可支配收入的 6 倍左右。

### （三）新型农村合作医疗制度

新型农村合作医疗，简称“新农合”，是指由政府组织、引导、支持，农民自愿参加，个人、集体和政府多方筹资，以大病统筹为主的农民医疗互助共济制度。采取个人缴费、集体扶持和政府资助的方式筹集资金。

新型农村合作医疗是由我国农民自己创造的互助共济的医疗保障制度，在保障农民获得基本卫生服务、缓解农民因病致贫和因病返贫方面发挥了重要的作用。它为世界各国，特别是发展中国家所普遍存在的问题提供了一个范本，不仅在国内受到农民群众的欢迎，而且在国际上得到好评。合作医疗在将近 50 年的发展历程中，先后经历了 20 世纪 40 年代的萌芽阶段、50 年代的初创阶段、60～70 年代的发展与鼎盛阶段、80 年代的解体阶段和 90 年代以来的恢复和发展阶段。面对传统合作医疗中遇到的问题，卫生部组织专家与地方卫生机构进行了一系列的专题研究，为建立新型农村合作医疗打下了坚实的理论基础。随着我国经济与社会的不断发展，越来越多的人开始认识到，“三农”问题是关系党和国家全局性的根本问题。而不解决好农民的医疗保障问题，就无法实现全面建设小康社会的目标，也谈不上现代化社会的完全建立。大量的理论研究和实践经验也已表明，在农村建立新型合作医疗制度势在必行。

新型农村合作医疗制度从2003年起在全国部分县（市）试点，到2010年逐步实现基本覆盖全国农村居民。至2008年9月底，全国开展新型农村合作医疗的县（市、区）达2729个，参加新农合人口8.14亿人，参合率达91.5%，越来越接近新型农村合作医疗制度全覆盖目标。2009年新医改方案进一步提出了“全面实施新型农村合作医疗制度，逐步提高政府补助水平，适当增加农民缴费，提高保障能力”的要求。

（四）城乡医疗救助制度

城乡医疗救助制度是指通过政府拨款和社会捐助等多渠道筹资建立基金，对患大病的农村五保户和贫困农民家庭、城市居民最低生活保障对象中未参加城镇职工基本医疗保险人员、已参加城镇职工基本医疗保险但个人负担仍然较重的人员以及其他特殊困难群众给予医疗费用补助（农村医疗救助也可以资助救助对象参加当地新型农村合作医疗）的救助制度。

目前，我国城乡医疗救助制度已基本建立，农村医疗救助制度在全国所有涉农的县（市、区）全部建立的基础上，不断规范和完善。城市医疗救助在试点的基础上全面推进，目前全国所有县（市、区）基本都建立了城市医疗救助制度。“城乡医疗救助制度覆盖到全国所有困难家庭”是新医改方案提出的目标。对困难人群参保及其难以负担的医疗费用提供补助，是医疗保障体系应筑牢的底线。

近年我国医疗救助资金投入快速增加。2007年中央财政补助城乡医疗救助资金34亿元，比2006年增长138%；地方财政资金投入38.5亿元，比2006年增长43%。2008年中央财政和地方财政资金投入分别增加到50.4亿元和42.5亿元。随着资金投入的增加，救助效果日渐显现。2007年，城乡医疗救助人次达到1171万，还资助2957万人参加新农合。2008年前三季度全国城乡医疗救助支出50.9亿元，比2007年同期增长39%，救助744万人次，资助3571万人参保参合。政府投入的增加保障了各地医疗救助工作的开展。

## 第四节　计划生育法律制度

计划生育是我国的基本国策。为实现人口与经济、社会、资源、环境的协调发展，维护公民的合法权益，促进家庭幸福、民族繁荣与社会进步，我国推行计划生育制度。

新中国成立后，由于社会安定、生产发展和医疗卫生条件的改善，人口迅速增长。60年代我国人口与经济、社会、资源、环境之间的矛盾逐渐显露出来。70年代初我国开始全面实行计划生育，并将人口发展计划纳入国民经济与社会发展规划。人口与计划生育立法工作始于70年代末，经过二十多年的立法实践，2001年12月29日九届全国人大常委会审议通过了《中华人民共和国人口与计划生育法》，自2002年9月1日起施行。为了规范社会抚养费的征收管理，2002年8月，国务院公布《社会抚养费征收管理办法》，自2002年9月1日起施行。

### 一、我国的计划生育政策

（一）基本规定

1. 鼓励公民晚婚晚育，提倡一对夫妻生育一个子女。

2. 符合法律、法规规定条件的，可以要求生育第二个子女。

3. 少数民族也要实行计划生育。

4. 违法生育子女的应当依法缴纳社会抚养费。

### （二）公民的生育权利、义务

**1. 权利**　生育权是指公民享有生育子女及获得与此相关的信息和服务的权利。公民的生育权包括：

（1）自由而负责的决定生育时间、数量和间隔的权利。

（2）有依法生育的权利，也有不生育的自由。

（3）夫妻享有平等的生育权利。

（4）生殖健康权，即公民有权获得科学知识和信息、避孕措施的知情权和安全保障权利以及患不孕症公民获得咨询和治疗的权利。

**2. 义务**　公民也有依法实行计划生育的义务。其内容包括：

（1）要按照法律规定生育子女的数量和间隔时间。

（2）自觉落实避孕节育措施，防止非意愿妊娠。

（3）超计划生育子女的，要依法缴纳社会抚养费。

（4）不得拒绝和阻碍计划生育工作人员依法执行公务，不得采用违法手段破坏计划生育工作的开展。

（5）禁止歧视、虐待生育女婴的妇女和不育的妇女。

（6）禁止歧视、虐待、遗弃女婴。

## 二、计划生育的奖励、社会保障和技术服务

### （一）国家对实行计划生育的夫妻给予奖励

公民实行计划生育，是为国家的整体利益牺牲了个人利益和家庭利益，为国家作出了贡献。自全面推行计划生育以来，我国共少生了3亿多人，为经济社会发展节约了大量财富。因此，国家应当建立相应的经济奖励、社会保障以及优惠优待机制，建立计划生育利益导向机制和社会保障制度。

**1. 奖励措施**

（1）公民晚婚晚育，享有奖励婚假和奖励生育假或者其他福利待遇。

（2）妇女怀孕、生育和哺乳期间按照国家规定享有特殊劳动保护，并可以获得帮助和补偿。

（3）公民实行计划生育手术，享有国家规定的休假，地方人民政府可以给予奖励。

（4）国家对因计划生育手术造成并发症的公民提供治疗与补偿。

**2. 对独生子女父母的奖励及规定**

（1）自愿终身只生育一个子女的夫妻，国家发给《独生子女父母光荣证》。

（2）获得《独生子女父母光荣证》的夫妻，按照国家和省、自治区、直辖市有关规定享有独生子女父母奖励。

（3）法律、法规或者规章规定给予终身只生育一个子女的奖励措施中由其所在单位落实的，有关单位应当执行。

（4）独生子女发生意外伤残、死亡，其父母不再生育和收养子女的，地方人们政府应当给予必要的帮助。

### （二）计划生育工作密切相关的社会保障制度

社会保障制度是以国家或政府为主体，依据法律规定，通过国民收入再分配，对公民在暂时或永久失去劳动能力以及由于各种原因发生生活困难时，给予物质帮助，保障其基本生活的制度。社会保障制度为公民实行计划生育提供可靠的物质基础和保障，可以有效降低群众对多生育子女保障其基本生活的期望，从根本上转变公民的生育观念。

1. 国家建立、健全基本养老保险、基本医疗保险、生育保险和社会福利等社会保障制度，促进计划生育。

2. 国家鼓励保险公司举办有利于计划生育的保险项目。

3. 有条件的地方可以根据政府引导、农民自愿的原则，在农村实行多种形式的养老保障办法。

为了调动农村广大农民群众实行计划生育的积极性和自觉性，《人口与计划生育法》规定："地方各级人民政府对农村实行计划生育的家庭发展经济，给予资金、技术、培训等方面的支持、优惠；对实行计划生育的贫困家庭，在扶贫贷款、以工代赈、扶贫项目和社会救济等方面给予优先照顾。"

### （三）计划生育技术服务

计划生育技术服务是指通过手术、药物、工具、仪器、信息等手段，有目的地调节人的生育行为，并围绕生育、节育、不育开展相关的生殖保健服务，包括计划生育技术指导、咨询以及与计划生育有关的临床医疗服务。

1. 国家建立婚前保健和孕产期保健制度。

2. 各级人民政府要保障公民享有计划生育技术服务。

3. 建立、健全计划生育技术服务网络。

## 三、法律责任

### （一）行政责任

非法为他人实行计划生育手术的；或者利用超声技术和其他技术手段为他人进行非医学需要的胎儿性别鉴定或者选择性别的人工终止妊娠的；或者实施假节育手术、进行假医学鉴定、出具假计划生育证明的，由计划生育行政部门或者卫生行政部门依据职权责令其改正，给予警告没收违法所得并罚款；情节严重的由原发证机关吊销执业证书。

伪造、变造、买卖计划生育证明，由计划生育行政部门没收违法所得，并给予罚款。以不正当手段取得计划生育证明的，由计划生育行政部门取消其计划生育证明；出具证明的单位有过错的，对直接负责的主管人员和其他直接负责人员依法给予行政处分。计划生育技术服务人员违章操作或者延误抢救、诊断，造成严重后果的依照《执业医师法》、《医疗事故处理条例》等规定承担相应的行政责任。

不履行协助计划生育管理义务的，由有关地方人民政府责令改正，并给予通报批评；对直接负责的主管人员和其他直接负责人员依法给予行政处分。

国家机关工作人员在计划生育工作中，有侵犯公民人身权、财产权和其他合法权益的，或者滥用职权、玩忽职守、徇私舞弊的，或者索取、收受贿赂的，或者截留、克扣、挪用、贪污计划生育经费或者社会抚养费的，或者虚报、瞒报、伪造、篡改或者拒报人口与计划生育统计数据的行为之一，尚不构成犯罪的，依法给予行政处分；有违法所得的，没收违法所得。

### （二）刑事责任

未取得医生执业资格的人擅自为他人进行节育复通手术、假节育手术、终止妊娠手术或者摘取宫内节育器，情节严重的，均可构成非法进行节育手术罪，并依据《刑法》追究其刑事责任。

伪造、变造、买卖计划生育证明构成犯罪的，应当追究其刑事责任。

计划生育技术服务人员违章操作，或者延误抢救、诊治，造成严重后果的，其行为如果符合刑法关于医疗事故罪的规定，应当依法追究其刑事责任。

国家机关工作人员在计划生育工作中，有侵犯公民人身权、财产权和其他合法权益等行为，构成犯罪的，应当追究其刑事责任。

# 第十六章 医学科学发展引发的法律问题

随着医学的发展和医学技术的进步，一些新的法律问题也越来越受到社会的关注，如死亡的标准、安乐死、器官移植、基因工程、人工生殖、人体实验、人工流产，这些问题也成为我们今后完善立法，构建法制体系中关注的重点问题。

## 第一节　死亡的标准

死亡不仅是一个医学概念，而且是一个法学概念。死亡是法学的重要课题，但法律并不关注“死亡是个体生命终结与自我意识消失”这个生物学本质，而主要关注医学如何支持法律，即死亡时间的判断。

### 一、传统的判断标准及其缺陷

数千年以来，人类社会一直将呼吸、心跳停止作为判定死亡的唯一标准。1951 年，美国布莱克法律辞典把死亡定义为：血液循环的完全停止，呼吸、脉搏的停止。我国出版的《辞海》，也把心跳、呼吸的停止作为死亡的重要标准。但是现代医学研究表明，死亡是复杂的分层次的过程。事实上，随着医学技术的发展，生与死亡之间的界线变得不那么容易划定，因此，医学界就出现了对死亡的定义和标准问题的讨论。而且，如何确定和执行死亡的标准，成为医学界的难题之一。

### 二、脑死亡的基本法律问题

#### （一）概念

脑死亡是指当心脏还继续跳动，大脑的功能全部丧失，发生不可逆的改变，最终导致人体死亡。

#### （二）判定脑死亡的标准

1966 年，美国提出脑死亡是临床死亡的标志。1968 年在第 22 届世界医学大会上，美国哈佛医学院脑死亡定义审查特别委员会提出了“脑功能不可逆性丧失”作为新的死亡标准，并制定了世界上第一个脑死亡诊断标准，简称哈佛标准。同年，由世界卫生组织建立的国际医学科学组织委员会规定死亡标准为：①对环境失去一切反应；②完全没有反射和肌张力；③停止自主呼吸；④动脉压陡降；⑤脑电图平直。其基本内容是哈佛标准。目前，美国、西欧和日本为了将脑死亡付诸立法，先后报告了 30 多套标准。就世界范围而言，迄今未有统一的脑死亡标准。

（三）确立脑死亡的意义

**1. 有利于促进器官移植的开展**　因为脑死亡后的病人有一段时间脏器血液循环还未停止，此时实施器官移植手术易成功。

**2. 有利于医疗卫生资源的合理利用**　确认脑死亡观念和实施脑死亡法，可以适时终止无效的医疗救治，减少无意义的医疗卫生资源消耗，合理使用有限资源。

**3. 有利于科学地确定死亡，维护人的生命尊严。**

### 三、我国脑死亡的立法现状

脑死亡作为一种更科学的诊断标准，目前已被包括中国在内的80多个国家所承认，已有30多个国家为此立法。1986年以来，中国的医学专家就在为脑死亡诊断标准以及立法多方呼吁。2003年，卫生部脑死亡标准起草小组在医学杂志上公布了脑死亡判定标准和技术规范的征求意见稿，受到了社会各界的极大关注。2009年4月初，在历经长达二十余年的理论探索和个案实践之后，中国卫生部对外透露，由该部脑死亡标准起草小组制定的脑死亡标准，即将向社会正式公布。据卫生部发布的消息，脑死亡标准起草小组制定了《脑死亡判定标准（成人）（修订稿）》和《脑死亡判定技术规范（成人）（修订稿）》，这两个文件规定了脑死亡判定的先决条件、临床判定、确认试验和判定时间等，明确了判定三步骤：脑死亡临床判定、脑死亡确认试验和脑死亡自主呼吸激发试验。只有三步骤均符合判定标准，才能确认为脑死亡。

## 第二节　安乐死

安乐死的实践早在史前时代就已存在，到20世纪30年代，欧美许多国家都有人积极提倡安乐死，只是由于德国纳粹的介入，使得安乐死声名狼藉。到了20世纪60～70年代，随着医学生物科学技术的发展，销声匿迹的安乐死又成为医学界、法律界以及公众关注的热点。

### 一、安乐死的概念

“安乐死”一词源自希腊语，原意是无痛苦死亡。现代意义上的安乐死是指为结束不治之症病人无法忍受的肉体痛苦，采用科学方法对人的死亡过程进行调节，使死亡状态安乐化，以维护人的死亡尊严。

### 二、国外安乐死立法现状

综观国际形势，在一些国家和地区安乐死的成文法业已施行。1995年6月，澳大利亚北部地区议会通过了世界上第一个“安乐死法”，批准实行符合特定条件的安乐死。不过9个月后，澳大利亚参议院宣布废除“安乐死法”，安乐死在澳大利亚重新成为非法行为。2001年4月荷兰上议院通过安乐死法案，成为全世界第一个承认安乐死合法化的国家。同年5月16日，比利时众议院亦通过安乐死法案，允许医生在特殊情况下对病人实施安乐死，继而成为第二个承认安乐死合法化的国家。紧随荷兰之后，在欧美一些国家，如英国、美国、法国、德国都出现了安乐死的病例，一些国家也正在进行安乐死的立法探索，但总体上以法律形式确认安乐死合法化的国家为数不多。纵观各国的安乐死立法，对适用安乐死的条件都有相当严格而详细的规定，其共同的限制条件主要有：①经确诊，病人患有目前医学证明确实是不治之症；②该不治之症给病人带来无法忍受的极端痛苦；③必须由病人本人亲自提出安乐死要求。

通过对安乐死的讨论和对国外安乐死立法现状的比较，安乐死立法的主要内容应包括以下几个方面。

#### （一）安乐死的对象

应严格限于当前医学条件下没有希望救治的、正遭受着难以忍受的极端痛苦的临终病人。

#### （二）安乐死的条件

应符合无危害、不违背本人意志、尽可能无痛苦的原则。具体包括：①病人在当前医学条件下已毫无救治可能；②病人的剧烈痛苦无法抑制，且已迫近死亡；③病人有要求安乐死的真诚意愿；④出于终止临终病人难以忍受的痛苦的目的，由医务人员提供尽可能无痛苦的加快结束病人生命或不再延长其死亡过程的医疗性服务；⑤执行安乐死的方法在伦理学上被认为是正当的。

#### （三）安乐死的实施者、实施形式和方法

实施者应为合法的医务人员。安乐死的形式既包括被动安乐死，也包括主动安乐死。实施的方法应当尽可能快速、无痛苦，以尽可能表达“安乐”的本质，体现出人道主义的精神。

#### （四）安乐死实施程序

应对请求程序、审查程序、操作程序等作出具体规定，并明确违反有关法律规定所应承担的法律责任。

### 三、我国安乐死立法的思考

安乐死在我国引起医学界、法学界的关注和讨论，始于20世纪80年代中期发生在陕西省汉中市一家医院的安乐死事件。1988年7月、1994年10月在上海召开了两次全国安乐死学术讨论会，就安乐死的医学、社会、伦理、法律等问题进行了广泛的讨论。安乐死问题已经引起了国家立法机关的重视，在全国人代会上，人大代表曾多次提交安乐死的立法议案。但有关部门的答复都表示，在我国对安乐死立法的条件尚不成熟，但要抓紧为安乐死立法做准备，要大力开展“死亡教育”。

## 第三节　器官移植

中国是世界第二大器官移植大国。近年来中国临床器官移植发展很快，为了规范人体器官移植，保证医疗质量，保障人体健康，维护公民的合法权益，2007年3月21日国务院第171次常务会议通过了《人体器官移植条例》，自2007年5月1日起施行，内容包括

总则、人体器官的捐献、人体器官的移植和法律责任。

## 一、器官移植的概念

《人体器官移植条例》所称人体器官移植，是指摘取人体器官捐献人具有特定功能的心脏、肺脏、肝脏、肾脏或者胰腺等器官的全部或者部分，将其植入接受人身体以代替其病损器官的过程。

## 二、人体器官的捐献

### （一）捐献原则

人体器官捐献应当遵循自愿、无偿的原则。公民享有捐献或者不捐献其人体器官的权利；任何组织或者个人不得强迫、欺骗或者利诱他人捐献人体器官。

### （二）捐献主体和方式

捐献人体器官的公民应当具有完全民事行为能力。公民捐献其人体器官应当有书面形式的捐献意愿，对已经表示捐献其人体器官的意愿，有权予以撤销。公民生前表示不同意捐献其人体器官的，任何组织或者个人不得捐献、摘取该公民的人体器官；公民生前未表示不同意捐献其人体器官的，该公民死亡后，其配偶、成年子女、父母可以以书面形式共同表示同意捐献该公民人体器官的意愿。任何组织或者个人不得摘取未满18周岁公民的活体器官用于移植。

## 三、人体器官的移植

### （一）从事器官移植的医疗机构的条件

医疗机构从事人体器官移植，应当依照《医疗机构管理条例》的规定，向所在地省、自治区、直辖市人民政府卫生主管部门申请办理人体器官移植诊疗科目登记。医疗机构从事人体器官移植，应当具备下列条件：①有与从事人体器官移植相适应的执业医师和其他医务人员；②有满足人体器官移植所需要的设备、设施；③有由医学、法学、伦理学等方面专家组成的人体器官移植技术临床应用与伦理委员会，该委员会中从事人体器官移植的医学专家不超过委员人数的1/4；④有完善的人体器官移植质量监控等管理制度。

### （二）人体器官移植手术前的程序

**1. 检查评估**　实施人体器官移植手术的医疗机构及其医务人员应当对人体器官捐献人进行医学检查，对接受人因人体器官移植感染疾病的风险进行评估，并采取措施，降低风险。

**2. 审查申请**　在摘取活体器官前或者尸体器官捐献人死亡前，负责人体器官移植的执业医师应当向所在医疗机构的人体器官移植技术临床应用与伦理委员会提出摘取人体器官审查申请。

**3. 审查**　人体器官移植技术临床应用与伦理委员会收到摘取人体器官审查申请后，应当对下列事项进行审查，并出具同意或者不同意的书面意见：①人体器官捐献人的捐献意愿是否真实；②有无买卖或者变相买卖人体器官的情形；③人体器官的配型和接受人的适应证是否符合伦理原则和人体器官移植技术管理规范。经2/3以上委员同意，人体器官移植技术临床应用与伦理委员会方可出具同意摘取人体器官的书面意见。

### （三）费用收取

从事人体器官移植的医疗机构实施人体器官移植手术，除向接受人收取下列费用外，不得收取或者变相收取所移植人体器官的费用：①摘取和植入人体器官的手术费；②保存和运送人体器官的费用；③摘取、植入人体器官所发生的药费、检验费、医用耗材费。

### （四）医疗机构和医务人员的相关义务

1. 从事人体器官移植的医疗机构及其医务人员摘取活体器官前，应当履行下列义务：①向活体器官捐献人说明器官摘取手术的风险、术后注意事项、可能发生的并发症及其预防措施等，并与活体器官捐献人签署知情同意书；②查验活体器官捐献人同意捐献其器官的书面意愿、活体器官捐献人与接受人存在本条例规定关系的证明材料；③确认除摘取器官产生的直接后果外不会损害活体器官捐献人其他正常的生理功能。

2. 从事人体器官移植的医疗机构应当保存活体器官捐献人的医学资料，并进行随访。

3. 从事人体器官移植的医疗机构及其医务人员应当尊重死者的尊严；对摘取器官完毕的尸体，应当进行符合伦理原则的医学处理，除用于移植的器官以外，应当恢复尸体原貌。

4. 从事人体器官移植的医务人员应当对人体器官捐献人、接受人和申请人体器官移植手术的患者的个人资料保密。

# 第四节　基因工程

20 世纪 70 年代，在分子生物学和分子遗传学综合发展的基础上诞生了一门崭新的生物技术科学——基因工程，也称为遗传工程或 DNA 重组技术。

## 一、概述

基因工程，是指采取类似工程设计的方法，按照人们的需要，通过一定的程序将具有遗传信息的基因，在离体条件下进行剪接、组合、拼接，再把经过人工重组的基因转入宿主细胞大量复制，并使遗传信息在新的宿主细胞或个体中高速表达，产生出人类需要的基因产物，或者改造、创造新的生物类型。

基因工程诞生于 20 世纪 70 年代。1976 年美国公布了世界上第一个实验室基因工程应用法规《重组 DNA 分子实验准则》。此后，法国、德国、英国、日本、前苏联等 20 多个国家也陆续制定了这类法规。近些年来，随着克隆技术和人类基因组研究的深入，各国对基因立法也日益重视，并加强了国际合作。

## 二、人类基因工程引发的法律问题

### （一）基因诊断

基因诊断是指通过直接探查基因的存在和缺陷来对人体的状态和疾病作出判断，目前正广泛应用于许多疾病的诊断。基因诊断的医学意义是巨大的，但它的应用也产生了许多法律问题。

### (二) 基因治疗

基因治疗是指将外源基因导入目的细胞并有效表达，从而达到治疗疾病的目的。但是，基因治疗涉及改变人类的遗传物质，有可能产生不可预知的严重后果。一般认为，体细胞基因治疗只涉及患者个体，而生殖细胞基因治疗则对人类未来存在深远影响，特别会在伦理、法律方面引发许多问题。

### (三) 人类基因组计划

人类基因组计划（HGP）是美国科学家于1985年率先提出，并于1990年10月正式启动的。它旨在通过国际合作，阐明人类基因组30亿个碱基对的序列，发现所有人类基因并搞清其在染色体上的位置，破译人类全部遗传信息，使人类第一次在分子水平上全面地认识自我。经过美国、英国、德国、日本、法国和中国等6个国家科学家的共同努力，1999年11月23日完成了10亿个碱基对的测定工作。2000年6月26日科学家公布了人类基因组工作草图。

### (四) “克隆人”

“克隆”一词是英语clone或cloning的音译，是指生物体并不是通过性细胞的受精，而是从一个共同的细胞、组织或器官繁殖得到一群遗传结构完全相同的细胞或生物。由于上一代和下一代的遗传信息是一致的，所以可以简单地说，克隆是生命的全息复制。克隆技术在现代生物学中也被称为“生物放大技术”。对于克隆人的问题，目前法律界对此有两种观点即禁止论和控制论。

## 三、我国人类基因工程立法

我国是生物技术发展较快的国家之一，但我国的生物技术立法工作却比较滞后。为确保基因治疗的正确发展，卫生部于1993年5月公布了《人的体细胞治疗及基因治疗临床研究质控要点》。它强调对基因治疗的临床试验要在运作之前进行安全性论证、有效性评价和免疫学考虑，同时注意社会伦理影响。国家科委于1993年12月发布了《基因工程安全管理办法》，就基因技术的适用范围、安全性评价、申报、审批和安全控制措施等方面问题做了规定。1998年9月经国务院批准，科学技术部、卫生部共同制定了《人类遗传资源管理暂行办法》，对保护和合理利用我国的人类遗传资源起到了重要作用。2000年12月2日，中国人类基因组社会、伦理和法律委员会通过了一项声明，声明表示委员会接受联合国教科文组织的《世界人类基因组与人权宣言》和国际人类基因组组织的原则，即承认人类基因组是人类共同遗产的一部分；坚持人权的国际规范；尊重参加者的价值、传统、文化和人格，以及接受和坚持人的尊严和自由。委员会同意国际人类基因组组织的“关于遗产研究正当行为的声明”，“关于取样、控制和获得的声明”，“关于克隆的声明”。2003年3月20日国家药品监督管理局发布了《人基因治疗研究和制剂质量控制技术指导原则》。2009年11月卫生部组织制定了《基因芯片诊断技术管理规范（试行）》。该规范为技术审核机构对医疗机构申请临床应用基因芯片诊断技术进行技术审核提供了依据，是医疗机构及其医师、医技人员开展基因芯片诊断技术的最低要求。

# 第五节　人工生殖

人工生殖技术是不孕、不育症治疗的重要手段，是生殖优生领域的一场革命。它为那些因各种原因不孕不育的夫妇带来了福音，实现了他们想为人父母的愿望，促进了家庭的和睦和幸福。

## 一、人工生殖的概念

人工生殖技术，是指用现代科学和医学的技术、方法改变性与生殖的联系或代替人类生殖过程中的某一环节或全部过程，分为人工授精、体外授精和无性生殖三种类型。

## 二、人工生殖技术引发的法律问题

### （一）AID 婴儿的法律地位

在进行人工授精时，凡是精液来自供体或第三者的为异源人工授精（AID）。而 AID 婴儿与生母之夫无自然血亲关系就产生了婴儿应否看作婚生子女的问题。从各国的情况来看，AID 婴儿身份关系的确定，大致有两种情况：①将夫妻双方合意采用 AID 所生婴儿视为婚生子女。从发展趋势看，多数国家倾向于这种做法。②将采用 AID 所生婴儿视为非婚生子女，如英国。

### （二）试管婴儿的父母

试管婴儿即采用体外授精—胚胎移植的方法受孕分娩的婴儿。试管婴儿最多可能有 5 个父母：提供遗传物质精子和卵子的父亲和母亲，提供孕育环境的母亲，仅仅承担养育义务的父母。各国的判例和法律一般都认为，亲子关系主要通过长期养育行为而建立。试管婴儿与准备充当孩子养育父母的夫妇双方无任何遗传关系，但养育父母有合法的婚姻关系，有作为孩子父母的共同愿望，应确定这对夫妇为孩子的合法父母。

### （三）受精卵和胚胎的法律地位

关于受精卵和胚胎的法律地位，有着两种截然不同的意见。一种意见认为是人，应尊重他们，不应把他们作为工具、手段来使用，不应未经主人同意就处理掉他们。这种观点影响到人工授精多胎减胎术的接受程度。另一种意见认为受精卵和胚胎不是人，不应具有与人同等的法律地位。

## 三、我国生殖技术立法现状

为了保证人类辅助生殖技术安全、有效和健康发展，规范人类辅助生殖技术的应用和管理，保障人民身体健康，2001 年 2 月卫生部颁布了《人类辅助生殖技术管理办法》和《人类精子库管理办法》。同年 5 月卫生部发布了《人类辅助生殖技术规范》、《人类精子库基本标准》、《人类精子库技术规范》和《实施人类辅助生殖技术的伦理原则》，并于 2003 年修订后重新公布。2006 年卫生部又发布了《人类辅助生殖技术与人类精子库校验实施细则》。

### （一）人类辅助生殖技术管理

**1. 开展人类辅助生殖技术的医疗机构的条件**　应当具有与开展人类辅助生殖技术相适应的卫生专业技术人员及其他专业技术人员；具有与开展人类辅助生殖技术相适应的技术和设备；设有医学伦理委员会；符合卫生部制定的《人类辅助生殖技术规范》的要求。

**2. 人类辅助生殖技术的实施**　应当符合卫生部制定的《人类辅助生殖技术规范》的要求。遵循知情同意原则，并签署知情同意书。涉及伦理问题的，应当提交医学伦理委员会讨论。医疗机构应当为当事人保密，不得泄露有关信息。实施人类辅助生殖技术的医疗机构不得进行性别选择，法律、法规另有规定的除外。禁止给不符合国家人口和计划生育法规和条例规定的夫妇和单身妇女实施人类辅助生殖技术；禁止克隆人。

### （二）人类精子库管理

**1. 人类精子库设置的条件**　设置人类精子库的医疗机构应当具有医疗机构执业许可证，设有医学伦理委员会，具有与采集、检测、保存和提供精子相适应的卫生专业技术人员，具有与采集、检测、保存和提供精子相适应的技术和仪器设备，具有对供精者进行筛查的技术能力，符合卫生部制定的《人类精子库基本标准》。设置人类精子库应当经卫生部批准。

**2. 精子的采集**　精子的采集应当在经过批准的医疗机构中进行，严格遵守卫生部制定的《人类精子库技术规范》和各项技术操作规程，供精者应当是年龄在22－45周岁的健康男性，且只能在一个人类精子库供精。

**3. 精子的提供**　精子的提供应当在经过批准的医疗机构中进行。人类精子库应当和供精者签署知情同意书。采集精子后，应当进行检验和筛查。精子冷冻6个月后，经复检合格，方可向获批准开展人类辅助生殖技术的医疗机构提供，并提交检验结果。一个供精者的精子最多只能提供给5名妇女受孕。

# 第六节　人体实验

人体实验是生命科技发展必不可少的重要推动力，但另一方面，人体实验的某些不光彩历史及现代社会中大量的不规范人体实验操作，也引发了很多法律问题。

## 一、人体实验的概念和类型

人体试验是指以健康的人或病人作为受试目标，通过人为的干预，有控制地对受试者进行观察和研究的活动。根据医学人体试验的目的，可分为治疗性试验和非治疗性试验两种。治疗性试验多是在患者的疾病非常严重而又没有其他有效的治疗方法的情况下进行的。非治疗性试验不是以治疗疾病为目的，而是为了获得某种相关信息或结论进行的试验。

## 二、医学人体实验引发的法律问题

### （一）受试者的知情同意权

在人体试验中，知情同意是受试者的一项基本权利，也是医学人体试验必须遵守的一个基本的原则，更是判断人体试验是否道德的第一标准。人体试验的进行，必须充分做到让受试者先“知情”，后“同意”，再“试验”。

### （二）受试者的其他权利

人体试验中受试者的权益保护已经得到了全世界的关注。除上面谈到的知情同意权外，受试者还应当享有下列权利：生命健康权、决定权、隐私权、受尊重权、补偿权或赔偿权。

### （三）未成年人参与医学人体实验的法律问题

原则上，不允许未成年人参与医学人体试验，但确实需要以未成年人为受试者时，应充分考虑以下几种情况：

1. 试验前应征得未成年人的同意。无民事行为能力的未成年人参加人体试验，以及试验内容超出了限制民事行为能力的未成年人的年龄和智力范围的，应当征得其监护人的同意。监护人允许被监护人参加试验，不能出于获得财产或其他利益的目的。

2. 未成年人参加人体试验即使是在监护人的同意下进行的，他们反对参与试验的意见也应当受到尊重。

3. 拟进行的人体试验对未成年人无伤害或伤害极小。

## 三、人体实验立法现状

1946 年，纽伦堡特别军事法庭颁布了有关人体试验的第一份正式国际性文件《纽纶堡法典》。1964 年 8 月第 18 届世界医学会通过了《赫尔辛基宣言》，该宣言后来历经多次修改。1993 年，国际医学科学组织理事会和世界卫生组织在日内瓦制订了《涉及人的生物医学研究的国际伦理准则》，2002 年完成了修订本。上述三个关于人体试验的国际性文件，是指导人体研究的基本准则。

伴随着现代生命科学技术在我国的飞速发展以及各种人体实验在我国的陆续展开，我国对人体实验立法也逐渐给予了重视。1998 年我国制定了《执业医师法》，该法第 26 条明文规定：“医师进行实验性临床医疗，应当经医院批准并征得患者本人或者其家属同意”。此外，在 1984 年制定并于 2001 年修订的《药品管理法》、1999 年我国颁布的《药品临床试验管理规范》以及 2003 年取代其而施行的《药品临床试验质量管理规范》中都有关于开展药品实验的法律规定。2007 年 1 月卫生部发布的《涉及人的生物医学研究伦理审查办法（试行）》中也对生物医学研究中的人体实验的法律问题进行了规定。内容包括：

（一）在人体的生物医学研究中，必须坚持知情同意原则。

（二）特别注意保护儿童的合法权益。儿童不得参加与成年人相同的研究，儿童参与试验的唯一目的是取得儿童健康需求有关的知识，在试验中应保证对儿童的伤害降至最低水平。

（三）研究者有向被研究者提供有关信息的义务。

（四）保护被研究者的权益。主要包括隐私权、补偿权和赔偿权。

（五）法律责任。

违反伦理原则进行人体生物医学研究，给试验对象造成明显人体伤害或其后代形成伤害的行为，应予制止，给予行政和经济的处罚。情节严重的，移交司法机关处理。

## 第七节　人工流产

人工流产是指用人工方法终止妊娠，是避孕失败或不合理妊娠的补救性节育措施，也就是所谓的堕胎。人工流产能否合法、安全地进行，对于妇女的生命权利影响十分重大。

### 一、各国人工流产立法现状

人工流产问题已困扰人类长达半个多世纪，至今仍是个争论不休的焦点话题。在西方国家，堕胎是一个大事情。在19世纪中叶以前，虽然堕胎被认为是不当行为，但美国大多数州允许胎动以前堕胎。19世纪中叶以后，一批由专业外科医生组成的团体开始推动限制性的堕胎立法。1845年，马萨诸塞州是第一个将堕胎视为犯罪的州。到1910年，除肯塔基外，各州均将堕胎定为重罪。反堕胎法给美国妇女带来了深重的灾难。1973年，美国联邦最高法院通过罗伊诉韦德案，认为德州刑法禁止堕胎的规定违宪。但关于堕胎的争论并没有就此结束。其实，不单单是在美国，在爱尔兰、瑞士，在世界各国，堕胎都是一个极具争议的烦恼着各国法律的问题。从国外反堕胎法立法经验来看，反堕胎立法名为保障人权，保障妇女的身心健康，更多地却成为政治家利用的工具。1995年，在北京召开的第四次世界妇女大会上，189个国家签订了《北京行动纲领》，竭力推进所有惩罚孕妇堕胎法律的再审。自那时起，18个国家放宽了对妇女堕胎的限制。现在已有50多个国家实际上允许孕妇在怀孕12周内堕胎，包括英国在内的一些国家允许堕胎的时间段是24周内，而另一些国家（如中国的某些地方）则无时间限制。

### 二、人工流产引发的法律问题

（一）胎儿生命权与计划生育政策的冲突，即国家实行有计划地控制人口的政策，是否有侵犯胎儿生命权之嫌疑。

这个问题涉及我国的基本国策，且该问题也常常成为外国攻击我国人权状况的借口。在这一方面，我们要坚持计划生育政策不动摇，这是因为计划生育作为我国基本国策，已经写入宪法，更重要的这也是我国国情的现实需要。为此，2001年12月通过并于2002年9月施行的《人口与计划生育法》明确规定：公民有生育的权利，也有依法实行计划生育的义务，夫妻双方在实行计划生育中负有共同的责任。

（二）胎儿生命权与妇女生育自决权的冲突，即妇女自愿人工流产是否构成犯罪的问题。

对这个问题，我国的学者普遍认为妇女堕胎不宜犯罪化。从法理上讲，妇女享有人身自由不受侵犯的宪法权利，妇女有权使用自己的身体，有权决定是否选择堕胎。从我国国情来看，在现阶段讨论反堕胎立法无疑是不合时宜的，也不可能取得什么实际的效果。

（三）非医学需要的胎儿性别鉴定和人工流产问题。

进行非医学需要的胎儿性别鉴定和选择性别的人工流产，其后果是出生人口性别比失调。为了贯彻计划生育基本国策，使出生人口性别比保持在正常的范围内，国家计划生育委员会、卫生部、国家药品监督管理局审议通过了《关于禁止非医学需要的胎儿性别鉴定和选择性别的人工终止妊娠的规定》，该规定已经自2003年1月1日起施行。该规定明确禁止非医学需要的胎儿性别鉴定和选择性别的人工终止妊娠，未经卫生行政部门或计划生育行政部门批准，任何机构和个人不得开展胎儿性别鉴定和人工终止妊娠手术，法律另有规定的除外。

# 附　录
# 卫生法律法规

## 中华人民共和国执业医师法

（1998年6月26日第九届全国人民代表大会常务委员会第三次会议通过）

### 第一章　总　则

**第一条**　为了加强医师队伍的建设，提高医师的职业道德和业务素质，保障医师的合法权益，保护人民健康，制定本法。

**第二条**　依法取得执业医师资格或者执业助理医师资格，经注册在医疗、预防、保健机构中执业的专业医务人员，适用本法。

本法所称医师，包括执业医师和执业助理医师。

**第三条**　医师应当具备良好的职业道德和医疗执业水平，发扬人道主义精神，履行防病治病、救死扶伤、保护人民健康的神圣职责。

全社会应当尊重医师。医师依法履行职责，受法律保护。

**第四条**　国务院卫生行政部门主管全国的医师工作。

县级以上地方人民政府卫生行政部门负责管理本行政区域内的医师工作。

**第五条**　国家对在医疗、预防、保健工作中作出贡献的医师，给予奖励。

**第六条**　医师的医学专业技术职称和医学专业技术职务的评定、聘任，按照国家有关规定办理。

**第七条**　医师可以依法组织和参加医师协会。

### 第二章　考试和注册

**第八条**　国家实行医师资格考试制度。医师资格考试分为执业医师资格考试和执业助理医师资格考试。

医师资格考试的办法，由国务院卫生行政部门制定。医师资格考试由省级以上人民政府卫生行政部门组织实施。

**第九条**　具有下列条件之一的，可以参加执业医师资格考试：

（一）具有高等学校医学专业本科以上学历，在执业医师指导下，在医疗、预防、保健机构中试用期满一年的；

（二）取得执业助理医师执业证书后，具有高等学校医学专科学历，在医疗、预防、保健机构中工作满二年的；具有中等专业学校医学专业学历，在医疗、预防、保健机构中工作满五年的。

**第十条** 具有高等学校医学专科学历或者中等专业学校医学专科学历，在执业医师指导下，在医疗、预防、保健机构中试用期满一年的，可以参加执业助理医师资格考试。

**第十一条** 以师承方式学习传统医学满三年或者经多年实践医术确有专长的，经县级以上人民政府卫生行政部门确定的传统医学专业组织或者医疗、预防、保健机构考核合格并推荐，可以参加执业医师资格或者执业助理医师资格考试。考试的内容和办法由国务院卫生行政部门另行制定。

**第十二条** 医师资格考试成绩合格，取得执业医师资格或者执业助理医师资格。

**第十三条** 国家实行医师执业注册制度。

取得医师资格的，可以向所在地县级以上人民政府卫生行政部门申请注册。

除有本法第十五条规定的情形外，受理申请的卫生行政部门应当自收到申请之日起三十日内准予注册，并发给由国务院卫生行政部门统一印制的医师执业证书。

医疗、预防、保健机构可以为本机构中的医师集体办理注册手续。

**第十四条** 医师经注册后，可以在医疗、预防、保健机构中按照注册的执业地点、执业类别、执业范围执业，从事相应的医疗、预防、保健业务。

未经医师注册取得执业证书，不得从事医师执业活动。

**第十五条** 有下列情形之一的，不予注册：

（一）不具有完全民事行为能力的；

（二）因受刑事处罚，自刑罚执行完毕之日起至申请注册之日止不满二年的；

（三）受吊销医师执业证书行政处罚，自处罚决定之日起至申请注册之日止不满二年的；

（四）有国务院卫生行政部门规定不宜从事医疗、预防、保健业务的其他情形的。

受理申请的卫生行政部门对不符合条件不予注册的，应当自收到申请之日起三十日内书面通知申请人，并说明理由。申请人有异议的，可以自收到通知之日起十五日内，依法申请复议或者向人民法院提起诉讼。

**第十六条** 医师注册后有下列情形之一的，其所在的医疗、预防、保健机构应当在三十日内报告准予注册的卫生行政部门，卫生行政部门应当注销注册，收回医师执业证书：

（一）死亡或者被宣告失踪的；

（二）受刑事处罚的；

（三）受吊销医师执业证书行政处罚的；

（四）依照本法第三十一条规定暂停执业活动期满，再次考核仍不合格的；

（五）中止医师执业活动满二年的；

（六）有国务院卫生行政部门规定不宜从事医疗、预防、保健业务的其他情形的。

被注销注册的当事人有异议的，可以自收到注销注册通知之日起十五日内，依法申请复议或者向人民法院提起诉讼。

**第十七条** 医师变更执业地点、执业类别、执业范围等注册事项的，应当到准予注册的卫生行政部门依照本法第十三条的规定办理变更注册手续。

**第十八条** 中止医师执业活动二年以上以及有本法第十五条规定情形消失的，申请重新执业，应当由本法第三十一条规定的机构考核合格，并依照本法第十三条的规定重新注册。

**第十九条**　申请个体行医的执业医师，须经注册后在医疗、预防、保健机构中执业满五年，并按照国家有关规定办理审批手续；未经批准，不得行医。

县级以上地方人民政府卫生行政部门对个体行医的医师，应当按照国务院卫生行政部门的规定，经常监督检查，凡发现有本法第十六条规定的情形的，应当及时注销注册，收回医师执业证书。

**第二十条**　县级以上地方人民政府卫生行政部门应当将准予注册和注销注册的人员名单予以公告，并由省级人民政府卫生行政部门汇总，报国务院卫生行政部门备案。

## 第三章　执业规则

**第二十一条**　医师在执业活动中享有下列权利：

（一）在注册的执业范围内，进行医学诊查、疾病调查、医学处置、出具相应的医学证明文件，选择合理的医疗、预防、保健方案；

（二）按照国务院卫生行政部门规定的标准，获得与本人执业活动相当的医疗设备基本条件；

（三）从事医学研究、学术交流，参加专业学术团体；

（四）参加专业培训，接受继续医学教育；

（五）在执业活动中，人格尊严、人身安全不受侵犯；

（六）获取工资报酬和津贴，享受国家规定的福利待遇；

（七）对所在机构的医疗、预防、保健工作和卫生行政部门的工作提出意见和建议，依法参与所在机构的民主管理。

**第二十二条**　医师在执业活动中履行下列义务：

（一）遵守法律、法规，遵守技术操作规范；

（二）树立敬业精神，遵守职业道德，履行医师职责，尽职尽责为患者服务；

（三）关心、爱护、尊重患者，保护患者的隐私；

（四）努力钻研业务，更新知识，提高专业技术水平；

（五）宣传卫生保健知识，对患者进行健康教育。

**第二十三条**　医师实施医疗、预防、保健措施，签署有关医学证明文件，必须亲自诊查、调查，并按照规定及时填写医学文书，不得隐匿、伪造或者销毁医学文书及有关资料。

医师不得出具与自己执业范围无关或者与执业类别不相符的医学证明文件。

**第二十四条**　对急危患者，医师应当采取紧急措施及时进行诊治；不得拒绝急救处置。

**第二十五条**　医师应当使用经国家有关部门批准使用的药品、消毒药剂和医疗器械。

除正当治疗外，不得使用麻醉药品、医疗用毒性药品、精神药品和放射性药品。

**第二十六条**　医师应当如实向患者或者其家属介绍病情，但应注意避免对患者产生不利后果。

医师进行实验性临床医疗，应当经医院批准并征得患者本人或者其家属同意。

**第二十七条**　医师不得利用职务之便，索取、非法收受患者财物或者牟取其他不正当利益。

**第二十八条** 遇有自然灾害、传染病流行、突发重大伤亡事故及其他严重威胁人民生命健康的紧急情况时，医师应当服从县级以上人民政府卫生行政部门的调遣。

**第二十九条** 医师发生医疗事故或者发现传染病疫情时，应当依照有关规定及时向所在机构或者卫生行政部门报告。

医师发现患者涉嫌伤害事件或者非正常死亡时，应当按照有关规定向有关部门报告。

**第三十条** 执业助理医师应当在执业医师的指导下，在医疗、预防、保健机构中按照其执业类别执业。

在乡、民族乡、镇的医疗、预防、保健机构中工作的执业助理医师，可以根据医疗诊治的情况和需要，独立从事一般的执业活动。

## 第四章　考核和培训

**第三十一条** 受县级以上人民政府卫生行政部门委托的机构或者组织应当按照医师执业标准，对医师的业务水平、工作成绩和职业道德状况进行定期考核。

对医师的考核结果，考核机构应当报告准予注册的卫生行政部门备案。

对考核不合格的医师，县级以上人民政府卫生行政部门可以责令其暂停执业活动三个月至六个月，并接受培训和继续医学教育。暂停执业活动期满，再次进行考核，对考核合格的，允许其继续执业；对考核不合格的，由县级以上人民政府卫生行政部门注销注册，收回医师执业证书。

**第三十二条** 县级以上人民政府卫生行政部门负责指导、检查和监督医师考核工作。

**第三十三条** 医师有下列情形之一的，县级以上人民政府卫生行政部门应当给予表彰或者奖励：

（一）在执业活动中，医德高尚，事迹突出的；

（二）对医学专业技术有重大突破，作出显著贡献的；

（三）遇有自然灾害、传染病流行、突发重大伤亡事故及其他严重威胁人民生命健康的紧急情况时，救死扶伤、抢救诊疗表现突出的；

（四）长期在边远贫困地区、少数民族地区条件艰苦的基层单位努力工作的；

（五）国务院卫生行政部门规定应当予以表彰或者奖励的其他情形的。

**第三十四条** 县级以上人民政府卫生行政部门应当制定医师培训计划，对医师进行多种形式的培训，为医师接受继续医学教育提供条件。

县级以上人民政府卫生行政部门应当采取措施，对在农村和少数民族地区从事医疗、预防、保健业务的医务人员实施培训。

**第三十五条** 医疗、预防、保健机构应当依照规定和计划保证本机构医师的培训和继续医学教育。

县级以上人民政府卫生行政部门委托的承担医师考核任务的医疗卫生机构，应当为医师的培训和接受继续医学教育提供和创造条件。

## 第五章　法律责任

**第三十六条** 以不正当手段取得医师执业证书的，由发给证书的卫生行政部门予以吊销；对负有直接责任的主管人员和其他直接责任人员，依法给予行政处分。

**第三十七条**　医师在执业活动中，违反本法规定，有下列行为之一的，由县级以上人民政府卫生行政部门给予警告或者责令暂停六个月以上一年以下执业活动；情节严重的，吊销其医师执业证书；构成犯罪的，依法追究刑事责任：

（一）违反卫生行政规章制度或者技术操作规范，造成严重后果的；

（二）由于不负责任延误急危病重患者的抢救和诊治，造成严重后果的；

（三）造成医疗责任事故的；

（四）未经亲自诊查、调查，签署诊断、治疗、流行病学等证明文件或者有关出生、死亡等证明文件的；

（五）隐匿、伪造或者擅自销毁医学文书及有关资料的；

（六）使用未经批准使用的药品、消毒药剂和医疗器械的；

（七）不按照规定使用麻醉药品、医疗用毒性药品、精神药品和放射性药品的；

（八）未经患者或者其家属同意，对患者进行实验性临床医疗的；

（九）泄露患者隐私，造成严重后果的；

（十）利用职务之便，索取、非法收受患者财物或者牟取其他不正当利益的；

（十一）发生自然灾害、传染病流行、突发重大伤亡事故以及其他严重威胁人民生命健康的紧急情况时，不服从卫生行政部门调遣的；

（十二）发生医疗事故或者发现传染病疫情，患者涉嫌伤害事件或者非正常死亡，不按照规定报告的。

**第三十八条**　医师在医疗、预防、保健工作中造成事故的，依照法律或者国家有关规定处理。

**第三十九条**　未经批准擅自开办医疗机构行医或者非医师行医的，由县级以上人民政府卫生行政部门予以取缔，没收其违法所得及其药品、器械，并处十万元以下的罚款；对医师吊销其执业证书；给患者造成损害的，依法承担赔偿责任；构成犯罪的，依法追究刑事责任。

**第四十条**　阻碍医师依法执业，侮辱、诽谤、威胁、殴打医师或者侵犯医师人身自由、干扰医师正常工作、生活的，依照治安管理处罚条例的规定处罚；构成犯罪的，依法追究刑事责任。

**第四十一条**　医疗、预防、保健机构未依照本法第十六条的规定履行报告职责，导致严重后果的，由县级以上人民政府卫生行政部门给予警告；并对该机构的行政负责人依法给予行政处分。

**第四十二条**　卫生行政部门工作人员或者医疗、预防、保健机构工作人员违反本法有关规定，弄虚作假、玩忽职守、滥用职权、徇私舞弊，尚不构成犯罪的，依法给予行政处分；构成犯罪的，依法追究刑事责任。

## 第六章　附　则

**第四十三条**　本法颁布之日前按照国家有关规定取得医学专业技术职称和医学专业技术职务的人员，由所在机构报请县级以上人民政府卫生行政部门认定，取得相应的医师资格。其中在医疗、预防、保健机构中从事医疗、预防、保健业务的医务人员，依照本法规定的条件，由所在机构集体核报县级以上人民政府卫生行政部门，予以注册并发给医师执业证书。具体办法由国务院卫生行政部门会同国务院人事行政部门制定。

**第四十四条** 计划生育技术服务机构中的医师，适用本法。

**第四十五条** 在乡村医疗卫生机构中向村民提供预防、保健和一般医疗服务的乡村医生，符合本法有关规定的，可以依法取得执业医师资格或者执业助理医师资格；不具备本法规定的执业医师资格或者执业助理医师资格的乡村医生，由国务院另行制定管理办法。

**第四十六条** 军队医师执行本法的实施办法，由国务院、中央军事委员会依据本法的原则制定。

**第四十七条** 境外人员在中国境内申请医师考试、注册、执业或者从事临床示教、临床研究等活动的，按照国家有关规定办理。

**第四十八条** 本法自1999年5月1日起施行。

# 医疗事故处理条例

（2002 年 2 月 20 日国务院第 55 次常务会议通过，2002 年 4 月 4 日公布，2002 年 9 月 1 日起施行）

## 第一章　总　则

**第一条**　为了正确处理医疗事故，保护患者和医疗机构及其医务人员的合法权益，维护医疗秩序，保障医疗安全，促进医学科学的发展，制定本条例。

**第二条**　本条例所称医疗事故，是指医疗机构及其医务人员在医疗活动中，违反医疗卫生管理法律、行政法规、部门规章和诊疗护理规范、常规，过失造成患者人身损害的事故。

**第三条**　处理医疗事故，应当遵循公开、公平、公正、及时、便民的原则，坚持实事求是的科学态度，做到事实清楚、定性准确、责任明确、处理恰当。

**第四条**　根据对患者人身造成的损害程度，医疗事故分为四级：

一级医疗事故：造成患者死亡、重度残疾的；

二级医疗事故：造成患者中度残疾、器官组织损伤导致严重功能障碍的；

三级医疗事故：造成患者轻度残疾、器官组织损伤导致一般功能障碍的；

四级医疗事故：造成患者明显人身损害的其他后果的。

具体分级标准由国务院卫生行政部门制定。

## 第二章　医疗事故的预防与处置

**第五条**　医疗机构及其医务人员在医疗活动中，必须严格遵守医疗卫生管理法律、行政法规、部门规章和诊疗护理规范、常规，恪守医疗服务职业道德。

**第六条**　医疗机构应当对其医务人员进行医疗卫生管理法律、行政法规、部门规章和诊疗护理规范、常规的培训和医疗服务职业道德教育。

**第七条**　医疗机构应当设置医疗服务质量监控部门或者配备专（兼）职人员，具体负责监督本医疗机构的医务人员的医疗服务工作，检查医务人员执业情况，接受患者对医疗服务的投诉，向其提供咨询服务。

**第八条**　医疗机构应当按照国务院卫生行政部门规定的要求，书写并妥善保管病历资料。

因抢救急危患者，未能及时书写病历的，有关医务人员应当在抢救结束后 6 小时内据实补记，并加以注明。

**第九条**　严禁涂改、伪造、隐匿、销毁或者抢夺病历资料。

**第十条**　患者有权复印或者复制其门诊病历、住院志、体温单、医嘱单、化验单（检验报告）、医学影像检查资料、特殊检查同意书、手术同意书、手术及麻醉记录单、病理资料、护理记录以及国务院卫生行政部门规定的其他病历资料。

患者依照前款规定要求复印或者复制病历资料的，医疗机构应当提供复印或者复制服务并在复印或者复制的病历资料上加盖证明印记。复印或者复制病历资料时，应当有患者在场。

医疗机构应患者的要求，为其复印或者复制病历资料，可以按照规定收取工本费。具体收费标准由省、自治区、直辖市人民政府价格主管部门会同同级卫生行政部门规定。

**第十一条** 在医疗活动中，医疗机构及其医务人员应当将患者的病情、医疗措施、医疗风险等如实告知患者，及时解答其咨询；但是，应当避免对患者产生不利后果。

**第十二条** 医疗机构应当制定防范、处理医疗事故的预案，预防医疗事故的发生，减轻医疗事故的损害。

**第十三条** 医务人员在医疗活动中发生或者发现医疗事故、可能引起医疗事故的医疗过失行为或者发生医疗事故争议的，应当立即向所在科室负责人报告，科室负责人应当及时向本医疗机构负责医疗服务质量监控的部门或者专（兼）职人员报告；负责医疗服务质量监控的部门或者专（兼）职人员接到报告后，应当立即进行调查、核实，将有关情况如实向本医疗机构的负责人报告，并向患者通报、解释。

**第十四条** 发生医疗事故的，医疗机构应当按照规定向所在地卫生行政部门报告。

发生下列重大医疗过失行为的，医疗机构应当在12小时内向所在地卫生行政部门报告：

（一）导致患者死亡或者可能为二级以上的医疗事故；

（二）导致3人以上人身损害后果；

（三）国务院卫生行政部门和省、自治区、直辖市人民政府卫生行政部门规定的其他情形。

**第十五条** 发生或者发现医疗过失行为，医疗机构及其医务人员应当立即采取有效措施，避免或者减轻对患者身体健康的损害，防止损害扩大。

**第十六条** 发生医疗事故争议时，死亡病例讨论记录、疑难病例讨论记录、上级医师查房记录、会诊意见、病程记录应当在医患双方在场的情况下封存和启封。封存的病历资料可以是复印件，由医疗机构保管。

**第十七条** 疑似输液、输血、注射、药物等引起不良后果的，医患双方应当共同对现场实物进行封存和启封，封存的现场实物由医疗机构保管；需要检验的，应当由双方共同指定的、依法具有检验资格的检验机构进行检验；双方无法共同指定时，由卫生行政部门指定。

疑似输血引起不良后果，需要对血液进行封存保留的，医疗机构应当通知提供该血液的采供血机构派员到场。

**第十八条** 患者死亡，医患双方当事人不能确定死因或者对死因有异议的，应当在患者死亡后48小时内进行尸检；具备尸体冻存条件的，可以延长至7日。尸检应当经死者近亲属同意并签字。

尸检应当由按照国家有关规定取得相应资格的机构和病理解剖专业技术人员进行。承担尸检任务的机构和病理解剖专业技术人员有进行尸检的义务。

医疗事故争议双方当事人可以请法医病理学人员参加尸检，也可以委派代表观察尸检过程。拒绝或者拖延尸检，超过规定时间，影响对死因判定的，由拒绝或者拖延的一方承担责任。

**第十九条**　患者在医疗机构内死亡的，尸体应当立即移放太平间。死者尸体存放时间一般不得超过2周。逾期不处理的尸体，经医疗机构所在地卫生行政部门批准，并报经同级公安部门备案后，由医疗机构按照规定进行处理。

## 第三章　医疗事故的技术鉴定

**第二十条**　卫生行政部门接到医疗机构关于重大医疗过失行为的报告或者医疗事故争议当事人要求处理医疗事故争议的申请后，对需要进行医疗事故技术鉴定的，应当交由负责医疗事故技术鉴定工作的医学会组织鉴定；医患双方协商解决医疗事故争议，需要进行医疗事故技术鉴定的，由双方当事人共同委托负责医疗事故技术鉴定工作的医学会组织鉴定。

**第二十一条**　设区的市级地方医学会和省、自治区、直辖市直接管辖的县（市）地方医学会负责组织首次医疗事故技术鉴定工作。省、自治区、直辖市地方医学会负责组织再次鉴定工作。

必要时，中华医学会可以组织疑难、复杂并在全国有重大影响的医疗事故争议的技术鉴定工作。

**第二十二条**　当事人对首次医疗事故技术鉴定结论不服的，可以自收到首次鉴定结论之日起15日内向医疗机构所在地卫生行政部门提出再次鉴定的申请。

**第二十三条**　负责组织医疗事故技术鉴定工作的医学会应当建立专家库。

专家库由具备下列条件的医疗卫生专业技术人员组成：

（一）有良好的业务素质和执业品德；

（二）受聘于医疗卫生机构或者医学教学、科研机构并担任相应专业高级技术职务3年以上。

符合前款第（一）项规定条件并具备高级技术任职资格的法医可以受聘进入专家库。

负责组织医疗事故技术鉴定工作的医学会依照本条例规定聘请医疗卫生专业技术人员和法医进入专家库，可以不受行政区域的限制。

**第二十四条**　医疗事故技术鉴定，由负责组织医疗事故技术鉴定工作的医学会组织专家鉴定组进行。

参加医疗事故技术鉴定的相关专业的专家，由医患双方在医学会主持下从专家库中随机抽取。在特殊情况下，医学会根据医疗事故技术鉴定工作的需要，可以组织医患双方在其他医学会建立的专家库中随机抽取相关专业的专家参加鉴定或者函件咨询。

符合本条例第二十三条规定条件的医疗卫生专业技术人员和法医有义务受聘进入专家库，并承担医疗事故技术鉴定工作。

**第二十五条**　专家鉴定组进行医疗事故技术鉴定，实行合议制。专家鉴定组人数为单数，涉及的主要学科的专家一般不得少于鉴定组成员的二分之一；涉及死因、伤残等级鉴定的，并应当从专家库中随机抽取法医参加专家鉴定组。

**第二十六条**　专家鉴定组成员有下列情形之一的，应当回避，当事人也可以以口头或者书面的方式申请其回避：

（一）是医疗事故争议当事人或者当事人的近亲属的；

（二）与医疗事故争议有利害关系的；

（三）与医疗事故争议当事人有其他关系，可能影响公正鉴定的。

**第二十七条** 专家鉴定组依照医疗卫生管理法律、行政法规、部门规章和诊疗护理规范、常规，运用医学科学原理和专业知识，独立进行医疗事故技术鉴定，对医疗事故进行鉴别和判定，为处理医疗事故争议提供医学依据。

任何单位或者个人不得干扰医疗事故技术鉴定工作，不得威胁、利诱、辱骂、殴打专家鉴定组成员。

专家鉴定组成员不得接受双方当事人的财物或者其他利益。

**第二十八条** 负责组织医疗事故技术鉴定工作的医学会应当自受理医疗事故技术鉴定之日起5日内通知医疗事故争议双方当事人提交进行医疗事故技术鉴定所需的材料。

当事人应当自收到医学会的通知之日起10日内提交有关医疗事故技术鉴定的材料、书面陈述及答辩。医疗机构提交的有关医疗事故技术鉴定的材料应当包括下列内容：

（一）住院患者的病程记录、死亡病例讨论记录、疑难病例讨论记录、会诊意见、上级医师查房记录等病历资料原件；

（二）住院患者的住院志、体温单、医嘱单、化验单（检验报告）、医学影像检查资料、特殊检查同意书、手术同意书、手术及麻醉记录单、病理资料、护理记录等病历资料原件；

（三）抢救急危患者，在规定时间内补记的病历资料原件；

（四）封存保留的输液、注射用物品和血液、药物等实物，或者依法具有检验资格的检验机构对这些物品、实物作出的检验报告；

（五）与医疗事故技术鉴定有关的其他材料。

在医疗机构建有病历档案的门诊、急诊患者，其病历资料由医疗机构提供；没有在医疗机构建立病历档案的，由患者提供。

医患双方应当依照本条例的规定提交相关材料。医疗机构无正当理由未依照本条例的规定如实提供相关材料，导致医疗事故技术鉴定不能进行的，应当承担责任。

**第二十九条** 负责组织医疗事故技术鉴定工作的医学会应当自接到当事人提交的有关医疗事故技术鉴定的材料、书面陈述及答辩之日起45日内组织鉴定并出具医疗事故技术鉴定书。

负责组织医疗事故技术鉴定工作的医学会可以向双方当事人调查取证。

**第三十条** 专家鉴定组应当认真审查双方当事人提交的材料，听取双方当事人的陈述及答辩并进行核实。

双方当事人应当按照本条例的规定如实提交进行医疗事故技术鉴定所需要的材料，并积极配合调查。当事人任何一方不予配合，影响医疗事故技术鉴定的，由不予配合的一方承担责任。

**第三十一条** 专家鉴定组应当在事实清楚、证据确凿的基础上，综合分析患者的病情和个体差异，作出鉴定结论，并制作医疗事故技术鉴定书。鉴定结论以专家鉴定组成员的过半数通过。鉴定过程应当如实记载。

医疗事故技术鉴定书应当包括下列主要内容：

（一）双方当事人的基本情况及要求；

（二）当事人提交的材料和负责组织医疗事故技术鉴定工作的医学会的调查材料；

（三）对鉴定过程的说明；

（四）医疗行为是否违反医疗卫生管理法律、行政法规、部门规章和诊疗护理规范、常规；

（五）医疗过失行为与人身损害后果之间是否存在因果关系；

（六）医疗过失行为在医疗事故损害后果中的责任程度；

（七）医疗事故等级；

（八）对医疗事故患者的医疗护理医学建议。

**第三十二条**　医疗事故技术鉴定办法由国务院卫生行政部门制定。

**第三十三条**　有下列情形之一的，不属于医疗事故：

（一）在紧急情况下为抢救垂危患者生命而采取紧急医学措施造成不良后果的；

（二）在医疗活动中由于患者病情异常或者患者体质特殊而发生医疗意外的；

（三）在现有医学科学技术条件下，发生无法预料或者不能防范的不良后果的；

（四）无过错输血感染造成不良后果的；

（五）因患方原因延误诊疗导致不良后果的；

（六）因不可抗力造成不良后果的。

**第三十四条**　医疗事故技术鉴定，可以收取鉴定费用。经鉴定，属于医疗事故的，鉴定费用由医疗机构支付；不属于医疗事故的，鉴定费用由提出医疗事故处理申请的一方支付。鉴定费用标准由省、自治区、直辖市人民政府价格主管部门会同同级财政部门、卫生行政部门规定。

## 第四章　医疗事故的行政处理与监督

**第三十五条**　卫生行政部门应当依照本条例和有关法律、行政法规、部门规章的规定，对发生医疗事故的医疗机构和医务人员作出行政处理。

**第三十六条**　卫生行政部门接到医疗机构关于重大医疗过失行为的报告后，除责令医疗机构及时采取必要的医疗救治措施，防止损害后果扩大外，应当组织调查，判定是否属于医疗事故；对不能判定是否属于医疗事故的，应当依照本条例的有关规定交由负责医疗事故技术鉴定工作的医学会组织鉴定。

**第三十七条**　发生医疗事故争议，当事人申请卫生行政部门处理的，应当提出书面申请。申请书应当载明申请人的基本情况、有关事实、具体请求及理由等。

当事人自知道或者应当知道其身体健康受到损害之日起 1 年内，可以向卫生行政部门提出医疗事故争议处理申请。

**第三十八条**　发生医疗事故争议，当事人申请卫生行政部门处理的，由医疗机构所在地的县级人民政府卫生行政部门受理。医疗机构所在地是直辖市的，由医疗机构所在地的区、县人民政府卫生行政部门受理。

有下列情形之一的，县级人民政府卫生行政部门应当自接到医疗机构的报告或者当事人提出医疗事故争议处理申请之日起 7 日内移送上一级人民政府卫生行政部门处理：

（一）患者死亡；

（二）可能为二级以上的医疗事故；

（三）国务院卫生行政部门和省、自治区、直辖市人民政府卫生行政部门规定的其他情形。

**第三十九条** 卫生行政部门应当自收到医疗事故争议处理申请之日起10日内进行审查，作出是否受理的决定。对符合本条例规定，予以受理，需要进行医疗事故技术鉴定的，应当自作出受理决定之日起5日内将有关材料交由负责医疗事故技术鉴定工作的医学会组织鉴定并书面通知申请人；对不符合本条例规定，不予受理的，应当书面通知申请人并说明理由。

当事人对首次医疗事故技术鉴定结论有异议，申请再次鉴定的，卫生行政部门应当自收到申请之日起7日内交由省、自治区、直辖市地方医学会组织再次鉴定。

**第四十条** 当事人既向卫生行政部门提出医疗事故争议处理申请，又向人民法院提起诉讼的，卫生行政部门不予受理；卫生行政部门已经受理的，应当终止处理。

**第四十一条** 卫生行政部门收到负责组织医疗事故技术鉴定工作的医学会出具的医疗事故技术鉴定书后，应当对参加鉴定的人员资格和专业类别、鉴定程序进行审核；必要时，可以组织调查，听取医疗事故争议双方当事人的意见。

**第四十二条** 卫生行政部门经审核，对符合本条例规定作出的医疗事故技术鉴定结论，应当作为对发生医疗事故的医疗机构和医务人员作出行政处理以及进行医疗事故赔偿调解的依据；经审核，发现医疗事故技术鉴定不符合本条例规定的，应当要求重新鉴定。

**第四十三条** 医疗事故争议由双方当事人自行协商解决的，医疗机构应当自协商解决之日起7日内向所在地卫生行政部门作出书面报告，并附具协议书。

**第四十四条** 医疗事故争议经人民法院调解或者判决解决的，医疗机构应当自收到生效的人民法院的调解书或者判决书之日起7日内向所在地卫生行政部门作出书面报告，并附具调解书或者判决书。

**第四十五条** 县级以上地方人民政府卫生行政部门应当按照规定逐级将当地发生的医疗事故以及依法对发生医疗事故的医疗机构和医务人员作出行政处理的情况，上报国务院卫生行政部门。

## 第五章 医疗事故的赔偿

**第四十六条** 发生医疗事故的赔偿等民事责任争议，医患双方可以协商解决；不愿意协商或者协商不成的，当事人可以向卫生行政部门提出调解申请，也可以直接向人民法院提起民事诉讼。

**第四十七条** 双方当事人协商解决医疗事故的赔偿等民事责任争议的，应当制作协议书。协议书应当载明双方当事人的基本情况和医疗事故的原因、双方当事人共同认定的医疗事故等级以及协商确定的赔偿数额等，并由双方当事人在协议书上签名。

**第四十八条** 已确定为医疗事故的，卫生行政部门应医疗事故争议双方当事人请求，可以进行医疗事故赔偿调解。调解时，应当遵循当事人双方自愿原则，并应当依据本条例的规定计算赔偿数额。

经调解，双方当事人就赔偿数额达成协议的，制作调解书，双方当事人应当履行；调解不成或者经调解达成协议后一方反悔的，卫生行政部门不再调解。

**第四十九条** 医疗事故赔偿，应当考虑下列因素，确定具体赔偿数额：

（一）医疗事故等级；

（二）医疗过失行为在医疗事故损害后果中的责任程度；

（三）医疗事故损害后果与患者原有疾病状况之间的关系。

不属于医疗事故的，医疗机构不承担赔偿责任。

**第五十条**　医疗事故赔偿，按照下列项目和标准计算：

（一）医疗费：按照医疗事故对患者造成的人身损害进行治疗所发生的医疗费用计算，凭据支付，但不包括原发病医疗费用。结案后确实需要继续治疗的，按照基本医疗费用支付。

（二）误工费：患者有固定收入的，按照本人因误工减少的固定收入计算，对收入高于医疗事故发生地上一年度职工年平均工资 3 倍以上的，按照 3 倍计算；无固定收入的，按照医疗事故发生地上一年度职工年平均工资计算。

（三）住院伙食补助费：按照医疗事故发生地国家机关一般工作人员的出差伙食补助标准计算。

（四）陪护费：患者住院期间需要专人陪护的，按照医疗事故发生地上一年度职工年平均工资计算。

（五）残疾生活补助费：根据伤残等级，按照医疗事故发生地居民年平均生活费计算，自定残之月起最长赔偿 30 年；但是，60 周岁以上的，不超过 15 年；70 周岁以上的，不超过 5 年。

（六）残疾用具费：因残疾需要配置补偿功能器具的，凭医疗机构证明，按照普及型器具的费用计算。

（七）丧葬费：按照医疗事故发生地规定的丧葬费补助标准计算。

（八）被扶养人生活费：以死者生前或者残疾者丧失劳动能力前实际扶养且没有劳动能力的人为限，按照其户籍所在地或者居所地居民最低生活保障标准计算。对不满 16 周岁的，扶养到 16 周岁。对年满 16 周岁但无劳动能力的，扶养 20 年；但是，60 周岁以上的，不超过 15 年；70 周岁以上的，不超过 5 年。

（九）交通费：按照患者实际必需的交通费用计算，凭据支付。

（十）住宿费：按照医疗事故发生地国家机关一般工作人员的出差住宿补助标准计算，凭据支付。

（十一）精神损害抚慰金：按照医疗事故发生地居民年平均生活费计算。造成患者死亡的，赔偿年限最长不超过 6 年；造成患者残疾的，赔偿年限最长不超过 3 年。

**第五十一条**　参加医疗事故处理的患者近亲属所需交通费、误工费、住宿费，参照本条例第五十条的有关规定计算，计算费用的人数不超过 2 人。

医疗事故造成患者死亡的，参加丧葬活动的患者的配偶和直系亲属所需交通费、误工费、住宿费，参照本条例第五十条的有关规定计算，计算费用的人数不超过 2 人。

**第五十二条**　医疗事故赔偿费用，实行一次性结算，由承担医疗事故责任的医疗机构支付。

## 第六章　罚　则

**第五十三条**　卫生行政部门的工作人员在处理医疗事故过程中违反本条例的规定，利用职务上的便利收受他人财物或者其他利益，滥用职权，玩忽职守，或者发现违法行为不予查处，造成严重后果的，依照刑法关于受贿罪、滥用职权罪、玩忽职守罪或者其他有关罪的规定，依法追究刑事责任；尚不够刑事处罚的，依法给予降级或者撤职的行政处分。

**第五十四条** 卫生行政部门违反本条例的规定，有下列情形之一的，由上级卫生行政部门给予警告并责令限期改正；情节严重的，对负有责任的主管人员和其他直接责任人员依法给予行政处分：

（一）接到医疗机构关于重大医疗过失行为的报告后，未及时组织调查的；

（二）接到医疗事故争议处理申请后，未在规定时间内审查或者移送上一级人民政府卫生行政部门处理的；

（三）未将应当进行医疗事故技术鉴定的重大医疗过失行为或者医疗事故争议移交医学会组织鉴定的；

（四）未按照规定逐级将当地发生的医疗事故以及依法对发生医疗事故的医疗机构和医务人员的行政处理情况上报的；

（五）未依照本条例规定审核医疗事故技术鉴定书的。

**第五十五条** 医疗机构发生医疗事故的，由卫生行政部门根据医疗事故等级和情节，给予警告；情节严重的，责令限期停业整顿直至由原发证部门吊销执业许可证，对负有责任的医务人员依照刑法关于医疗事故罪的规定，依法追究刑事责任；尚不够刑事处罚的，依法给予行政处分或者纪律处分。

对发生医疗事故的有关医务人员，除依照前款处罚外，卫生行政部门并可以责令暂停6个月以上1年以下执业活动；情节严重的，吊销其执业证书。

**第五十六条** 医疗机构违反本条例的规定，有下列情形之一的，由卫生行政部门责令改正；情节严重的，对负有责任的主管人员和其他直接责任人员依法给予行政处分或者纪律处分：

（一）未如实告知患者病情、医疗措施和医疗风险的；

（二）没有正当理由，拒绝为患者提供复印或者复制病历资料服务的；

（三）未按照国务院卫生行政部门规定的要求书写和妥善保管病历资料的；

（四）未在规定时间内补记抢救工作病历内容的；

（五）未按照本条例的规定封存、保管和启封病历资料和实物的；

（六）未设置医疗服务质量监控部门或者配备专（兼）职人员的；

（七）未制定有关医疗事故防范和处理预案的；

（八）未在规定时间内向卫生行政部门报告重大医疗过失行为的；

（九）未按照本条例的规定向卫生行政部门报告医疗事故的；

（十）未按照规定进行尸检和保存、处理尸体的。

**第五十七条** 参加医疗事故技术鉴定工作的人员违反本条例的规定，接受申请鉴定双方或者一方当事人的财物或者其他利益，出具虚假医疗事故技术鉴定书，造成严重后果的，依照刑法关于受贿罪的规定，依法追究刑事责任；尚不够刑事处罚的，由原发证部门吊销其执业证书或者资格证书。

**第五十八条** 医疗机构或者其他有关机构违反本条例的规定，有下列情形之一的，由卫生行政部门责令改正，给予警告；对负有责任的主管人员和其他直接责任人员依法给予行政处分或者纪律处分；情节严重的，由原发证部门吊销其执业证书或者资格证书：

（一）承担尸检任务的机构没有正当理由，拒绝进行尸检的；

（二）涂改、伪造、隐匿、销毁病历资料的。

**第五十九条**　以医疗事故为由，寻衅滋事、抢夺病历资料，扰乱医疗机构正常医疗秩序和医疗事故技术鉴定工作，依照刑法关于扰乱社会秩序罪的规定，依法追究刑事责任；尚不够刑事处罚的，依法给予治安管理处罚。

## 第七章　附　则

**第六十条**　本条例所称医疗机构，是指依照《医疗机构管理条例》的规定取得《医疗机构执业许可证》的机构。

县级以上城市从事计划生育技术服务的机构依照《计划生育技术服务管理条例》的规定开展与计划生育有关的临床医疗服务，发生的计划生育技术服务事故，依照本条例的有关规定处理；但是，其中不属于医疗机构的县级以上城市从事计划生育技术服务的机构发生的计划生育技术服务事故，由计划生育行政部门行使依照本条例有关规定由卫生行政部门承担的受理、交由负责医疗事故技术鉴定工作的医学会组织鉴定和赔偿调解的职能；对发生计划生育技术服务事故的该机构及其有关责任人员，依法进行处理。

**第六十一条**　非法行医，造成患者人身损害，不属于医疗事故，触犯刑律的，依法追究刑事责任；有关赔偿，由受害人直接向人民法院提起诉讼。

**第六十二条**　军队医疗机构的医疗事故处理办法，由中国人民解放军卫生主管部门会同国务院卫生行政部门依据本条例制定。

**第六十三条**　本条例自 2002 年 9 月 1 日起施行。1987 年 6 月 29 日国务院发布的《医疗事故处理办法》同时废止。本条例施行前已经处理结案的医疗事故争议，不再重新处理。

# 乡村医生从业管理条例

（国务院2003年8月5日公布，2004年1月1日施行）

## 第一章 总 则

**第一条** 为了提高乡村医生的职业道德和业务素质，加强乡村医生从业管理，保护乡村医生的合法权益，保障村民获得初级卫生保健服务，根据《中华人民共和国执业医师法》（以下称执业医师法）的规定，制定本条例。

**第二条** 本条例适用于尚未取得执业医师资格或者执业助理医师资格，经注册在村医疗卫生机构从事预防、保健和一般医疗服务的乡村医生。

村医疗卫生机构中的执业医师或者执业助理医师，依照执业医师法的规定管理，不适用本条例。

**第三条** 国务院卫生行政主管部门负责全国乡村医生的管理工作。

县级以上地方人民政府卫生行政主管部门负责本行政区域内乡村医生的管理工作。

**第四条** 国家对在农村预防、保健、医疗服务和突发事件应急处理工作中做出突出成绩的乡村医生，给予奖励。

**第五条** 地方各级人民政府应当加强乡村医生的培训工作，采取多种形式对乡村医生进行培训。

**第六条** 具有学历教育资格的医学教育机构，应当按照国家有关规定开展适应农村需要的医学学历教育，定向为农村培养适用的卫生人员。

国家鼓励乡村医生学习中医药基本知识，运用中医药技能防治疾病。

**第七条** 国家鼓励乡村医生通过医学教育取得医学专业学历；鼓励符合条件的乡村医生申请参加国家医师资格考试。

**第八条** 国家鼓励取得执业医师资格或者执业助理医师资格的人员，开办村医疗卫生机构，或者在村医疗卫生机构向村民提供预防、保健和医疗服务。

## 第二章 执业注册

**第九条** 国家实行乡村医生执业注册制度。

县级人民政府卫生行政主管部门负责乡村医生执业注册工作。

**第十条** 本条例公布前的乡村医生，取得县级以上地方人民政府卫生行政主管部门颁发的乡村医生证书，并符合下列条件之一的，可以向县级人民政府卫生行政主管部门申请乡村医生执业注册，取得乡村医生执业证书后，继续在村医疗卫生机构执业：

（一）已经取得中等以上医学专业学历的；

（二）在村医疗卫生机构连续工作20年以上的；

（三）按照省、自治区、直辖市人民政府卫生行政主管部门制定的培训规划，接受培训取得合格证书的。

**第十一条** 对具有县级以上地方人民政府卫生行政主管部门颁发的乡村医生证书，但不符合本条例第十条规定条件的乡村医生，县级人民政府卫生行政主管部门应当进行有关预防、保健和一般医疗服务基本知识的培训，并根据省、自治区、直辖市人民政府卫生行政主管部门确定的考试内容、考试范围进行考试。

前款所指的乡村医生经培训并考试合格的，可以申请乡村医生执业注册；经培训但考试不合格的，县级人民政府卫生行政主管部门应当组织对其再次培训和考试。不参加再次培训或者再次考试仍不合格的，不得申请乡村医生执业注册。

本条所指的培训、考试，应当在本条例施行后6个月内完成。

**第十二条** 本条例公布之日起进入村医疗卫生机构从事预防、保健和医疗服务的人员，应当具备执业医师资格或者执业助理医师资格。

不具备前款规定条件的地区，根据实际需要，可以允许具有中等医学专业学历的人员，或者经培训达到中等医学专业水平的其他人员申请执业注册，进入村医疗卫生机构执业。具体办法由省、自治区、直辖市人民政府制定。

**第十三条** 符合本条例规定申请在村医疗卫生机构执业的人员，应当持村医疗卫生机构出具的拟聘用证明和相关学历证明、证书，向村医疗卫生机构所在地的县级人民政府卫生行政主管部门申请执业注册。

县级人民政府卫生行政主管部门应当自受理申请之日起15日内完成审核工作，对符合本条例规定条件的，准予执业注册，发给乡村医生执业证书；对不符合本条例规定条件的，不予注册，并书面说明理由。

**第十四条** 乡村医生有下列情形之一的，不予注册：

（一）不具有完全民事行为能力的；

（二）受刑事处罚，自刑罚执行完毕之日起至申请执业注册之日止不满2年的；

（三）受吊销乡村医生执业证书行政处罚，自处罚决定之日起至申请执业注册之日止不满2年的。

**第十五条** 乡村医生经注册取得执业证书后，方可在聘用其执业的村医疗卫生机构从事预防、保健和一般医疗服务。

未经注册取得乡村医生执业证书的，不得执业。

**第十六条** 乡村医生执业证书有效期为5年。

乡村医生执业证书有效期满需要继续执业的，应当在有效期满前3个月申请再注册。

县级人民政府卫生行政主管部门应当自受理申请之日起15日内进行审核，对符合省、自治区、直辖市人民政府卫生行政主管部门规定条件的，准予再注册，换发乡村医生执业证书；对不符合条件的，不予再注册，由发证部门收回原乡村医生执业证书。

**第十七条** 乡村医生应当在聘用其执业的村医疗卫生机构执业；变更执业的村医疗卫生机构的，应当依照本条例第十三条规定的程序办理变更注册手续。

**第十八条** 乡村医生有下列情形之一的，由原注册的卫生行政主管部门注销执业注册，收回乡村医生执业证书：

（一）死亡或者被宣告失踪的；

（二）受刑事处罚的；

（三）中止执业活动满2年的；

（四）考核不合格，逾期未提出再次考核申请或者经再次考核仍不合格的。

**第十九条** 县级人民政府卫生行政主管部门应当将准予执业注册、再注册和注销注册的人员名单向其执业的村医疗卫生机构所在地的村民公告，并由设区的市级人民政府卫生行政主管部门汇总，报省、自治区、直辖市人民政府卫生行政主管部门备案。

**第二十条** 县级人民政府卫生行政主管部门办理乡村医生执业注册、再注册、注销注册，应当依据法定权限、条件和程序，遵循便民原则，提高办事效率。

**第二十一条** 村民和乡村医生发现违法办理乡村医生执业注册、再注册、注销注册的，可以向有关人民政府卫生行政主管部门反映；有关人民政府卫生行政主管部门对反映的情况应当及时核实，调查处理，并将调查处理结果予以公布。

**第二十二条** 上级人民政府卫生行政主管部门应当加强对下级人民政府卫生行政主管部门办理乡村医生执业注册、再注册、注销注册的监督检查，及时纠正违法行为。

## 第三章 执业规则

**第二十三条** 乡村医生在执业活动中享有下列权利：

（一）进行一般医学处置，出具相应的医学证明；

（二）参与医学经验交流，参加专业学术团体；

（三）参加业务培训和教育；

（四）在执业活动中，人格尊严、人身安全不受侵犯；

（五）获取报酬；

（六）对当地的预防、保健、医疗工作和卫生行政主管部门的工作提出意见和建议。

**第二十四条** 乡村医生在执业活动中应当履行下列义务：

（一）遵守法律、法规、规章和诊疗护理技术规范、常规；

（二）树立敬业精神，遵守职业道德，履行乡村医生职责，为村民健康服务；

（三）关心、爱护、尊重患者，保护患者的隐私；

（四）努力钻研业务，更新知识，提高专业技术水平；

（五）向村民宣传卫生保健知识，对患者进行健康教育。

**第二十五条** 乡村医生应当协助有关部门做好初级卫生保健服务工作；按照规定及时报告传染病疫情和中毒事件，如实填写并上报有关卫生统计报表，妥善保管有关资料。

**第二十六条** 乡村医生在执业活动中，不得重复使用一次性医疗器械和卫生材料。对使用过的一次性医疗器械和卫生材料，应当按照规定处置。

**第二十七条** 乡村医生应当如实向患者或者其家属介绍病情，对超出一般医疗服务范围或者限于医疗条件和技术水平不能诊治的病人，应当及时转诊；情况紧急不能转诊的，应当先行抢救并及时向有抢救条件的医疗卫生机构求助。

**第二十八条** 乡村医生不得出具与执业范围无关或者与执业范围不相符的医学证明，不得进行实验性临床医疗活动。

**第二十九条** 省、自治区、直辖市人民政府卫生行政主管部门应当按照乡村医生一般医疗服务范围，制定乡村医生基本用药目录。乡村医生应当在乡村医生基本用药目录规定的范围内用药。

**第三十条** 县级人民政府对乡村医生开展国家规定的预防、保健等公共卫生服务，应当按照有关规定予以补助。

## 第四章　培训与考核

**第三十一条**　省、自治区、直辖市人民政府组织制定乡村医生培训规划，保证乡村医生至少每2年接受一次培训。县级人民政府根据培训规划制定本地区乡村医生培训计划。

对承担国家规定的预防、保健等公共卫生服务的乡村医生，其培训所需经费列入县级财政预算。对边远贫困地区，设区的市级以上地方人民政府应当给予适当经费支持。

国家鼓励社会组织和个人支持乡村医生培训工作。

**第三十二条**　县级人民政府卫生行政主管部门根据乡村医生培训计划，负责组织乡村医生的培训工作。

乡、镇人民政府以及村民委员会应当为乡村医生开展工作和学习提供条件，保证乡村医生接受培训和继续教育。

**第三十三条**　乡村医生应当按照培训规划的要求至少每2年接受一次培训，更新医学知识，提高业务水平。

**第三十四条**　县级人民政府卫生行政主管部门负责组织本地区乡村医生的考核工作；对乡村医生的考核，每2年组织一次。

对乡村医生的考核应当客观、公正，充分听取乡村医生执业的村医疗卫生机构、乡村医生本人、所在村村民委员会和村民的意见。

**第三十五条**　县级人民政府卫生行政主管部门负责检查乡村医生执业情况，收集村民对乡村医生业务水平、工作质量的评价和建议，接受村民对乡村医生的投诉，并进行汇总、分析。汇总、分析结果与乡村医生接受培训的情况作为对乡村医生进行考核的主要内容。

**第三十六条**　乡村医生经考核合格的，可以继续执业；经考核不合格的，在6个月之内可以申请进行再次考核。逾期未提出再次考核申请或者经再次考核仍不合格的乡村医生，原注册部门应当注销其执业注册，并收回乡村医生执业证书。

**第三十七条**　有关人民政府卫生行政主管部门对村民和乡村医生提出的意见、建议和投诉，应当及时调查处理，并将调查处理结果告知村民或者乡村医生。

## 第五章　法律责任

**第三十八条**　乡村医生在执业活动中，违反本条例规定，有下列行为之一的，由县级人民政府卫生行政主管部门责令限期改正，给予警告；逾期不改正的，责令暂停3个月以上6个月以下执业活动；情节严重的，由原发证部门暂扣乡村医生执业证书：

（一）执业活动超出规定的执业范围，或者未按照规定进行转诊的；

（二）违反规定使用乡村医生基本用药目录以外的处方药品的；

（三）违反规定出具医学证明，或者伪造卫生统计资料的；

（四）发现传染病疫情、中毒事件不按规定报告的。

**第三十九条**　乡村医生在执业活动中，违反规定进行实验性临床医疗活动，或者重复使用一次性医疗器械和卫生材料的，由县级人民政府卫生行政主管部门责令停止违法行为，给予警告，可以并处1000元以下的罚款；情节严重的，由原发证部门暂扣或者吊销乡村医生执业证书。

**第四十条** 乡村医生变更执业的村医疗卫生机构，未办理变更执业注册手续的，由县级人民政府卫生行政主管部门给予警告，责令限期办理变更注册手续。

**第四十一条** 以不正当手段取得乡村医生执业证书的，由发证部门收缴乡村医生执业证书；造成患者人身损害的，依法承担民事赔偿责任；构成犯罪的，依法追究刑事责任。

**第四十二条** 未经注册在村医疗卫生机构从事医疗活动的，由县级以上地方人民政府卫生行政主管部门予以取缔，没收其违法所得以及药品、医疗器械，违法所得5000元以上的，并处违法所得1倍以上3倍以下的罚款；没有违法所得或者违法所得不足5000元的，并处1000元以上3000元以下的罚款；造成患者人身损害的，依法承担民事赔偿责任；构成犯罪的，依法追究刑事责任。

**第四十三条** 县级人民政府卫生行政主管部门未按照乡村医生培训规划、计划组织乡村医生培训的，由本级人民政府或者上一级人民政府卫生行政主管部门责令改正；情节严重的，对直接负责的主管人员和其他直接责任人员依法给予行政处分。

**第四十四条** 县级人民政府卫生行政主管部门，对不符合本条例规定条件的人员发给乡村医生执业证书，或者对符合条件的人员不发给乡村医生执业证书的，由本级人民政府或者上一级人民政府卫生行政主管部门责令改正，收回或者补发乡村医生执业证书，并对直接负责的主管人员和其他直接责任人员依法给予行政处分。

**第四十五条** 县级人民政府卫生行政主管部门对乡村医生执业注册或者再注册申请，未在规定时间内完成审核工作的，或者未按照规定将准予执业注册、再注册和注销注册的人员名单向村民予以公告的，由本级人民政府或者上一级人民政府卫生行政主管部门责令限期改正；逾期不改正的，对直接负责的主管人员和其他直接责任人员依法给予行政处分。

**第四十六条** 卫生行政主管部门对村民和乡村医生反映的办理乡村医生执业注册、再注册、注销注册的违法活动未及时核实、调查处理或者未公布调查处理结果的，由本级人民政府或者上一级人民政府卫生行政主管部门责令限期改正；逾期不改正的，对直接负责的主管人员和其他直接责任人员依法给予行政处分。

**第四十七条** 寻衅滋事、阻碍乡村医生依法执业，侮辱、诽谤、威胁、殴打乡村医生，构成违反治安管理行为的，由公安机关依法予以处罚；构成犯罪的，依法追究刑事责任。

## 第六章 附 则

**第四十八条** 乡村医生执业证书格式由国务院卫生行政主管部门规定。

**第四十九条** 本条例自2004年1月1日起施行。

# 处方管理办法

(2006 年 11 月 27 日经卫生部部务会议讨论通过，2007 年 2 月 14 日公布，2007 年 5 月 1 日起施行)

## 第一章　总　则

**第一条**　为规范处方管理，提高处方质量，促进合理用药，保障医疗安全，根据《执业医师法》、《药品管理法》、《医疗机构管理条例》、《麻醉药品和精神药品管理条例》等有关法律、法规，制定本办法。

**第二条**　本办法所称处方，是指由注册的执业医师和执业助理医师（以下简称医师）在诊疗活动中为患者开具的、由取得药学专业技术职务任职资格的药学专业技术人员（以下简称药师）审核、调配、核对，并作为患者用药凭证的医疗文书。处方包括医疗机构病区用药医嘱单。

本办法适用于与处方开具、调剂、保管相关的医疗机构及其人员。

**第三条**　卫生部负责全国处方开具、调剂、保管相关工作的监督管理。

县级以上地方卫生行政部门负责本行政区域内处方开具、调剂、保管相关工作的监督管理。

**第四条**　医师开具处方和药师调剂处方应当遵循安全、有效、经济的原则。

处方药应当凭医师处方销售、调剂和使用。

## 第二章　处方管理的一般规定

**第五条**　处方标准（附件 1）由卫生部统一规定，处方格式由省、自治区、直辖市卫生行政部门（以下简称省级卫生行政部门）统一制定，处方由医疗机构按照规定的标准和格式印制。

**第六条**　处方书写应当符合下列规则：

（一）患者一般情况、临床诊断填写清晰、完整，并与病历记载相一致。

（二）每张处方限于一名患者的用药。

（三）字迹清楚，不得涂改；如需修改，应当在修改处签名并注明修改日期。

（四）药品名称应当使用规范的中文名称书写，没有中文名称的可以使用规范的英文名称书写；医疗机构或者医师、药师不得自行编制药品缩写名称或者使用代号；书写药品名称、剂量、规格、用法、用量要准确规范，药品用法可用规范的中文、英文、拉丁文或者缩写体书写，但不得使用“遵医嘱”、“自用”等含糊不清字句。

（五）患者年龄应当填写实足年龄，新生儿、婴幼儿写日、月龄，必要时要注明体重。

（六）西药和中成药可以分别开具处方，也可以开具一张处方，中药饮片应当单独开具处方。

（七）开具西药、中成药处方，每一种药品应当另起一行，每张处方不得超过 5 种药品。

（八）中药饮片处方的书写，一般应当按照“君、臣、佐、使”的顺序排列；调剂、煎煮的特殊要求注明在药品右上方，并加括号，如布包、先煎、后下等；对饮片的产地、炮制有特殊要求的，应当在药品名称之前写明。

（九）药品用法用量应当按照药品说明书规定的常规用法用量使用，特殊情况需要超剂量使用时，应当注明原因并再次签名。

（十）除特殊情况外，应当注明临床诊断。

（十一）开具处方后的空白处画一斜线以示处方完毕。

（十二）处方医师的签名式样和专用签章应当与院内药学部门留样备查的式样相一致，不得任意改动，否则应当重新登记留样备案。

**第七条** 药品剂量与数量用阿拉伯数字书写。剂量应当使用法定剂量单位：重量以克（g）、毫克（mg）、微克（μg）、纳克（ng）为单位；容量以升（L）、毫升（ml）为单位；国际单位（IU）、单位（U）；中药饮片以克（g）为单位。

片剂、丸剂、胶囊剂、颗粒剂分别以片、丸、粒、袋为单位；溶液剂以支、瓶为单位；软膏及乳膏剂以支、盒为单位；注射剂以支、瓶为单位，应当注明含量；中药饮片以剂为单位。

## 第三章 处方权的获得

**第八条** 经注册的执业医师在执业地点取得相应的处方权。

经注册的执业助理医师在医疗机构开具的处方，应当经所在执业地点执业医师签名或加盖专用签章后方有效。

**第九条** 经注册的执业助理医师在乡、民族乡、镇、村的医疗机构独立从事一般的执业活动，可以在注册的执业地点取得相应的处方权。

**第十条** 医师应当在注册的医疗机构签名留样或者专用签章备案后，方可开具处方。

**第十一条** 医疗机构应当按照有关规定，对本机构执业医师和药师进行麻醉药品和精神药品使用知识和规范化管理的培训。执业医师经考核合格后取得麻醉药品和第一类精神药品的处方权，药师经考核合格后取得麻醉药品和第一类精神药品调剂资格。

医师取得麻醉药品和第一类精神药品处方权后，方可在本机构开具麻醉药品和第一类精神药品处方，但不得为自己开具该类药品处方。药师取得麻醉药品和第一类精神药品调剂资格后，方可在本机构调剂麻醉药品和第一类精神药品。

**第十二条** 试用期人员开具处方，应当经所在医疗机构有处方权的执业医师审核、并签名或加盖专用签章后方有效。

**第十三条** 进修医师由接收进修的医疗机构对其胜任本专业工作的实际情况进行认定后授予相应的处方权。

## 第四章 处方的开具

**第十四条** 医师应当根据医疗、预防、保健需要，按照诊疗规范、药品说明书中的药品适应证、药理作用、用法、用量、禁忌、不良反应和注意事项等开具处方。

开具医疗用毒性药品、放射性药品的处方应当严格遵守有关法律、法规和规章的规定。

**第十五条** 医疗机构应当根据本机构性质、功能、任务，制定药品处方集。

**第十六条** 医疗机构应当按照经药品监督管理部门批准并公布的药品通用名称购进药品。同一通用名称药品的品种，注射剂型和口服剂型各不得超过2种，处方组成类同的复方制剂1~2种。因特殊诊疗需要使用其他剂型和剂量规格药品的情况除外。

**第十七条** 医师开具处方应当使用经药品监督管理部门批准并公布的药品通用名称、新活性化合物的专利药品名称和复方制剂药品名称。

医师开具院内制剂处方时应当使用经省级卫生行政部门审核、药品监督管理部门批准的名称。

医师可以使用由卫生部公布的药品习惯名称开具处方。

**第十八条** 处方开具当日有效。特殊情况下需延长有效期的，由开具处方的医师注明有效期限，但有效期最长不得超过3天。

**第十九条** 处方一般不得超过7日用量；急诊处方一般不得超过3日用量；对于某些慢性病、老年病或特殊情况，处方用量可适当延长，但医师应当注明理由。

医疗用毒性药品、放射性药品的处方用量应当严格按照国家有关规定执行。

**第二十条** 医师应当按照卫生部制定的麻醉药品和精神药品临床应用指导原则，开具麻醉药品、第一类精神药品处方。

**第二十一条** 门（急）诊癌症疼痛患者和中、重度慢性疼痛患者需长期使用麻醉药品和第一类精神药品的，首诊医师应当亲自诊查患者，建立相应的病历，要求其签署《知情同意书》。

病历中应当留存下列材料复印件：

（一）二级以上医院开具的诊断证明；

（二）患者户籍簿、身份证或者其他相关有效身份证明文件；

（三）为患者代办人员身份证明文件。

**第二十二条** 除需长期使用麻醉药品和第一类精神药品的门（急）诊癌症疼痛患者和中、重度慢性疼痛患者外，麻醉药品注射剂仅限于医疗机构内使用。

**第二十三条** 为门（急）诊患者开具的麻醉药品注射剂，每张处方为一次常用量；控缓释制剂，每张处方不得超过7日常用量；其他剂型，每张处方不得超过3日常用量。

第一类精神药品注射剂，每张处方为一次常用量；控缓释制剂，每张处方不得超过7日常用量；其他剂型，每张处方不得超过3日常用量。哌醋甲酯用于治疗儿童多动症时，每张处方不得超过15日常用量。

第二类精神药品一般每张处方不得超过7日常用量；对于慢性病或某些特殊情况的患者，处方用量可以适当延长，医师应当注明理由。

**第二十四条** 为门（急）诊癌症疼痛患者和中、重度慢性疼痛患者开具的麻醉药品、第一类精神药品注射剂，每张处方不得超过3日常用量；控缓释制剂，每张处方不得超过15日常用量；其他剂型，每张处方不得超过7日常用量。

**第二十五条** 为住院患者开具的麻醉药品和第一类精神药品处方应当逐日开具，每张处方为1日常用量。

**第二十六条** 对于需要特别加强管制的麻醉药品，盐酸二氢埃托啡处方为一次常用量，仅限于二级以上医院内使用；盐酸哌替啶处方为一次常用量，仅限于医疗机构内使用。

**第二十七条** 医疗机构应当要求长期使用麻醉药品和第一类精神药品的门（急）诊癌症患者和中、重度慢性疼痛患者，每3个月复诊或者随诊一次。

**第二十八条** 医师利用计算机开具、传递普通处方时，应当同时打印出纸质处方，其格式与手写处方一致；打印的纸质处方经签名或者加盖签章后有效。药师核发药品时，应当核对打印的纸质处方，无误后发给药品，并将打印的纸质处方与计算机传递处方同时收存备查。

## 第五章 处方的调剂

**第二十九条** 取得药学专业技术职务任职资格的人员方可从事处方调剂工作。

**第三十条** 药师在执业的医疗机构取得处方调剂资格。药师签名或者专用签章式样应当在本机构留样备查。

**第三十一条** 具有药师以上专业技术职务任职资格的人员负责处方审核、评估、核对、发药以及安全用药指导；药士从事处方调配工作。

**第三十二条** 药师应当凭医师处方调剂处方药品，非经医师处方不得调剂。

**第三十三条** 药师应当按照操作规程调剂处方药品：认真审核处方，准确调配药品，正确书写药袋或粘贴标签，注明患者姓名和药品名称、用法、用量，包装；向患者交付药品时，按照药品说明书或者处方用法，进行用药交代与指导，包括每种药品的用法、用量、注意事项等。

**第三十四条** 药师应当认真逐项检查处方前记、正文和后记书写是否清晰、完整，并确认处方的合法性。

**第三十五条** 药师应当对处方用药适宜性进行审核，审核内容包括：

（一）规定必须做皮试的药品，处方医师是否注明过敏试验及结果的判定；

（二）处方用药与临床诊断的相符性；

（三）剂量、用法的正确性；

（四）选用剂型与给药途径的合理性；

（五）是否有重复给药现象；

（六）是否有潜在临床意义的药物相互作用和配伍禁忌；

（七）其它用药不适宜情况。

**第三十六条** 药师经处方审核后，认为存在用药不适宜时，应当告知处方医师，请其确认或者重新开具处方。

药师发现严重不合理用药或者用药错误，应当拒绝调剂，及时告知处方医师，并应当记录，按照有关规定报告。

**第三十七条** 药师调剂处方时必须做到“四查十对”：查处方，对科别、姓名、年龄；查药品，对药名、剂型、规格、数量；查配伍禁忌，对药品性状、用法用量；查用药合理性，对临床诊断。

**第三十八条** 药师在完成处方调剂后，应当在处方上签名或者加盖专用签章。

**第三十九条** 药师应当对麻醉药品和第一类精神药品处方，按年月日逐日编制顺序号。

**第四十条**　药师对于不规范处方或者不能判定其合法性的处方，不得调剂。

**第四十一条**　医疗机构应当将本机构基本用药供应目录内同类药品相关信息告知患者。

**第四十二条**　除麻醉药品、精神药品、医疗用毒性药品和儿科处方外，医疗机构不得限制门诊就诊人员持处方到药品零售企业购药。

## 第六章　监督管理

**第四十三条**　医疗机构应当加强对本机构处方开具、调剂和保管的管理。

**第四十四条**　医疗机构应当建立处方点评制度，填写处方评价表（附件2），对处方实施动态监测及超常预警，登记并通报不合理处方，对不合理用药及时予以干预。

**第四十五条**　医疗机构应当对出现超常处方3次以上且无正当理由的医师提出警告，限制其处方权；限制处方权后，仍连续2次以上出现超常处方且无正当理由的，取消其处方权。

**第四十六条**　医师出现下列情形之一的，处方权由其所在医疗机构予以取消：

（一）被责令暂停执业；

（二）考核不合格离岗培训期间；

（三）被注销、吊销执业证书；

（四）不按照规定开具处方，造成严重后果的；

（五）不按照规定使用药品，造成严重后果的；

（六）因开具处方牟取私利。

**第四十七条**　未取得处方权的人员及被取消处方权的医师不得开具处方。未取得麻醉药品和第一类精神药品处方资格的医师不得开具麻醉药品和第一类精神药品处方。

**第四十八条**　除治疗需要外，医师不得开具麻醉药品、精神药品、医疗用毒性药品和放射性药品处方。

**第四十九条**　未取得药学专业技术职务任职资格的人员不得从事处方调剂工作。

**第五十条**　处方由调剂处方药品的医疗机构妥善保存。普通处方、急诊处方、儿科处方保存期限为1年，医疗用毒性药品、第二类精神药品处方保存期限为2年，麻醉药品和第一类精神药品处方保存期限为3年。

处方保存期满后，经医疗机构主要负责人批准、登记备案，方可销毁。

**第五十一条**　医疗机构应当根据麻醉药品和精神药品处方开具情况，按照麻醉药品和精神药品品种、规格对其消耗量进行专册登记，登记内容包括发药日期、患者姓名、用药数量。专册保存期限为3年。

**第五十二条**　县级以上地方卫生行政部门应当定期对本行政区域内医疗机构处方管理情况进行监督检查。

县级以上卫生行政部门在对医疗机构实施监督管理过程中，发现医师出现本办法第四十六条规定情形的，应当责令医疗机构取消医师处方权。

**第五十三条**　卫生行政部门的工作人员依法对医疗机构处方管理情况进行监督检查时，应当出示证件；被检查的医疗机构应当予以配合，如实反映情况，提供必要的资料，不得拒绝、阻碍、隐瞒。

## 第七章　法律责任

**第五十四条**　医疗机构有下列情形之一的，由县级以上卫生行政部门按照《医疗机构管理条例》第四十八条的规定，责令限期改正，并可处以5000元以下的罚款；情节严重的，吊销其《医疗机构执业许可证》：

（一）使用未取得处方权的人员、被取消处方权的医师开具处方的；

（二）使用未取得麻醉药品和第一类精神药品处方资格的医师开具麻醉药品和第一类精神药品处方的；

（三）使用未取得药学专业技术职务任职资格的人员从事处方调剂工作的。

**第五十五条**　医疗机构未按照规定保管麻醉药品和精神药品处方，或者未依照规定进行专册登记的，按照《麻醉药品和精神药品管理条例》第七十二条的规定，由设区的市级卫生行政部门责令限期改正，给予警告；逾期不改正的，处5000元以上1万元以下的罚款；情节严重的，吊销其印鉴卡；对直接负责的主管人员和其他直接责任人员，依法给予降级、撤职、开除的处分。

**第五十六条**　医师和药师出现下列情形之一的，由县级以上卫生行政部门按照《麻醉药品和精神药品管理条例》第七十三条的规定予以处罚：

（一）未取得麻醉药品和第一类精神药品处方资格的医师擅自开具麻醉药品和第一类精神药品处方的；

（二）具有麻醉药品和第一类精神药品处方医师未按照规定开具麻醉药品和第一类精神药品处方，或者未按照卫生部制定的麻醉药品和精神药品临床应用指导原则使用麻醉药品和第一类精神药品的；

（三）药师未按照规定调剂麻醉药品、精神药品处方的。

**第五十七条**　医师出现下列情形之一的，按照《执业医师法》第三十七条的规定，由县级以上卫生行政部门给予警告或者责令暂停六个月以上一年以下执业活动；情节严重的，吊销其执业证书：

（一）未取得处方权或者被取消处方权后开具药品处方的；

（二）未按照本办法规定开具药品处方的；

（三）违反本办法其他规定的。

**第五十八条**　药师未按照规定调剂处方药品，情节严重的，由县级以上卫生行政部门责令改正、通报批评，给予警告；并由所在医疗机构或者其上级单位给予纪律处分。

**第五十九条**　县级以上地方卫生行政部门未按照本办法规定履行监管职责的，由上级卫生行政部门责令改正。

## 第八章　附　则

**第六十条**　乡村医生按照《乡村医生从业管理条例》的规定，在省级卫生行政部门制定的乡村医生基本用药目录范围内开具药品处方。

**第六十一条**　本办法所称药学专业技术人员，是指按照卫生部《卫生技术人员职务试行条例》规定，取得药学专业技术职务任职资格人员，包括主任药师、副主任药师、主管药师、药师、药士。

**第六十二条**　本办法所称医疗机构，是指按照《医疗机构管理条例》批准登记的从事疾病诊断、治疗活动的医院、社区卫生服务中心（站）、妇幼保健院、卫生院、疗养院、门诊部、诊所、卫生室（所）、急救中心（站）、专科疾病防治院（所、站）以及护理院（站）等医疗机构。

**第六十三条**　本办法自2007年5月1日起施行。《处方管理办法（试行）》（卫医发〔2004〕269号）和《麻醉药品、精神药品处方管理规定》（卫医法〔2005〕436号）同时废止。

# 医药卫生体制改革近期重点实施方案（2009～2011年）

国发〔2009〕12号

根据《中共中央 国务院关于深化医药卫生体制改革的意见》（中发〔2009〕6号，以下简称《意见》），2009～2011年重点抓好五项改革：一是加快推进基本医疗保障制度建设，二是初步建立国家基本药物制度，三是健全基层医疗卫生服务体系，四是促进基本公共卫生服务逐步均等化，五是推进公立医院改革试点。

推进五项重点改革，旨在着力解决群众反映较多的“看病难、看病贵”问题。推进基本医疗保障制度建设，将全体城乡居民纳入基本医疗保障制度，切实减轻群众个人支付的医药费用负担。建立国家基本药物制度，完善基层医疗卫生服务体系，方便群众就医，充分发挥中医药作用，降低医疗服务和药品价格。促进基本公共卫生服务逐步均等化，使全体城乡居民都能享受基本公共卫生服务，最大限度地预防疾病。推进公立医院改革试点，提高公立医疗机构服务水平，努力解决群众“看好病”问题。

推进五项重点改革，旨在落实医疗卫生事业的公益性质，具有改革阶段性的鲜明特征。把基本医疗卫生制度作为公共产品向全民提供，实现人人享有基本医疗卫生服务，这是我国医疗卫生事业发展从理念到体制的重大变革，是贯彻落实科学发展观的本质要求。医药卫生体制改革是艰巨而长期的任务，需要分阶段有重点地推进。要处理好公平与效率的关系，在改革初期首先着力解决公平问题，保障广大群众看病就医的基本需求，并随着经济社会发展逐步提高保障水平。逐步解决城镇职工基本医疗保险、城镇居民基本医疗保险、新型农村合作医疗制度之间的衔接问题。鼓励社会资本投入，发展多层次、多样化的医疗卫生服务，统筹利用全社会的医疗卫生资源，提高服务效率和质量，满足人民群众多样化的医疗卫生需求。

推进五项重点改革，旨在增强改革的可操作性，突出重点，带动医药卫生体制全面改革。建立基本医疗卫生制度是一项重大制度创新，是医药卫生体制全面改革的关键环节。五项重点改革涉及医疗保障制度建设、药品供应保障、医药价格形成机制、基层医疗卫生机构建设、公立医疗机构改革、医疗卫生投入机制、医务人员队伍建设、医药卫生管理体制等关键环节和重要领域。抓好这五项改革，目的是从根本上改变部分城乡居民没有医疗保障和公共医疗卫生服务长期薄弱的状况，扭转公立医疗机构趋利行为，使其真正回归公益性，有效解决当前医药卫生领域的突出问题，为全面实现医药卫生体制改革的长远目标奠定坚实基础。

## 一、加快推进基本医疗保障制度建设

（一）扩大基本医疗保障覆盖面。三年内，城镇职工基本医疗保险（以下简称城镇职工医保）、城镇居民基本医疗保险（以下简称城镇居民医保）和新型农村合作医疗（以下简称新农合）覆盖城乡全体居民，参保率均提高到90%以上。用两年左右时间，将关闭破产企业退休人员和困难企业职工纳入城镇职工医保，确有困难的，经省级人民政府批准后，参加城镇居民医保。关闭破产企业退休人员实现医疗保险待遇与企业缴费脱钩。中央财政对困难地区的国有关闭破产企业退休人员参保给予适当补助。2009 年全面推开城镇居民医保制度，将在校大学生全部纳入城镇居民医保范围。积极推进城镇非公有制经济组织从业人员、灵活就业人员和农民工参加城镇职工医保。政府对符合就业促进法规定的就业困难人员参加城镇职工医保的参保费用给予补贴。灵活就业人员自愿选择参加城镇职工医保或城镇居民医保。参加城镇职工医保有困难的农民工，可以自愿选择参加城镇居民医保或户籍所在地的新农合。

（二）提高基本医疗保障水平。逐步提高城镇居民医保和新农合筹资标准和保障水平。2010 年，各级财政对城镇居民医保和新农合的补助标准提高到每人每年 120 元，并适当提高个人缴费标准，具体缴费标准由省级人民政府制定。城镇职工医保、城镇居民医保和新农合对政策范围内的住院费用报销比例逐步提高。逐步扩大和提高门诊费用报销范围和比例。将城镇职工医保、城镇居民医保最高支付限额分别提高到当地职工年平均工资和居民可支配收入的 6 倍左右，新农合最高支付限额提高到当地农民人均纯收入的 6 倍以上。

（三）规范基本医疗保障基金管理。各类医保基金要坚持以收定支、收支平衡、略有结余的原则。合理控制城镇职工医保基金、城镇居民医保基金的年度结余和累计结余，结余过多的地方要采取提高保障水平等办法，把结余逐步降到合理水平。新农合统筹基金当年结余率原则上控制在 15% 以内，累计结余不超过当年统筹基金的 25%。建立基本医疗保险基金风险调剂金制度。基金收支情况要定期向社会公布。提高基金统筹层次，2011 年城镇职工医保、城镇居民医保基本实现市（地）级统筹。

（四）完善城乡医疗救助制度。有效使用救助资金，简化救助资金审批发放程序，资助城乡低保家庭成员、五保户参加城镇居民医保或新农合，逐步提高对经济困难家庭成员自负医疗费用的补助标准。

（五）提高基本医疗保障管理服务水平。鼓励地方积极探索建立医保经办机构与医药服务提供方的谈判机制和付费方式改革，合理确定药品、医疗服务和医用材料支付标准，控制成本费用。改进医疗保障服务，推广参保人员就医“一卡通”，实现医保经办机构与定点医疗机构直接结算。允许参加新农合的农民在统筹区域内自主选择定点医疗机构就医，简化到县域外就医的转诊手续。建立异地就医结算机制，探索异地安置的退休人员就地就医、就地结算办法。制定基本医疗保险关系转移接续办法，解决农民工等流动就业人员基本医疗保障关系跨制度、跨地区转移接续问题。做好城镇职工医保、城镇居民医保、新农合、城乡医疗救助之间的衔接。探索建立城乡一体化的基本医疗保障管理制度，并逐步整合基本医疗保障经办管理资源。在确保基金安全和有效监管的前提下，积极提倡以政府购买医疗保障服务的方式，探索委托具有资质的商业保险机构经办各类医疗保障管理服务。

## 二、初步建立国家基本药物制度

（六）建立国家基本药物目录遴选调整管理机制。制订国家基本药物遴选和管理办法。基本药物目录定期调整和更新。2009 年初，公布国家基本药物目录。

（七）初步建立基本药物供应保障体系。充分发挥市场机制作用，推动药品生产流通企业兼并重组，发展统一配送，实现规模经营；鼓励零售药店发展连锁经营。完善执业药师制度，零售药店必须按规定配备执业药师为患者提供购药咨询和指导。政府举办的医疗卫生机构使用的基本药物，由省级人民政府指定的机构公开招标采购，并由招标选择的配送企业统一配送。参与投标的生产企业和配送企业应具备相应的资格条件。招标采购药品和选择配送企业，要坚持全国统一市场，不同地区、不同所有制企业平等参与、公平竞争。药品购销双方要根据招标采购结果签订合同并严格履约。用量较少的基本药物，可以采用招标方式定点生产。完善基本药物国家储备制度。加强药品质量监管，对药品定期进行质量抽检，并向社会公布抽检结果。

国家制定基本药物零售指导价格。省级人民政府根据招标情况在国家指导价格规定的幅度内确定本地区基本药物统一采购价格，其中包含配送费用。政府举办的基层医疗卫生机构按购进价格实行零差率销售。鼓励各地探索进一步降低基本药物价格的采购方式。

（八）建立基本药物优先选择和合理使用制度。所有零售药店和医疗机构均应配备和销售国家基本药物，满足患者需要。不同层级医疗卫生机构基本药物使用率由卫生行政部门规定。从2009年起，政府举办的基层医疗卫生机构全部配备和使用基本药物，其他各类医疗机构也都必须按规定使用基本药物。卫生行政部门制订临床基本药物应用指南和基本药物处方集，加强用药指导和监管。允许患者凭处方到零售药店购买药物。基本药物全部纳入基本医疗保障药品报销目录，报销比例明显高于非基本药物。

### 三、健全基层医疗卫生服务体系

（九）加强基层医疗卫生机构建设。完善农村三级医疗卫生服务网络。发挥县级医院的龙头作用，三年内中央重点支持2000所左右县级医院（含中医院）建设，使每个县至少有1所县级医院基本达到标准化水平。完善乡镇卫生院、社区卫生服务中心建设标准。2009年，全面完成中央规划支持的2.9万所乡镇卫生院建设任务，再支持改扩建5000所中心乡镇卫生院，每个县1—3所。支持边远地区村卫生室建设，三年内实现全国每个行政村都有卫生室。三年内新建、改造3700所城市社区卫生服务中心和1.1万个社区卫生服务站。中央支持困难地区2400所城市社区卫生服务中心建设。公立医院资源过剩地区，要进行医疗资源重组，充实和加强基层医疗卫生机构。对社会力量举办基层医疗卫生机构提供的公共卫生服务，采取政府购买服务等方式给予补偿；对其提供的基本医疗服务，通过签订医疗保险定点合同等方式，由基本医疗保障基金等渠道补偿。鼓励有资质的人员开办诊所或个体行医。

（十）加强基层医疗卫生队伍建设。制定并实施免费为农村定向培养全科医生和招聘执业医师计划。用三年时间，分别为乡镇卫生院、城市社区卫生服务机构和村卫生室培训医疗卫生人员36万人次、16万人次和137万人次。完善城市医院对口支援农村制度。每所城市三级医院要与3所左右县级医院（包括有条件的乡镇卫生院）建立长期对口协作关系。继续实施“万名医师支援农村卫生工程”。采取到城市大医院进修、参加住院医师规范化培训等方式，提高县级医院医生水平。

落实好城市医院和疾病预防控制机构医生晋升中高级职称前到农村服务一年以上的政策。鼓励高校医学毕业生到基层医疗机构工作。从2009年起，对志愿去中西部地区乡镇卫生院工作三年以上的高校医学毕业生，由国家代偿学费和助学贷款。

（十一）改革基层医疗卫生机构补偿机制。基层医疗卫生机构运行成本通过服务收费和政府补助补偿。政府负责其举办的乡镇卫生院、城市社区卫生服务中心和服务站按国家规定核定的基本建设、设备购置、人员经费及所承担公共卫生服务的业务经费，按定额定项和购买服务等方式补助。医务人员的工资水平，要与当地事业单位工作人员平均工资水平相衔接。基层医疗卫生机构提供的医疗服务价格，按扣除政府补助后的成本制定。实行药品零差率销售后，药品收入不再作为基层医疗卫生机构经费的补偿渠道，不得接受药品折扣。探索对基层医疗卫生机构实行收支两条线等管理方式。

政府对乡村医生承担的公共卫生服务等任务给予合理补助，补助标准由地方人民政府规定。

（十二）转变基层医疗卫生机构运行机制。基层医疗卫生机构要使用适宜技术、适宜设备和基本药物，大力推广包括民族医药在内的中医药，为城乡居民提供安全有效和低成本服务。乡镇卫生院要转变服务方式，组织医务人员在乡村开展巡回医疗；城市社区卫生服务中心和服务站对行动不便的患者要实行上门服务、主动服务。鼓励地方制定分级诊疗标准，开展社区首诊制试点，建立基层医疗机构与上级医院双向转诊制度。全面实行人员聘用制，建立能进能出的人力资源管理制度。完善收入分配制度，建立以服务质量和服务数量为核心、以岗位责任与绩效为基础的考核和激励制度。

## 四、促进基本公共卫生服务逐步均等化

（十三）基本公共卫生服务覆盖城乡居民。制定基本公共卫生服务项目，明确服务内容。从2009年开始，逐步在全国统一建立居民健康档案，并实施规范管理。定期为65岁以上老年人做健康检查、为3岁以下婴幼儿做生长发育检查、为孕产妇做产前检查和产后访视，为高血压、糖尿病、精神疾病、艾滋病、结核病等人群提供防治指导服务。普及健康知识，2009年开设中央电视台健康频道，中央和地方媒体均应加强健康知识宣传教育。

（十四）增加国家重大公共卫生服务项目。继续实施结核病、艾滋病等重大疾病防控和国家免疫规划、农村妇女住院分娩等重大公共卫生项目。从2009年开始开展以下项目：为15岁以下人群补种乙肝疫苗；消除燃煤型氟中毒危害；农村妇女孕前和孕早期补服叶酸等，预防出生缺陷；贫困白内障患者复明；农村改水改厕等。

（十五）加强公共卫生服务能力建设。重点改善精神卫生、妇幼卫生、卫生监督、计划生育等专业公共卫生机构的设施条件。加强重大疾病以及突发公共卫生事件预测预警和处置能力。积极推广和应用中医药预防保健方法和技术。落实传染病医院、鼠防机构、血防机构和其他疾病预防控制机构从事高风险岗位工作人员的待遇政策。

（十六）保障公共卫生服务所需经费。专业公共卫生机构人员经费、发展建设经费、公用经费和业务经费由政府预算全额安排，服务性收入上缴财政专户或纳入预算管理。按项目为城乡居民免费提供基本公共卫生服务。提高公共卫生服务经费标准。2009年人均基本公共卫生服务经费标准不低于15元，2011年不低于20元。中央财政通过转移支付对困难地区给予补助。

## 五、推进公立医院改革试点

（十七）改革公立医院管理体制、运行机制和监管机制。公立医院要坚持维护公益性和社会效益原则，以病人为中心。鼓励各地积极探索政事分开、管办分开的有效形式。界

定公立医院所有者和管理者的责权。完善医院法人治理结构。推进人事制度改革，明确院长选拔任用和岗位规范，完善医务人员职称评定制度，实行岗位绩效工资制度。建立住院医师规范化培训制度。鼓励地方探索注册医师多点执业的办法和形式。强化医疗服务质量管理。规范公立医院临床检查、诊断、治疗、使用药物和植（介）入类医疗器械行为，优先使用基本药物和适宜技术，实行同级医疗机构检查结果互认。

探索建立由卫生行政部门、医疗保险机构、社会评估机构、群众代表和专家参与的公立医院质量监管和评价制度。严格医院预算和收支管理，加强成本核算与控制。全面推行医院信息公开制度，接受社会监督。

（十八）推进公立医院补偿机制改革。逐步将公立医院补偿由服务收费、药品加成收入和财政补助三个渠道改为服务收费和财政补助两个渠道。政府负责公立医院基本建设和大型设备购置、重点学科发展、符合国家规定的离退休人员费用和政策性亏损补偿等，对公立医院承担的公共卫生任务给予专项补助，保障政府指定的紧急救治、援外、支农、支边等公共服务经费，对中医院（民族医院）、传染病医院、职业病防治院、精神病医院、妇产医院和儿童医院等在投入政策上予以倾斜。严格控制公立医院建设规模、标准和贷款行为。推进医药分开，逐步取消药品加成，不得接受药品折扣。医院由此减少的收入或形成的亏损通过增设药事服务费、调整部分技术服务收费标准和增加政府投入等途径解决。药事服务费纳入基本医疗保险报销范围。积极探索医药分开的多种有效途径。适当提高医疗技术服务价格，降低药品、医用耗材和大型设备检查价格。定期开展医疗服务成本测算，科学考评医疗服务效率。

公立医院提供特需服务的比例不超过全部医疗服务的10%。鼓励各地探索建立医疗服务定价由利益相关方参与协商的机制。

（十九）加快形成多元办医格局。省级卫生行政部门会同有关部门，按照区域卫生规划，明确辖区内公立医院的设置数量、布局、床位规模、大型医疗设备配置和主要功能。要积极稳妥地把部分公立医院转制为民营医疗机构。制定公立医院转制政策措施，确保国有资产保值和职工合法权益。

鼓励民营资本举办非营利性医院。民营医院在医保定点、科研立项、职称评定和继续教育等方面，与公立医院享受同等待遇；对其在服务准入、监督管理等方面一视同仁。落实非营利性医院税收优惠政策，完善营利性医院税收政策。

公立医院改革2009年开始试点，2011年逐步推开。

## 六、保障措施

（二十）加强组织领导。国务院深化医药卫生体制改革领导小组统筹组织和协调改革工作。国务院有关部门要抓紧研究制定相关配套文件。各级政府要切实加强领导，抓好组织落实，加快推进各项重点改革。

（二十一）加强财力保障。各级政府要认真落实《意见》提出的各项卫生投入政策，调整支出结构，转变投入机制，改革补偿办法，切实保障改革所需资金，提高财政资金使用效益。为了实现改革的目标，经初步测算，2009～2011年各级政府需要投入8500亿元，其中中央政府投入3318亿元。

（二十二）鼓励各地试点。医药卫生体制改革涉及面广，情况复杂，政策性强，一些重大改革要先行试点，逐步推开。各地情况差别很大，要鼓励地方因地制宜制定具体实施方案，开展多种形式的试点，进行探索创新。国务院深化医药卫生体制改革领导小组负责统筹协调、指导各地试点工作。要注意总结和积累经验，不断深入推进改革。

（二十三）加强宣传引导。坚持正确的舆论导向，制定分步骤、分阶段的宣传方案；采取通俗易懂、生动形象的方式，广泛宣传实施方案的目标、任务和主要措施，解答群众关心的问题；及时总结、宣传改革经验，为深化改革营造良好的社会和舆论环境。